憲法改正限界論の
イデオロギー性

大塚　滋

新基礎法学叢書
⑫

成文堂

本書をわが三人の息子に捧げる

まえがき

　細心の注意をしているつもりでも間違いをしでかしてしまう、ということに関しては人後に落ちない自信が、筆者にはある。だからかもしれないが、他人の悪意なき間違いに対しては人一倍寛容である自信もある。しかし、とりわけ、真理を追求する議論の場であるはずの学問の世界にあって、自分の主張が真実でないことを知りながら、それにもかかわらず、何らかの実践的な目的のために、それをあたかも真実であるかのように真顔で公言する者を筆者は信用しないし断じて許さない。そのような言説のことを我々はイデオロギーと呼ぶ。そして、およそその世界に身を置く者は、いつまでもその言説を見て見ぬ振りをして放置してはならず、必ずや徹底的に批判し学問の世界から放逐しなければならない。

　しかし、その不可欠であるはずの批判がなぜかほとんどなされないまま今日に至るまで放置されてきた言説が法学の世界に存在していた。本書で取り上げた、わが憲法学の主軸をなしていると見受けられる学者たちの議論がそれである。その議論には、まさに悪臭を放つイデオロギーが詰め込まれていたのである。言うまでもなく、彼ら憲法学者たちの誤った言説は決して不注意によるものなどではない。仮に、それが悪意のない間違いに基づいていたとすると、それらはあまりにも惨めな恥ずかしい間違いであり、それに気づかず発言してきた憲法学者たちは、学者の看板を即刻下ろさなければならないほどの極めてグレードの低いものである。だから、それは善意の間違いなどではなく、読者の判断を誤らせ、自己の何らかの実践的な目的を成就させるために意図的に唱えられた露骨なイデオロギーだと断定せざるをえない。それは薄っぺらな政治の世界でのみ正当化されるものでしかない。そのようなイデオロギー的言説の数々を長い間自浄することもできず、さらに増殖させて、今日まで無為に齢を重ねてきたわが憲法学は学問として危機的状況にある、と言っても過言ではないと筆者は思っている。

筆者は、2015年から発表し始めた本書主章で、憲法改正限界論を中心として、わが憲法学の中枢部に深く浸潤したイデオロギーという病巣を躊躇うことなく剔抉し、それを自らの一部としてきた憲法学に学問的警鐘を鳴らした。しかし、筆者が行ったのはそれだけではない。なぜ彼ら憲法学者が集合的にイデオロギー的学説を唱えなければならなかったか、なぜその病巣を自ら摘除できなかったのか、という問題に、法哲学的な批判的メスを入れることによって、彼らがそのイデオロギーの泥沼から自らの力で脱出できる手がかりも示した。

　彼らは、自覚的か否かは別にして、そもそも自分たちの研究対象である憲法が法であるかどうか、ということについて根底的な不安を抱えている。すなわち、憲法の妥当性の根拠はどこにあるのか、という憲法学、いや、法律学全般にとって最も根源的な問題について盤石の解答を持っていないのである。だが、そのこと自体を筆者は問題にしようとは思っていない。というのも、彼らに限らず誰もがそのような解答を持ち合わせていないからである。筆者も当然、憲法の妥当性の根拠は探し当てていない。純粋法学者ハンス・ケルゼンとて同様である。彼らに求められるのはそのことに学者として正面から立ち向かうことである。そうすれば明らかになるのは、憲法は、したがって法秩序全体は、学者たちがその最終的妥当根拠を確認できなくても、そのようなことにはお構いなしに憲法たりえている、法秩序として機能しえている、という学問的には説明しがたいが動かしがたい現実なのである。憲法は、いや法なるものはそもそもが不思議な現実なのである。その不思議さに虚心坦懐になればよいのである。

　しかし、憲法学はその不思議さに正面せず、深刻な不安を抱えているにもかかわらず、あたかもそのような不安など微塵も感じていないように振る舞い、憲法は全く不思議な存在ではないかのように説明している。筆者が問題にするのはその点である。学問の一角に場所を占めようと思うならば、証明できないものは、正直にそう認めなければならない。見ぬこと清し、を決め込むことはできない。自らの根底的な不安を表明し全法学者とそれを共有化しようと志さなければならない。しかし、彼らにはその誠実さがなかった、と言わざるをえない。憲法学者としての自己否定につながる、という恐怖心

に克てなかったからである。

　筆者は、憲法学の外から、すなわち、憲法学の伝統や空気から自由に、しかし法律学の内部で、憲法学に学問の端くれとしての自浄を促したい——この一念でこの主章を書いたのだが、このことはすなわち、筆者もその一翼を担っていると自負しているところの純粋法学が目指したイデオロギー批判の一実践に他ならないのである。

　この純粋法学固有の法実証主義によるイデオロギー批判は、こと具体的な法解釈活動を対象とした場合、はたしてどのような前提のもとで、そして、どのような視点から遂行されるのか。それをより詳細に示すべく、序章として「イデオロギー批判としての法解釈」という、1981年発表にかかる論文を、論旨を変えずに加筆修正した上で配置した。これは、裁判官としての法解釈実践を通したイデオロギー批判の意味を論じたものであるが、学者としての、学問としてのイデオロギー批判をも論じているので、その内容を踏まえた上で主章を読んでもらえれば、筆者が憲法改正限界論をなぜここまで口を極めて批判しているのか、その批判を通して何を目指しているのか、が分かってもらえるはずである。

　しかし、その中で縷々論じた筆者の学問的スタンスをより深く理解してもらうための重要な条件をここでごく簡潔にではあるが、改めて強調しておくことは読者にとって便宜であろう。それは、何と言っても、我々が現在暮らしている法的世界の客観的な構造と、そこにはめ込まれた法学者の否応ない位置を自覚することである。その自覚を共有することではじめて、筆者の批判の前提となっている純粋法学の静態理論と動態理論や、その有名な枠理論を正確に理解することができると筆者は考えている。

＊　＊　＊

　では、法的世界の客観的な構造とはどのようなものか。——それを把握するためには、自分の出生時の状況を第三者的な視点から眺めてみるだけでよいと筆者は考えている。そうすれば、個々の法ではなく法なるものが我々にとっては絶対的他者であることが分かるはずである。なぜなら、我々がこの世に生を受けた時にはすでに何らかの法が存在していたからである。自分が作ったわけでも同意したわけでもない法がすでにそこにあったではないか。

そして、気がついたらそれによって自分の行動が拘束されていたではないか。つまり、我々にとって法は抗えない所与［Gegebenheit］だったではないか。たしかに、神の存在を信じないかぎり、人類最初の法は我々人間の先祖たちが作った、と考えるほかないのだが、その先祖たちの次あるいはその次の世代あたりから始まって、現在の我々も、そして将来の世代も皆同じであって、少なくともその人生の始めは、自分たちの意思に基づかない、過去に何らかの形で誰か他の人間たちによって作られた法に否も応もなく拘束されてきたのである。つまり、我々はそのような、法の存在している世界に産み落とされたのである。法というものは我々の生活、すなわち法を最初に作った人間とそれを目撃した人間以降のすべての人間の生活にとっては、いわば不可避の環境に他ならないのである。

　その現実に定位して、法を本来そのような不可避の環境、すなわち他者として見ているのが法実証主義という立場だ、と筆者は理解している。だからこそ、それは法の正当性などにはコミットしないしできないのである。しかし、法は「第二の自然」とも言うべき制度で、人間は恐らく永遠にそれから逃げることができないので、法実証主義は冷徹にこの不可避の環境を分析し、その本質を見極めようとする。さらに大事なことであるが、それはその環境をあるがままに記述するだけでなく、社会の中であるがままに機能させようとするのである。決して賢しらな思想でそれを歪めたりはしない。不当に美化したり、不当に貶めたりせず、掛け値なしの法を、その環境の下で暮らすすべての人々に提供しようとする。その真の姿を歪める者がいれば、断固として批判する。法なるものを正しく認識してもらい、それとの正しい付き合い方、あるいは、もし可能ならばそれを正しく克服する仕方を手に入れてもらうために、である。純粋法学のイデオロギー批判はその一念に支えられている、と筆者は確信している。

　純粋法学には動態理論と静態理論とがあるが、そのうちの動態理論は、その不可避の環境たる法との間で人間が立っているオリジナルなスタンス（動態理論的視点）を自覚しつつそこから見える法を記述する法実証主義的法学者の語りである。そして静態理論は、それとは違って、その同じ法学者が、他者としての法の身中で蠢く他者としての法的機関の中（静態理論的視点）

に思考実験的に、つまり想像力を働かせて入り込み、そこから見える法を記述する語りである。この静態理論の語りをしている場合でもこの法学者の肉体自体は、言うまでもなく、オリジナルなスタンスにとどまっていることは言うまでもない。静態理論は、わが国で言えば「六法」という、実定法そのもののレプリカを手掛かりとした、あくまでも思考実験の結果なのである。法解釈学説は、法実証主義者のものであろうとそうでなかろうと、意識的であるか無意識的であるかを問わず、すべてこの静態理論的視点のシミュレーションの下で唱えられている。そして、イデオロギーにまみれた法解釈学説に対する純粋法学の批判はこの視点からなされる。

　その批判の根拠となるのが枠理論［Rahmentheorie］である。これは、法解釈の方法に関する純粋法学固有の理論として有名だが、これは、純粋法学者が、もし自分が裁判官になったとするならどのような法解釈の方法を採るか、を示したものであると言ってよい。静態理論的視点に立つ法実証主義の法解釈方法論である。その方法こそが正しいと考えているが故に、彼は、個々の解釈論を展開するにあたり決して自らが客観的に確定した枠を超出することはない。とはいえ、彼とても人間であるから枠の確定を間違えることもあるだろうが、それは枠の否定ではない。ところが実際には、意図的に、あるいはほとんど意図的にその枠を超出する解釈が、純粋法学者ではない裁判官によってなされることも、純粋法学者でない法学者によって唱えられることも数多くある。そのような解釈と解釈論に対して純粋法学は何をするのかというと、静態理論的視点から枠理論に基づいて断固とした批判を行うのであるが、これは、法のあるがままの機能を妨げるイデオロギーに対する批判なのである。純粋法学はこの解釈論の地平でもまさにイデオロギーと闘うのである。

　なお、これは学者による理論的な闘いであるが、純粋法学者が思考実験ではなく実際に裁判官になることもありうるわけで、その場合は、彼は自分の担当した事件の裁判において枠理論を遂行した判決文を書くことによって実践的にイデオロギーと闘うのである。そして、裁判官である彼が行うことはそれだけで、その枠理論についても静態理論や純粋法学についても一般的には語らないし、ましてや担当事件と関わりのない他のイデオロギー的学説の

批判をすることもない。学者ではないからである。

＊　＊　＊

　このように、純粋法学は、法的世界の客観的な構造とその中に置かれている自分の位置を自覚的に把握した上に構築されているのである。このことを十分に理解してほしい。そして、本書主章で展開した憲法学への批判は、まさにその純粋法学が静態理論的視点から、枠理論に基づいて行った、わが憲法学に関する理論的イデオロギー批判である、ということを理解してほしい。

＊　＊　＊

　最後になるが、本書主章になる連載論文が完結してすぐ、これを1冊の本としてまとめることを筆者に許してくれた成文堂の阿部成一社長と編集部の飯村晃弘氏には心より感謝を申し上げておきたい。このような、よく言えば論争的な、有り体に言えば、喧嘩を売っているような書籍の出版には様々な火の粉をかぶることを覚悟しなければならないだろうが、この問題をめぐるやり取りが純粋法学の発展にとって欠かすことのできない一歩であることを理解していただいた結果だと思っている。

　平成29年3月

筆者

目 次

まえがき

序章　イデオロギー批判としての法解釈 …………………… (1)
　第1節　本章の目的 ……………………………………………… (1)
　第2節　イデオロギーとイデオロギー批判 …………………… (2)
　第3節　実践的イデオロギー批判としての法解釈 …………… (9)
　第4節　実践的イデオロギー批判の目的 ……………………… (16)

主章　日本国憲法第96条先行改正反対論批判 ……………… (21)
　はじめに ………………………………………………………… (21)
　第1節　自民党による憲法第96条先行改正案
　　　　　に対する諸反対論 ……………………………………… (26)
　　第1項　石川健治の反対論 …………………………………… (26)
　　第2項　「96条の会」の反対論 ……………………………… (31)
　　第3項　長谷部恭男の反対論 ………………………………… (37)
　　第4項　小括 …………………………………………………… (39)
　第2節　憲法第96条改正反対論とその系譜 …………………… (39)
　　第1項　石川健治の反対論 …………………………………… (39)
　　第2項　「96条の会」の反対論 ……………………………… (48)
　　第3項　2011年時点での長谷部恭男の反対論 ……………… (51)
　　第4項　2007年時点での樋口陽一の反対論 ………………… (57)
　　第5項　1988年における佐藤幸治の議論 …………………… (62)
　　第6項　芦部信喜の議論 ……………………………………… (65)
　　第7項　清宮四郎の議論 ……………………………………… (71)
　　第8項　宮沢俊義の議論 ……………………………………… (77)
　　第9項　小括 …………………………………………………… (80)

第3節　自民党案反対論の論拠としての
　　　「立憲主義」論とその系譜 ………………………………… (81)
　　第1項　石川健治の「立憲主義」論 ……………………… (81)
　　第2項　「96条の会」の「立憲主義」論 ………………… (96)
　　第3項　長谷部恭男の「立憲主義」論 …………………… (98)
　　第4項　「立憲デモクラシーの会」の「立憲主義」論 ……… (106)
　　第5項　樋口陽一の「立憲主義」論 ……………………… (109)
　　第6項　佐藤幸治の「立憲主義」論 ……………………… (114)
　　第7項　芦部信喜の「立憲主義」論 ……………………… (117)
　　第8項　清宮四郎の「立憲主義」論 ……………………… (119)
　　第9項　宮沢俊義の「立憲主義」論 ……………………… (121)
　　第10項　小括 ………………………………………………… (127)
　第4節　憲法改正限界論批判 …………………………………… (131)
　　第1項　石川健治の改正限界論 …………………………… (131)
　　第2項　長谷部恭男の改正限界論 ………………………… (133)
　　第3項　樋口陽一の改正限界論 …………………………… (145)
　　第4項　佐藤幸治の改正限界論 …………………………… (164)
　　第5項　芦部信喜の改正限界論 …………………………… (168)
　　第6項　清宮四郎の改正限界論 …………………………… (183)
　　第7項　宮沢俊義の改正限界論 …………………………… (193)
　　第8項　小括 ………………………………………………… (203)
おわりに――国民投票法改正の提案 ……………………………… (207)

人名索引 ……………………………………………………………… (225)
事項索引 ……………………………………………………………… (226)

【初出一覧】

序章 「イデオロギー批判としての法解釈」長尾龍一・新正幸・高橋広次・土屋恵一郎編『ケルゼン生誕百年記念論集　新ケルゼン研究』木鐸社（1981年）所収、91-115頁。

主章 「日本国憲法第96条先行改正反対論批判（上）（中）（下）」東海法学　第50号（2015年）1-53頁、同　第51号（2016年）1-44頁、同　第52号（2016年）1-72頁。

序章　イデオロギー批判としての法解釈

第1節　本章の目的

　法や国家をとりまく様々なイデオロギーに対する不退転の闘いこそ、ハンス・ケルゼンが生涯かけて遂行した目的であった。『国法学の主要問題』(1911年)に始まり、『一般国家学』(1925年)、『純粋法学』第1版(1934年)、『法と国家の一般理論』(1945年)と続き、『純粋法学』第2版(1960年)へと至る彼のメイン・ワークたる実定法の理論、すなわち純粋法学はまさにその闘いの中軸部隊を成していたのである。周知のように、第2次大戦後になってわが国や西ドイツにおいて、ケルゼンのこれまで閑却されてきた側面として〈イデオロギー批判者の側面〉が強調され始めた(例えば、鵜飼1950、トーピッチュ1964、碧海1974等)。その努力は、従来見過ごされがちであったケルゼンの、社会学ならびに人類学の資料を駆使した諸研究、例えば『神と国家』(1922-1923年)、『応報と因果律』(1941年)『社会と自然』(1943年)等に光をあてたという点で、その功績を認めなければならないが、それらの論著の前提となる純粋法学の反イデオロギー的本質を軽視した点で不十分と言わざるをえない。長尾龍一が正当にも指摘しているように(長尾1977：246-247)、純粋法学そのものが最も尖鋭なイデオロギー批判であることが忘れられてはならない。

　本章はこのような観点から、純粋法学のもつイデオロギー批判機能のうち、そこにおいて示された科学的な法解釈方法のもつそれに焦点を合わせ、その方法が有権的な法的実践＝裁判行動において〈黙示のイデオロギー批判〉の機能を果たすことを明らかにしようとするものである。

第2節　イデオロギーとイデオロギー批判

　その前提としてまず、イデオロギー概念およびイデオロギー批判の意味を特定しておかねばならない。言うまでもなくイデオロギー概念は現在に至るまで多義的に用いられており、またイデオロギーとされるものにも様々な種類があるが、ここでそれらを一般的に確定する必要はない。ケルゼン自身がイデオロギーをどのように定義して用いたか、そのイデオロギーを批判することによって何をもたらそうとしたのかを明らかにすれば足りると思われる。

　ケルゼンのイデオロギー概念を見る場合、彼が描いた法的世界の全体像を再現しておく必要がある。彼によれば、法現象を分析すると、それは「時空において生起する心的・身体的行為」の要素と、「この行為によって担われる精神的意味内容［Gehalt］すなわち「規範」の要素とに区別され、「法の特殊的固有法則性」は後者のレヴェルにある、とされる。そして、通常、法の理論と言われるもののうち「いわゆる教義学的法律学」はその後者のレヴェルを対象とし、「法社会学」は前者のレヴェルを対象とする、ということになる（Kelsen 1931 : 453-454, 456）。かくして、法および法理論によって構成される法的世界は次のような構造をもつことになる。すなわち最下層は「社会的実在性［Realität］という下部構造」であり、そこには「法行為」が位置する。規範たる「法秩序」はそれとは別の層を成し、それら両層の上に「法の理論」が位置する、という3層構造である（ibid. : 458）。

　ところで、彼が純粋法学の批判対象たる「固有の意味のイデオロギー」としたのは、この最上層に属する「法の理論」のうち、特に「経験的に与えられた法素材」を「倫理的に正当化し、神格化し、……覆い隠す」法理論である（ibid.）。彼は、一方で、法そのものや法の理論一般をイデオロギーと呼ぶこともあるが、それは、イデオロギーをもって「精神的なもの一般」と捉えるならば、という条件つきでなされている。だがこのような捉え方は、彼によれば、本来「イデオロギー的なものと心的・主観的なものとを同一視する、広く流布した素朴な非批判的見方」なのである（ibid. : 453）。法は「規

範として、すなわち人間の行為の特殊な意味として」、「人間の心の中に観念として存在する」(Kelsen 1955：14)。この法そのものがイデオロギーとされうるのは、法現象の精神的意味内容の要素すなわち「法の規範的意味」をイデオロギーとするかぎりのことであり (Kelsen 1934：36)、イデオロギーを「存在事実の現実性［Wirklichkeit］に対する対立物」とするときだけである (Kelsen 1960a：111)。また法理論一般がイデオロギーとされるのも、それがその条件つきのイデオロギーを対象とし、それを有意味なものと解明するからに他ならない (Kelsen 1931：454)。

　ケルゼンにとっては「思惟の機能としての理論のみがイデオロギーでありうる」のであって、「意欲」の機能としての法はイデオロギーではありえず、「実在の社会制度」、「社会的実在」なのである (Kelsen 1955：12, 13)。しかし「すべてのイデオロギーは認識にではなく意欲にその根をも」つ (Kelsen 1934：17) ともされる。したがって彼の言う固有のイデオロギーとは、認識を装った意欲を指す。認識と偽わらない意欲はイデオロギーたりえない。「一定の仕方で法を表現ないし解釈し、そうして——その表現ないし解釈によって——イデオロギーを生産しうるのは常に誰か法学者なのである」(Kelsen 1955：12, 13)。このイデオローグたる法学者は対象の「現実性を覆い隠」し (Kelsen 1934：17)、自ら「法源になろうとする」(Kelsen 1931：458)。純粋法学は、実定法理論の領域に跳梁するこのようなイデオローグたちに対する全面戦争である。ケルゼンは、法を法命題に還元することによって、伝統的法律学の意思概念、権利概念等を批判した『国法学の主要問題』第1版序文においてこう述べている。「今日の法科学の状態にとって、その理論が擬制によって塗り固められていることほど特徴的なことはない。その擬制、科学のこの卑しむべき方便の嘘に対する闘争は本書の目標の一つである」(Kelsen 1911：viii)。さらに右も左も含めた伝統的法律学のイデオロギー的二元論への闘争秩序として自己を確立した『純粋法学』第1版序文はより鮮明に述べる。「公然にせよ秘かにせよ、ほとんど全く法政策的議論に熱中している法律学を真正の科学すなわち精神科学の高みに引き上げること、これがそもそもの最初から私の目標であった」(Kelsen 1934：iii)、と。

　彼の眼は、社会制度として客観的に存在する法の回りに、自ら法源となろ

うとする各種のイデオロギーが群がり、実際の法を包み隠し、法の虚像を現出させている状況、すなわち、法と法理論が渾然一体となった状況を見据え、その実態を見抜いていた。彼が見たこの状況を追体験するには、我々がかつて受けてきた実定法の教育を想起することが最適であろう。我々の多くは、各種の実定法を初めて学ぶに当って、それにつき全くの白紙の状態で法典を通読し、ある程度の自分自身の理解を得た上で、その法典に関する教科書等に触れる、という手続を踏まなかったのではあるまいか。通例は、まず担当教官と教科書の著書から、その実定法について彼らがもつ一定の理解あるいは彼らの法律像を与えられる。それは、彼らが一定の観点から対象を再構築したものであり、すでに対象そのものではない。我々は、その法律像とともに彼らの「観点」をも、あたかもそれが対象に内在しているものであるかのように受けとる。対象そのものとの接触は、もっぱら講義の進行、教科書の文脈に合わせた条文参照という仕方でなされる程度であろう。このときすでに、対象を見る我々の眼には一定のバイアスがかかっているのである。

　このバイアスとは、しかし、あれこれの学説のことではなく、すべてのイデオロギー的法理論が共有している思考様式のことである。実定法の目的原則、解釈原理、法益等々、その実定法が本来もちあわせていない諸観念である。それらは、法理論家たちが自己の職業およびその対象たる実定法に対し過度の感情移入をした結果なのである。「法があれこれの区別をしている、あるいは法があれこれのことを前提している、と述べられるとき、実はその区別や前提をなし、それによって実在の法の存立を、完全に規定された方向に、しかも政治的に規定された方向に解しているのは法理論にすぎない」のであって、その法理論は「実定法において基礎づけられないか、まだ基礎づけられていない何らかの帰結を目指している」(Kelsen 1931：458)。「法律学は、往々にして、法律の読解に向うというよりは、理論が生み出した自然法的な、或いは歴史主義的な擬制を実体化して、あのファントムを創造してきた」(土屋 1976：66)。しかし我々は通常このファントムをファントムと見抜けず、その出発点から対象たる実定法とそれに関する法理論との区別を見失ってしまう。その結果、その法理論が解釈上歴史的に創出してきた諸概念なしでも、実定法を理解し解釈することが可能であることなど思いも寄らなく

なり、ついには、気づかぬうちに自らも法に群がる一イデオロギーに堕してゆくのである。

　実定法学の中でも最も学説の法源化が進行し、法をとりまくイデオロギー層が部厚く堅牢な分野の一つは刑法学であろう。特に刑法総論における煩瑣な諸議論は、学説内部での自足的展開によって肥大化し、今や刑法典からはおよそかけ離れた犯罪成立・不成立要件を作りあげている。行為、因果関係、構成要件、違法性、責任等々、これらはすべて刑法解釈には不可欠の概念とされてきたが、いずれも刑法典とは縁もゆかりもないものである。実定法学者でありながら、刑法典を軽視する刑法学者たちの共同作品に他ならない。学派の争いなるものは、ほとんどがこれらの学者の観念的構成物の内容、相互関係をめぐるものだと言ってよい。これらの概念のイデオロギー性を逐一証明することは本章の任務外だが、行為概念についてだけは一言述べておきたい。他の諸概念は刑法典に何らの根拠もないことは明らかだが、この概念はそれを持っているように見えるからである。

　しかし実は、わずかの例外を除いて、刑法学が構成した行為概念にはその根拠はない。わが刑法第1編総則には「行為」という語をもつ条文は計11条あるが、因果的行為論、人格的行為論、目的的行為論など大多数の行為概念はそれらから帰納、一般化されたものではない。論者の刑法観、法的確信、あるいは哲学から演繹されたものである。例えば第39条における「心神喪失者の行為」を当然の外延としうる行為概念はその中にどれほどあるだろうか。学派の争いに超然としている平野龍一が、フリードリッヒ・ノヴァコフスキーと同様の立場から上述の行為概念をすべて批判し、刑法典に適合的に、行為を「人の身体の動静」と定義した（平野1972 : 109, 113）のだが、それがわが学界に大きな衝撃を与えたとは言えない。刑法学を哲学的議論にしようとしている支配的な風潮にとっては、平野がなしたような定義の簡潔性はディレッタント的に見えるのかもしれない。このようなディレッタンティズムの中に、案外、真実が包蔵されていることもあるのだが、イデオロギー的精神はそのことに虚心ではいられない。刑法学が実は刑法から乖離したイデオロギーになりはてていることに、当の刑法学者が気づいていないのである。

イデオロギーを支える主力は、意識的イデオローグではなく、無数の善意の附和随行者たちである。自らイデオロギーを生産しているにもかかわらず、そのことに自覚的でない理論家たちによってこそ最も強固なイデオロギーが再生産される、ということはイデオロギー論の常識である。では、善意の法理論家たちはなぜ無自覚的にイデオロギーを再生産しうるのか。この問題の考察は純粋法学におけるイデオロギー批判の意味を知る上で極めて重要である。法理論におけるイデオロギーとは本質的に、認識を装った意欲であり、その仮装によって現実を隠蔽し、自ら法源のように振舞う。だがその仮装は意識的になされてはいない。認識の意図の下で図らずも意欲が語られてしまい、その結果図らずも現実を隠蔽し、自ら法源のように振舞ってしまうのである。だがこの過ちは単純な不注意によるものではない。では、なぜこの過ちは必然的なのか。

　結論から言えば、それは、彼らが即自的に法というものに自己を同化させているからである。筆者は彼らのこの下意識を〈法への同化幻想〉と名づけようと思う。ただここでいう〈法〉とは彼らの対象たる具体的な法律＝制定法のことではない。現実に存在する法ではなく抽象的な法である。例えば明治40年に制定された現行刑法ではなく、刑法というもの、ないしは民主的な近代刑法というものである。もちろん意識下の問題であるから、それは抽象的な法として表象されているわけではない。むしろ対象として法律の目的等に化体されて、あたかも現実の法のごとくに表現される。その意味でそれを法イデオロギーと呼ぶこともできよう。そのような法に自己を同化させる、という意味は、本来自己と関係なしに現実の中に客観的に存在する法的世界での問題を、その考えられた法的世界へ移し替え、それに自己の法的信念等の問題を重ね合わせ、ここでの結論を順路を逆に辿って客観的な法的世界の結論にする、ということである。言い換えれば、客観的な法的問題の、主観的な問題への、あるいは客観的価値判断の主観的価値判断への無意識的な解消である。刑法学を例にとると、およそ現実の社会に適用されるべき刑法というものの観点、すなわち、そう考える刑法学者の法的信念からは罰せられるべきでないと見られた行為者を、その信念と矛盾する客観的な法的世界の中で無罪放免にせんとするいくつかの試み、例えば可罰的違法性論、規

範的責任論等はこの〈同化幻想〉の典型であると言えよう。それらにおいては、制度として客観的に存在する法律を解釈して一定の結論を導き出し、それを公けにすることが自己の人格上の問題と混同されている。〈犯罪と刑罰〉、あるいはより一般的には〈デリクトとサンクション〉という法的関係に、それ以外の主観的意味が付与されている。つまり彼自身がその行為者に、ひいては社会一般に対峙する法そのものになっているのである。これが〈法への同化幻想〉である。

　この幻想は、明らかなように現実の法の軽視をその本質的特徴とする。この幻想を最も純化された形でもつ自由法運動のイデオローグの一人ユリウス・ヘルマン・フォン・キルヒマンはこう述べる。すなわち実定法は「法と法学との間に割り込んでいて、双方に有害な影響を及ぼすところの・存在と知識とのかの中間体」である、と（キルヒマン 1958：23）。抽象的な法を作りあげ、自己の人格をそれに同化させてしまっている法理論家にとって、実定法は厄介者でしかないのである。純粋法学は、この〈法への同化幻想〉にその根源をもつイデオロギーとしての法理論を破壊することを自己の任務とした。したがって純粋法学におけるイデオロギー批判の意味は明らかである。

　現実の法は現在、種々のイデオロギーに囲繞され、あるがままの姿で存在していない。異常なまでに肥大化した虚像がそこにあるだけである。ケルゼンのイデオロギー批判の意味は、この法の虚像を打倒し法の実像を現出させることなのである。純粋法学は、イデオロギーが覆った対象を「暴露」し、イデオロギーが軽視した現実の法を「そのあるがままに、正しいとして正統化したり、正しくないとして〔法の——引用者：以下、同じ〕資格を奪うことなく、叙述しようとする」(Kelsen 1934：17)。したがってそれはまた、現実の法に付着している部厚いイデオロギーを逐一剥がすことでもある。イデオロギーは認識を装った意欲であるから、「内部的（論理的）矛盾」を固有している。それ故イデオロギー批判は「内在批判の観点から、当該理論……の体系内の内部矛盾を確定」せねばならない (Kelsen 1931：450)。そして「方法論的批判」こそ「イデオロギーのラディカルな破壊の特殊な手段」となるのである (ibid.：503)。伝統的法律学がその基礎にもつ様々なイデオロギー的二元論の止揚、すなわち権利の法（義務）への還元、私法の公法への

還元、国家の法への還元等、そして人格概念の解消は純粋法学の重要な業績であるが、それらはすべてこの観点と方法からなされた。これらおよびその他一切のイデオロギーから自由に所与の法を記述すること、そうすることによってあるがままの法を現出させること、このこと自体がイデオロギーをイデオロギーとして現認させること、すなわちイデオロギー批判なのである。

法科学者ケルゼンは、あるがままの法を囚われない眼で観察し記述することによって、それをデリクトとサンクションの特殊な結合としての法命題に還元した (cf. Kelsen 1934 : 22)。すなわち、「ある者が一定のデリクトをなしたならば、その者に対し一定のサンクションが科されることになっている [sollen]」という命題に、である。もちろんこのデリクトとサンクションは何らの価値も、反価値も担っていない。対象としての法を対象として既述しただけのものである。この対象の側での結合判断を自己の人格的判断と錯覚する誤謬を筆者は〈法への同化幻想〉と名づけたが、ケルゼンの法命題はまさにこの幻想の対立物である。

ケルゼンによれば、法命題においてデリクトとサンクションを結合する繋辞としてのsollenは、言葉としては法規範におけるsollenと同じだが、命令的でなく、もっぱら「記述的意味」をもつにすぎない (Kelsen 1960a : 73)。つまり話者の意志を表現しない。話者すなわち法科学者の意志と関わりのない法の対象性すなわち自律的外在性を表現しているのである。あるいは法科学者を含めた社会の全成員と客観的に存在する制度としての法との間の超えがたい距離[1]の存在を表現していると言ってもよい。この距離感は純粋法学の全領域を通貫する基調音をなしており、その存在によって純粋法学は他の一切の法理論から截然と区別される。純粋法学の闘いは、この距離を非合理的な矛盾に充ちた神秘的な仕方で跳びこえようとするあらゆる努力に向けられているのである。それ故ケルゼンのイデオロギー批判、すなわち彼の純粋法学は、客観的に存在する法と、それを生み出しながらそれに規制される人間たちとの間に厳然と存在しているにもかかわらず、これまで隠蔽され続けてきたこの距離を再確認する作業だとも言えるわけである。

---

1) この概念は土屋恵一郎のそれにヒントを得ている（後述18頁参照）。

第3節　実践的イデオロギー批判としての法解釈

　ところで、ケルゼンのイデオロギー批判が以上のようなものであるとしても、それは、イデオロギー的法理論の内部矛盾を暴露し、そのことを当の法理論の主張者たちに突きつけるだけで完遂されるのだろうか。答えは否である。イデオロギー的法理論は通常、書物として現れる。したがってその批判も書物として現れることになる。しかし、これではすべてが法学という狭い世界の中の出来事に終ってしまうだろう。訴訟当事者を含め、法によって日々規制されている法共同体の大多数の成員はそれらの書物を手にしないからである。ところがイデオロギー的法理論は、解釈学およびその影響下にある裁判官を通じて、法学の外の世界と関係を保ち、法共同体の成員に対し日々そのイデオロギーを流出させ、現実世界に法の虚像を構築し続けている。この虚像構築を放置したイデオロギー批判は、無意味とは言わないまでも、決定的に不十分であることは否定すべくもない。

　法律は何らかの解釈行為を媒介にしなければ現実世界の中で機能することはない。解釈主体は私人でも法適用機関（本章では裁判官だけを指す）でもよい。いずれにせよ解釈を通して法は初めて法になると言ってよいのだが、法的重要性をもつ解釈は後者によるものだけである。前者の解釈は有権的でないから、後者のそれと異なるかぎり法的世界では危険を伴う（cf. Kelsen 1960 : 346, 352）。法学者の解釈も同断だが、裁判官がその有権的活動においてそれを採用するかぎり、間接的に法的重要性をもつこともある。それがイデオロギー的法理論の帰結であるとき、法は彼の精神活動を通して現実世界に虚像を結ぶのである。イデオロギーが、法と現実世界との間に介在するレンズの役割を果たすからである。

　したがって法的イデオロギーの批判にとって、書物の上での闘いのみならず裁判という法の実現過程における闘いも無視することはできない。前者を理論的イデオロギー批判と言うなら、後者は実践的イデオロギー批判と言うことができよう。もちろん「イデオロギーのラディカルな破壊」を目指すケルゼンがその点を見逃すわけはなかった。彼は、法の実現過程に介在する、

イデオロギーというレンズを撤去し、法の実像を現実世界に投影しようと考えたのである。彼が示した法解釈方法こそこの実像投影のために設計された屈折率および歪みゼロのプロジェクターである。法解釈に関する彼の所説は、法を観察する視点の違いに応じた純粋法学の2次元的構造――法律を適用する当事者たる裁判官の視点から法を見た法の静態理論と、法律およびその創設・適用過程をその外に位置する第三者たる法学者の視点から見た法の動態理論――に即して、静態理論におけるそれと動態理論におけるそれとに分類されるが、ここに言う法解釈方法は前者、即ち法解釈についての当事者的視点から示されたものである[2]。すでに筆者は、この方法を含めたケルゼンの法解釈論全般を分析・検討している（大塚 1979）ので、詳細な論証についてはそれの参照を請わねばならないが、必要なかぎりで、ケルゼンの法解釈方法、すなわち枠理論を要約すれば、次の通りである。

　それは、論理的には2段階の活動からなる。第1段階は適用条文の枠の画定である。法律は通常複数の可能な意味を持つが、それらを純粋に認識的に確定することである。その際、裁判官は自己の願望、恐怖等による主観的価値判断を加えてはならない。第2段階は、こうして画定された枠の中から一つの意味を選択する作業である。これは認識行為でなく意思行為である。裁判官は、言葉の正しい意味での解釈をしようとするかぎり、自らが認識の機能によって画定した枠を超出しえない。決定は枠の中からのみ選択せねばならないが、枠の中では完全に自由である。どの理由からどの意味を選択しようと、それは自由裁量の問題として彼のプレファランスに委ねられている。もちろん政治的観点から選択してもかまわない。認識が枠を画定し、その枠的存在が法のあるがままの姿だとすれば、その枠内に留まるかぎり、裁判官

2）法の静態理論と法の動態理論は、比喩的にいえば、大地（法）を這う虫の眼から見た法の理論と、その大地と虫を俯瞰する鳥の眼から見た法の理論である。純粋法学は常にこの2眼を使い分けた。法解釈の問題についても同様である。ここに再現する法解釈方法論は、まさにこの大地を這う虫の立場からのものである。もちろん、法解釈の問題についての鳥の位置からのイデオロギー批判もケルゼンは展開しているのだが、本章の主題はそれを度外視しうる。彼が、理論的レヴェルにおけるそれのみならず、法解釈活動をとおした実践なイデオロギー批判を射程に入れていることの確定こそが問題だからである。

の選択は合認識的であり合法的である、というようにこの方法はできている。枠の外に出れば、彼の活動は、解釈と称していても解釈ではなくなり、彼の口から発せられるものは法の実像ではなく、法の虚像となる。

　この解釈方法は普遍的であり、いわゆる「法の欠缺」の場合といえども例外ではない。「法の欠缺」とは、解釈者の主観によれば、枠内の選択肢はすべて望ましくない、との評価のシノニムに他ならず、客観的認識の成果にのみ拘束されるケルゼンの方法にとってそれは存在しえない。「欠缺」の「補充」とは、あからさまな枠の超出であり、意図的な認識違反、違法である、ということになる（以上、cf. Kelsen 1960a : 346-353；大塚 1978 : 118-137 参照）。

　このような方法を 20 世紀の今日あえて主張することはあまりに反時代的、リゴリスティック、現実盲目的に見えるかもしれない。だが、もしそう見えたとすれば、その眼にはすでにイデオロギーのフィルターがかかっている。つまりその眼の持主は〈法への同化幻想〉の囚になっているのである。この幻想は大体において次のようにケルゼンを批判するであろう。すなわち法は人間のためにあるのであって、人間が法のためにあるのではない、ケルゼンの法解釈方法論はその関係を逆倒させるものである、と。たしかに法はその始め人間のために作られたのかもしれない。しかし、だからと言って法が今も人間のためにあるとは限らない。法は作られた瞬間、つまり目的が対象化された瞬間にその目的から剝がれ落ちる。良くも悪くもこれが現実であり、まさにこの現実にケルゼンの思想は投錨している。果物ナイフは果物を切るために作られたのであろうが、それは果物はもちろんチーズも切れれば、それを作った人間をも切ることができるのである。「法律が人間によって作られたものであるからと言って、それは人間にそっくり還元できるわけではない」（土屋 1978 : 124）。「あらゆる法的道具は、それをこしらえた者の願望や期待から多かれ少なかれ独立したそれ固有の生命を持つ」（Kelsen 1949 : xiv）。

　ケルゼンの法解釈方法論はこの否応なしの現実を、いささかの歪みも与えずそのまま表現しようとするものである。彼は言う。純粋法学は「法規範の意欲あるいは表象にではなく、意欲あるいは表象された意味内容としての法

規範」に眼を向ける（Kelsen 1934：10-11）、と。さらにこうも述べる。「法は、目的としてではなく、特殊な手段として特徴づけられる」が、純粋法学は「法的秩序をもって追求され達成される目的を考察するのではなく、法的秩序それ自体だけを考察する」。しかも「その目的に関連させてではなく、……その意味内容の規範的固有法則性において考察する」（ibid.：32-33）、と。

　意欲ないし目的とそれらが対象化されたもの、あるいは現代言語学の用語を借りれば、〈意味するもの〉（能記）と〈意味されたもの〉（所記）との乖離はケルゼンにとって所与であった。先にケルゼン固有の距離感と呼んだものは、この乖離の把握を表現したものである。この距離を法解釈によって縮めようとか広げようとかしないことが反時代的だとすれば、それはその「時代」を主観的、イデオロギー的な「時代」とするかぎりでのことであり、同様にそのことがリゴリスティックで現実盲目的だとすれば、それは処置すべき社会的現実なるものに眼を奪われて法的現実に盲目的なフレキシブルな法イデオロギーから見るかぎりでのことである。

　ケルゼンは、法の実現過程に怪しげな主観性や安価な正義感、達観したような歴史観などが現実の法を排除してまで介入してくることを拒絶したのである。とにかく、ありのままの法をありのままに機能させ、法の客観性を貫徹させようとした。純粋法学は「法への主観主義的態度」すなわち「当事者の利害の観点から……しか法を考察しない弁護士的見解を揚棄する」（Kelsen 1934：60）。この「弁護士的見解」は必ずしも弁護士だけのものではなかろう。弁護士よりもむしろ、直接法的実践に携わっているその弁護士に職業的引け目を感じている法学者の方がこの種の見解を持ちやすい。実際の弁護士の多くは、かえって、法律的には素人たる依頼者の憤懣、嘆き、懇願等々との不断の緊張関係の中で、ケルゼンと共に法と人間との間に存在する距離を感じ、かつその埋め合わせのできない距離を依頼者に示しているはずである。例えば、ある弁護士が、ひとりの人間として依頼者の言い分に同情を懐き、それに法的保護を与えるべきだと考えたとしても、実際にはその言い分が法律上認められないこと、ないしは、認められる可能性がほとんどないことを、法律家として客観的に認識している場合、彼は依頼者に訴訟提起

序章　イデオロギー批判としての法解釈　13

あるいは抗弁等を断念するよう説得せねばなるまい。このとき彼は依頼者に対して法的距離そのものとして対面している、と言ってよい。

　イデオロギー批判の観点からは、裁判官も実はこの弁護士と同様の立場にあると考えられる。ただ弁護士はある意味で客観的にその立場を強いられているのに対し、裁判官は法との密着度が高いが故に、往々にして法を個人としての自己に、個人としての自己を法に同化させてしまう危険性に晒されている。だが彼は認識に忠実でなければならない。判決は法律の示す枠の中から選択せねばならない。もちろん枠を画定する認識が正確であるかどうかは別問題である。ケルゼンは、国連憲章の解釈につきこう述べる。「著者〔ケルゼン〕は、もし自分自身が憲章の適用権をもっていたならば、望ましくないと拒絶するだろう解釈や、憲章の起草者によって意図されていなかったと想像されうる解釈をも含めて、自分の意見によれば可能と思われるすべての解釈を表現する必要がある、と考えた」(Kelsen 1949: xvi-xvii)、と。こうして画定された枠の中に自己の是認しうる選択肢があればよいが、たとえなくともその中から選ばねばならない。「法科学の観点から実定法秩序を記述して、……一定の条件の下で……一定の強制行為が定立されることになっている、と言明する者は、たとえその強制行為をその条件に帰報することを不正義と考え、それ故非認したとしても、そう言明する」(Kelsen 1960a: 84)。個人として是認できるか否かということと、裁判官として判決を下すか否かということは全く別問題なのである。「法適用者の見解によれば悪い法律もまた適用されるべきである」(Kelsen 1934: 101)。

　したがって、ケルゼンを受容する裁判官は、自己の正義感に背馳する判決を自己の口から発さねばならないこともあるように見える。しかし実は、その判決はかれ自身の口から発せられるのではない。裁判官という仮面(ペルソナ)の口から発せられるのである。人が人を裁けるか、という裁判一般に向けられた素朴な疑問に端的に現れているように、多くの人々はこの仮面とその下の人間をよく同視するが、裁判官自身もこの同視を犯すことがある。まさしく〈法への同化幻想〉である。1950年代のわが国のいわゆる「法解釈論争」の発端をなした来栖三郎は、解釈者の政治的責任を強調したが、この主張も仮面とそれを被る個人の人格との混同に由来している。法律の示す枠内に留まる

判決なら、個人は何らの責任も負わない。枠の外の判決を意図的に下したときだけ、つまり仮面を外した個人が判決を下したときだけ、彼は責任を負わねばならないのである。

　ケルゼンは法を法として外在性の領域に突きはなしている。単に認識の問題においてそうしているだけでなく、裁判という実践の問題においてもそうしようとしている。いわゆる「法の欠缺」に対する彼の態度はまさにそのことを物語っていると言えよう。彼の欠缺否認論は法の無欠缺性信仰などではなく、「法秩序の完結性〔隙間のないこと〕［Geschlossenheit］」(Kelsen 1979：109) の認識に基づいた論理的帰結である。すなわち人間のすべての行態は、法秩序の積極的規制［positive Regelung］と消極的規制［negative Regelung］とによって、その善悪は別にして、ともかく隙間なく覆われている、という主張に他ならない。それに反し「法の欠缺」論は、大抵は「具体的妥当性」の見地から、このような法的規制をそのまま実現することに疑問を懐く者の主張である。とすれば、「欠缺」の存在を否認し、ひたすら法律の示す枠の中からだけ判決を選び出すよう裁判官に要請するケルゼンは、解釈結果の「具体的妥当性」を考慮していない——正しくは、自由裁量である枠内での選択の基準として以外は考慮していない——ことになる。

　まさにそうである。彼はその法解釈方法を通して法を突き離そうとしたのである。枠内の可能性のいずれもが、たとえある観点からは「具体的妥当性」をもたないものだとしても、たとえそれらの選択によって誰かが「不当」に苦しむとされ、誰かが「不当」に利益を得るとされたとしても、ケルゼンは、それが現実の法だ、と言いきり、そのままに機能させようとする。そうは言ってももちろん彼はその現実の法を正当なものとは主張していない。「現実の法は、盗人は罰せられるべきである。民事執行は自己の債務を弁済しない者の財産に対してなされるべきである、と規定する以外のことは何もしない。これらの法規範は、正しいとは偽わらない。測り知れないほど弾力的で曖昧な正義のイデオロギーを用いるのは、これらの規範についての一定の解釈である」(Kelsen 1955：83-84)。そもそも、解釈の結果が具体的に妥当なものであるか否か、という判断は本質的に主観的であり、イデオロギーに左右される。だからケルゼンは、そのようなイデオロギー的判断を法

の認識すなわち枠の画定という回路にフィードバックさせることに反対したのである。イデオロギーは枠の内部にその活動余地を与えられてはいるが、その枠を破ることはできない。もし破ったならば、その結果としての判決は法の名を騙った擅断に他ならない。たとえその枠の逸脱が「具体的妥当性」を持つとされたとしても、同じことである。

　ケルゼンは1920年代におけるソヴィエト法理論の代表者の一人ピョートル・ストゥーチカの階級司法論を批判して次のように述べた。すなわち、どのような階級国家であろうと、法律を持ち、それに結びつく司法の機能が「法の再生産」であるなら、司法は「合法的に機能するかぎり、間接的にのみ階級性格を持つ。……判決ではなく、その中に現実化された法律が階級利害の表現である。……〈階級司法〉とみなされうるのは、支配階級に属する人々を法律違反の仕方で益する判決だけである」(Kelsen 1931：482-483)、と。

　「合法的」な司法、つまり合認識的な法解釈は無色、透明、屈折率および歪みゼロという特性をもったプロジェクターであり、あるがままの法を、それがどのようなものであれ、寸分違わず現実世界に投影する。したがって、枠として存在するあるがままの法が全体として「階級利害」を表現していれば、解釈結果たる判決も「階級利害」を表現する。だがその解釈方法が「階級」的なわけではない。むしろ逆に科学的、反イデオロギー的なのである。そうだからこそ、この方法は「全人民」的なものを「全人民」的なものとして機能させることもできるのである。

　ケルゼンは、裁判官による有権的法解釈の場面でこの合認識性＝合法性を貫徹させることによって、「法律違反の仕方で」なされるイデオロギー的法解釈を批判しようとした。だが、日常的な法的実践において裁判官によってなされるべきこのイデオロギー批判は、書物等において法学者によって遂行されるイデオロギー批判と性質を異にする。実践的イデオロギー批判は、決してイデオロギーを直接には批判しない。そのイデオロギーによって曇らされているところのあるがままの法を不断に現実世界に突き出すことによって、すなわち自己自身をもってイデオロギーの補給路を断つことによって批判するのである。したがって、明示的になされる理論的イデオロギー批判と

区別する意味で、それを〈黙示のイデオロギー批判〉と名づけることができよう。ケルゼンが提示した法解釈方法は、まさにそのための教程であり、およそ法的世界においてイデオロギー批判をしようとする場合の不可欠の工程である。

第4節　実践的イデオロギー批判の目的

　実践的イデオロギー批判とは、あるがままの法をあるがままに機能させること、あるいはそのあるがままの機能を解釈者の主観によって妨げないことであった。したがってケルゼンの法解釈方法は、多義的な法、「不当」な法を、一義的な法として、「正当」な法として機能させるのではなく、多義的なままに、「不当」なままに機能させるのである。そして、そうすることによって「法的現実のヴェールを剝ぐ」のである（cf. Kelsen 1951：368）。この方法をもって、実定法の正当化に他ならない、と非難する者は、実定法の適用をその道徳的正当性の承認と結合させるナイーヴな謬見を持つ者である。「悪法は法でない」とか「悪法も法である」とかの議論がいまだに在るようだが、ケルゼンは、その法解釈方法論によってすでにそのような議論の地平を超えている。そのような議論はあくまで理論レヴェルに留まるものであり、そのため空虚なアジテーションか、単なる事実の確認に終っている。しかしすでに指摘したようにケルゼンは、単に「悪法も法である」と主張するだけでなく、「悪法も法として機能させるべし」と、裁判官に実践的行動を要請してもいるのである。

　それでは、彼をしてこのような要請をさせた根本的な思想は一体どのようなものであろうか。すなわち世人から「悪法」と難ぜられるものを含めて、一切の実定法を、その世人から権力の走狗と非難されることを百も承知で、あえてあるがままに機能させようとする彼を根底において支えている思想は何であろうか。この問題は最大の難問である。おそらく彼の全業績を見渡してもその回答は容易には見出せないであろう。彼自身がこの思想を対自化していないからである。

　彼はユダヤ人である。たしかにユダヤ教徒ではなく、アイザック・ドイッ

チャーのいう「非ユダヤ的ユダヤ人」すなわち異端的ユダヤ人であるとは言いうるが、確実にユダヤ的知性の持主である。カール・マルクス、ジークムント・フロイト、エドムント・フッサール等と同様、ある一つの発想を極端なまでに突き詰め、一切の妥協を排する厳格な態度、これをケルゼンも共有している。彼の純粋性公準はこの態度の現れと言えよう。我々はその公準の中に、学問に真摯な者だけがもつ緊張感を見ることができる。ところが、ひとたびその公準が法的実践に適用されると、人は、ちょうどイエス・キリストがそうしたように、それをパリサイ人的形式主義と攻撃する。律法ではなく愛を世界に関わる原理にしようとするかぎり当然のことである。だがケルゼンはそのような「神の愛」、「秘儀」としての愛 (Kelsen 1960b : 400-401) を持ちあわせていない。彼の思想の根源は、イエス＝パウロ的ユダヤ性にではなく、モーセ的原ユダヤ性の中にある。『旧約聖書』に次のような記事がある。「さばきをするとき、不正を行ってはならない。貧しい者を片よってかばい、力ある者を曲げて助けてはならない。」(『レビ記』19・15) ここに現れたユダヤの裁判観がケルゼンの解釈方法論の深奥にあったと想像することはあながち不当ではあるまい。

　だが、これだけの確認ですべて説明がつくわけではない。貧しい者を片よってかばわず、力ある者を曲げて助けずに、現実の法をそのまま突き出すことによって、彼は何を目指しているのか、この点が究明されねばならない。結論からいえば、彼は法を〈疎外態〉と捉え、それに対する真の批判を可能にするために、科学がなしうる極限を実行した、と筆者は考える。このような考えに力を与えてくれたのは、独特の視角から新しいケルゼン像を描いた中村雄二郎と土屋恵一郎の仕事である。

　中村は、社会的、文化的事象の個々の領域を「それぞれの固有な存在形態においてうけとめ、そこにある問題をその存在形態に即して解明」する (中村 1967 : 119) という問題関心から、「制度」をまさにその歴史的社会的現実の典型、その固有の存在形態とし、「一面人間によってつくり出されたものでありながら、他面人間から独立した客観的実在として、いわば第2の自然として、そのもつ固有の法則と論理によってわれわれを拘束してくる」ものと捉える (同前 122)。したがって社会の存在形態を突きつめると、「とくに

制度や法律に関して」、積極性と否定性の両面をもった「疎外」が問題とならざるをえない（同前 135）ことになる。つまり彼は制度というものを「パラドキシカルでディアレクティックな『疎外的客体性』に」おいて捉える（同前 130, 135）。そしてケルゼンを「制度の中の制度」（中村 1976：57）としての「法律的事象をその存在形態に即して扱おうとした」学者とし（中村 1967：120）、法は当為であると同時に存在である、とする彼の実定性概念に自己との共通性を見る（中村 1973：92 参照）。

　土屋は中村とほぼ同じ立場に立ちながら、より深くケルゼンに内在してこう述べる。すなわち、法制度は、人間によって作られたが、現実の人間関係の意味を変様させる「侵犯的な制度」であり、そのようなものとして「外在性（疎外態）」をその存在の核とする（土屋 1978：128）。そして法制度のこの性格は、ケルゼンがその法命題において示した「〈存在〉と〈規範〉との架橋することのできない〈対立〉」としての「距離［Distanz］」概念によって示唆されている（同前 112, 115）、と。

　すでに触れたようにケルゼンは、法を社会制度として捉え、その目的や意欲から乖離した拘束的な規範と理解している。したがって「疎外」という語を用いていなくとも、彼は法を、中村や土屋のいう「疎外的客体性」、「疎外態」として表象していたと言えなくもない。ところで、ケルゼンがその疎外態をあるがままに機能させることの意味を暗示したのは、若き横田喜三郎である。

　横田は次のように述べる。純粋法学は、実定法が権力によって定立されたから絶対的な価値をもたないことを発見した。だが実定法は妥当し服従を強制する。そうなると実定法の全体系そのものが「批判」されねばならない。「場合によっては、この実定法の全体系とその基礎にある権力とが否定されることにもならねばならぬ。」それ故純粋法学は「場合によって革命的ですらある。」もとより「右のような批判は純粋法学そのものとしては不可能である。しかし、純粋法学が実定法の根本的性質を明白にしたことによって、右の批判が必要となり、可能となったのであるから、純粋法学はこの批判の前提でもあり、基礎でもあ」る（横田 1932：140-141）、と。

　この「批判」の担い手が法学者だけでなく、法共同体の全成員だとすれ

ば、その「前提」をなす実定法の根本的性質の暴露は、筆者のいう実践的イデオロギー批判によらねばならないことは明白であろう。

　以上、ケルゼンの法解釈方法の持つイデオロギー批判機能を明らかにしたが、ケルゼンのその立場から見れば、イデオロギー批判という点で純粋法学の同僚であるはずの「マルクス主義」法理論、特にわが国のそれが、いまだに法解釈活動に戦術的意味しか認めず、「社会の客観的発展法則」なる標語に頼り、「勤労者の立場に立った体系的解釈」による「民主的変革」を語っている（片岡昇1979：211, 218参照）ことは疑問とせざるをえまい。とすれば、そのような状況において、本章で述べたことはささやかな警鐘になることを期待できるかもしれない。

【引用文献】

碧海純一
　1974　「イデオロギー批判者としてのケルゼン」鵜飼信成・長尾龍一編『ハンス・ケルゼン』東京大学出版会 所収、22-42頁。

鵜飼信成
　1950　「ケルゼン」『法律思想家評伝』日本評論社 所収、301-335頁。

大塚滋
　1979　「純粋法学における法解釈の問題」『東京都立大学法学会雑誌』第19巻第2号 171-216頁、第20巻第1号 115-159頁。

片岡昇
　1979　「法の解釈・適用」『マルクス主義法学講座3 法の一般理論』日本評論社 所収、163-242頁。

キルヒマン、ユリウス・ヘルマン・フォン（Kirchmann, Julius Hermann von）
　1958　「法律学無価値論」田村五郎訳『概念法学への挑戦』有信堂 所収、7-49頁。

Kelsen, Hans
　1911　*Hauptprobleme der Staatsrechtslehre, entwickelt aus der Lehre vom Rechtssatze*, 1. Aufl., Tübingen：J.C.B. Mohr.
　1931　„Allgemeine Rechtslehre im Lichte materialistischer Geschichtsauffassung," in *Archiv für Sazialwissenschaft und Sozialpolitik*, Bd. 66, S. 449-521.
　1934　*Reine Rechtslehre：Einleitung in die rechtswissenschaftliche Problematik*, Wien：Franz Deuticke.
　1949　*The Law of the United Nations：A Critical Analysis of Its Fundamental Problems*, London：Steven & Sons. Ltd..
　1951　"Science and Politics," in *Kelsen 1957*, pp. 350-375.
　1955　*The Communist Theory of Law*, London：Steven & Sons Ltd..

1957　*What is Justice?*, Berkeley, Calif.：University of California Press.
1960a　*Reine Rechtslehre*, Ⅱ Aufl., Wien：Franz Deuticke.
1960b　„Das Problem der Gerechtigkeit," in *Kelsen 1960a*, S. 355-444.
1979　*Allgemeine Theorie der Normen*, im Auftrag des Hans-Kelsen-Institut aus dem Nachlaß hrsg. von Kurt Ringhofer und Robert Walter, Wien：Manz.

土屋恵一郎
1978　「法的実在の世界の発見——ケルゼン研究（一）」『法律論叢』第51巻第2・3合併号 101-136頁。

トーピッチュ、エルンスト（Topitsch, Ernst）
1964　「緒言」長尾龍一訳『ケルゼン選集7 神と国家——イデオロギー批判論集』木鐸社 所収 3-24頁。

長尾龍一
1977　「訳者あとがき」長尾龍一訳『ケルゼン選集7 神と国家——イデオロギー批判論集』木鐸社 所収、245-254頁。

中村雄二郎
1967　「制度と社会についての基礎理論・序説」日本哲学会誌『哲学』第17号 115-139頁。
1973　「法の存在論的構造と実定性——法理論における哲学と科学」『法哲学年報1972 法哲学の課題と方法』有斐閣 所収、71-95頁。
1976　「法の実定性と言語——制度と社会の基礎理論のために」『思想』第625号 56-72頁、626号 77-97頁。

平野龍一
1972　『刑法総論Ⅰ』有斐閣。

横田喜三郎
1932　「純粋法学の哲学的基礎　黒田覚訳『ケルゼン・自然法学と法実証主義』」『法学協会雑誌』第50巻第11号 121-144頁。

主章　日本国憲法第 96 条先行改正反対論批判

はじめに

　本論考執筆のきっかけとなった日本国憲法第 96 条先行改正騒動が一応の終息を迎えた後、第 2 次安倍内閣が集団的自衛権行使容認を閣議決定し、さらに衆議院の「アベノミクス解散」と総選挙が行われ、政権与党がそれに勝利し、反対運動の巻き起こる中、「安全保障関連法案」の国会審議が行なわれている今 (2015 年) となっては、だいぶ以前のことになってしまったが、その騒動の中で、一法学者としてどうしても捨て置いたままにすることのできない学者の発言があったので、筆を執ることにした。しかも、与党が、2016 年に行われる衆議院の通常選挙後の国会で憲法改正の発議をするとの意向を表明している現在、どうせ筆者は改憲派だからこういう批判をするのであろう、という不毛かつ非学問的な誤解に基づいて完全に無視される危険性を覚悟しつつも、これから予想される喧嘩の中でさらに深く傷つけられる可能性の高い学問の名誉を守るために、あえて声を上げることにも多少の意味があるはずだと考えたのである。

　一昨年 2013 年の 5 月 3 日憲法記念日の朝のことである。筆者はいつものように食事を摂りながら新聞に目を通していたのだが、ある記事を読んでいて思わずその手が止まってしまった。その記事とは、「96 条改正という『革命』」という刺激的なタイトルが付けられた、ある憲法学者の寄稿文であった。この寄稿文の内容については本論で改めて批判を行うが、それは、その前年 2012 年 12 月の衆議院議員総選挙で大勝して政権に返り咲いた自由民主党の安倍晋三政権が、その勢いでやや半年後に控えていた衆議院議員通常選挙に向けてぶち上げていた、変化球的な憲法改正提案を、すなわち、憲法改

正発議のハードルを下げるために、憲法改正手続条項である第 96 条だけを他の条項に先だって改正する、という提案を論難しようとしたものであった。

しかし、この寄稿文を読んで筆者の手が止まったのは、気鋭の憲法学者が自民党のこの異例の先行改正論に批判の矢を射たこと自体が原因ではない。そうではなくて、この憲法学者が自民党のその先行改正論を批判するにあたって、おそらく意図的にそれを歪めて、実際以上に許しがたいものにフレームアップして、世論を改正反対に誘導し、次の参議院の選挙で自民党の意図を挫こうとする、学者としてあるまじき、あえて言えばデマゴーグのやるような議論を展開しているとしか思えなかったからであった。

この類のフレームアップは、政治の世界では対立する政治勢力同士が相手を攻撃する際に往々用いる常套的な手法に他ならない。そして、政治家たちがこのような議論を行っているのならば、聞いている側もある程度覚悟していて、眉に唾をつけながら聞いているはずだから、それほど深刻な事態にはならないのが通例だが、学者が、それも学界の中心にいると思しき学者が、天下の大新聞の、しかも憲法記念日の朝刊で、学問や大学の権威を後ろ盾にしながらその手法を用いた場合は、そういう訳にはいかない。多くの読者はそれを学問的に正しいものと信じてしまうだろうから、その政治的プロパガンダの効果は測り知れないものになるのである。この学者はそれを狙っていたのだと筆者は確信している。そして、その狙いは見事に的中したと言って間違いない。後日の別の大新聞のあるコラムによれば、彼のこの寄稿文は、近時の当該欄の中で「最も反響のあった記事の一つ」だったそうである（山田孝男 2013）。

しかし、法学部で多少でも憲法を学んだ者にはとうてい通用しないと思われる、一憲法学者の政治的発言も、それだけであるならば、学問としては、その軽率さに眉をしかめはするものの、見て見ぬ振りをしていてもかまわないだろう。だが、ことはその憲法学者の一過的な時事的発言の問題には留まらなかったのである。筆者は当初、この憲法学者を含めた何人かのこの問題をめぐる時事的発言だけを批判するつもりで筆を執ったのだが、その問題性の根源を探っていくうちに、とうとう清宮四郎、宮沢俊義にまで掘り進んで

しまったのである。

　かつて大石義雄が喝破したように、「憲法理論の名においてなされている多くの議論」は、「学問する者の議論」ではなく「その人の政治論」、「政治政策的思慮」がはたらいたものなのであって、とりわけ、憲法の憲法性に関わるこの改正問題についてはその特徴が際立っているのである（大石義雄 1956：2, 1953：2参照）[1]。件の学者の発言は、そうした伝統的バックグラウンドからある意味必然的に生み出されたものであり、問題の根は深い、と筆者は判断した。

　したがって、筆者は本論考において、自民党自身がその提案を取り下げたも同然の現在、あまりにも時宜を失しているかもしれないが、第96条先行改正論に対する憲法学界の反応の批判的検討にとどまらず、それを通じて、憲法学界の通説である伝統的な憲法改正限界論の非学問性、政治性、そして、法学としての欺瞞性をも明らかにする必要があると考えたのである。

　そのためにはまず、憲法改正の限界についての筆者自身の立場を簡単に披瀝しておかねばならないだろう。

　筆者は、法実証主義者ハンス・ケルゼンの純粋法学の立場に立つ者の一人として、法の静態理論的視点、つまり、法を創設・適用する権限を持つ法的

---

[1] 憲法学のこの傾向を肯定的に捉えている学者もいる。佐藤功がそれである。彼によれば、「不磨の大典」とされた明治憲法下の憲法学は「忠実な『解釈』学に止まって」いたが、日本国憲法下の憲法学は「『解釈』学の域を大きく脱し」、「かりに『解釈』の名の下に論ぜられている場合であっても、そこにはいわば立法論的な、あるいは憲法政策学的な視点からする、論者の実践的な意図と追及とがみてとられることが、むしろ常例であ」り、このことは、「よりよき憲法をもつことのための国民の努力に憲法学が寄与する役割と責任が飛躍的に増大したことを意味する」としている（佐藤功 1964：266-267）。
　筆者はしかし、この考えに対しては否と言っておく。憲法学も、民法学や刑法学などと同様の実定法学であるのならば、憲法の「解釈」と「立法論」的議論を明確に区別しなければならないはずである。「『解釈』の名の下に」「論者の実践的な意図と追及とがみてとられる」状態は是認されるべきではない。それでは、国民が「よりよき憲法をもつ」ことはできない、と考える。むしろ、そのような「常例」を放置してきたからこそ、国民は何が「よりよき憲法」なのかについて思考停止させられてきたのだと思う。

機関——ここでは裁判所——の視点（大塚滋 2014：77-78 参照）から日本国憲法を解釈した場合、改正対象となる条項について明文上何らかの制限が設けられているならば格別、それが設けられていない第 96 条という改正手続条項が存在している以上、当然のことながら、法的に改正が許されない条文は日本国憲法の中にはないということになる、との考えを持っている。つまり、日本国憲法の場合、その改正に限界はないのであって、何をどのように改正しようと、第 96 条に規定された手続に従うならば、つまり、国会が所定の条件で発議し、国民投票法に基づいた国民投票で国民の過半数がそれを承認するならば、憲法違反にはならない、と考えている。だから、言うまでもなく第 96 条という改正条項の改正もその例外ではないということになる。

しかし、もし、この第 96 条も含め、何らかの特定条文を改正することは許さない、と日本国憲法が明文で規定していたとするならば、もちろん、この静態理論的視点からは、改正にはその規定通りの限界があることになる、ということに注意しておかなければならない（ハンス・ケルゼン 1971：424、同 1991：394 参照。なお、その点の詳細な証明については、菅野喜八郎 1978：105 以下も参照。）。要するに、憲法が限界を定めていなければ限界はなく、限界を定めていれば限界がある、ということである。当たり前と言えば当たり前のことである。ただ、ケルゼンを含め法実証主義者は皆、たとえ憲法が明文上限界を定めている場合であっても、憲法解釈論として改正無限界論を主張するものと理解されている嫌いがあるが、それは、静態理論的視点とは別のもう一つの視点、すなわち動態理論的視点からの結論を前者の視点からの結論と混同しているために生じる誤解である。詳しくは第 4 節第 5 項（特に 172 頁以下）で後述する。

今述べた静態理論的視点からの結論は日本国憲法の文理解釈であり、きわめて普通で自然な解釈である、はずである。ところが、周知のように、このような文理解釈の結果としての改正無限界説は現在のわが憲法学界の大勢が採るところではない。問題の改正条項の除外にかぎらず、憲法改正には何らかの制約、制限がある、ないしは、なければならないと考える立場が通説なのである。

なお、その中には日本国憲法前文の一節（「…われらは、これに反する一切

の憲法、法令及び詔勅を排除する。」）を根拠に、国民主権や基本的人権の尊重、平和主義を廃棄する憲法改正はできないと主張する者たちが多いようだが（たとえば、宮沢俊義 1955：788、清宮四郎 1966：324、芦部信喜 2011：387 等を参照）、筆者は、その主張は解釈論的にはかなり無理ではないかと思っている。すなわち、憲法条規ではない前文にたとえそれと同様の規範的拘束力を認めたとしても、この一節は憲法改正に対する歯止めを意図したものではありえない、と考えているのである。

なぜなら、この一節は、排除する対象として、憲法や法令と並んで天皇の意志表示である「詔勅」を挙げているからである。この一節を根拠にする論者はなぜかこの点を問題にしないが、言うまでもなく、「詔勅」というものは大日本帝国憲法の下では存在していた制度であって（第 55 条第 2 項）、日本国憲法の下では存在しないものである。だから、この一節が、日本国憲法施行以降に日程に上るかもしれない憲法改正に対する制約を意図したものだと解釈するとなると、この前文を起草した者たちおよびそれを審議の上可決した者たちはこぞって皆、自分たちが天皇を主権者の地位から単なる象徴の地位に格下げしたことをうっかり忘れ、まだ明治憲法時代と同じように親政を行う主権者だと思い違いしていたか、それとも、そもそも詔勅とはどのようなものか、その意味も知らずに、天皇の「おことば」と同程度のものと思い込んで、その語を使用していた、などという恥ずべき事実が存在していたということ、そして、それだけでなく、自分自身もそう理解しているということを認めなければならないことになってしまうだろう。

しかし、そのような恥ずべき事実が存在していたなどということは常識としては考えにくいから、その一節は、日本国憲法の改正に対する限界づけを意図したものではなく、国民主権という「人類普遍の原理」に基づく日本国憲法を確定するにともなって、それに反する過去の大日本帝国憲法はもとより、その下に発せられた諸法令、詔勅の効力をこの憲法の発効とともに否定する、という決意を表明したものと理解するほうがはるかに自然ではないかと思われる。日本国憲法と大日本帝国憲法との間には法的連続性はないのであって、ただ、日本国憲法の制定は「旧法第 73 条の規定を便宜借用し、行為の形式的合法性をよそおった」だけだとする理解（清宮 1966：35）とも整

合すると思うが、余計なお世話だろうか。憲法の最高法規性の宣言をしている第98条にも「詔勅」の語があるが、それも同様に解すべきであろう。とはいえ、いずれの条文にあってもその点がそれほど明確でないことも事実ではあるが。

　前文に関するこのような不自然な解釈はともかく、明文上の制限の有無に関わらず、憲法の改正には何らかの規範的な限界がある、とする考えが通説となっているということは筆者にとっては大変不可解な事態である。とりわけ、改正条項自身の改正は許されないとする考えは、何としても改正させまいとする政治的な議論ならいざ知らず、法解釈論としては極めて不自然であるばかりか、今触れたように、その日本国憲法自体が大日本帝国憲法の改正として生まれたという事実によって、つまり、その第1項で「将来此ノ憲法ノ条項ヲ改正スルノ必要アルトキハ勅令ヲ以テ議案ヲ帝国議会ノ議ニ附スヘシ」と定め、第2項でもその議決要件のみを定めただけで、対象条項については何らの明示的制限も設けていなかった大日本帝国憲法第73条が、いかに「便宜借用」されただけとはいえ、他のすべての条項とともに、同条自身が定めていた手続によって改正されて、その結果日本国憲法第96条が生まれたという事実によってすでに完膚なきまでにその無効を宣せられているはずだからである。そうして生まれた第96条を歴とした憲法規範だと認めるのならば、その解釈論として、特に改正条項の改正は許されないと主張することにどれほどの意味があるのだろうか。

第1節　自民党による憲法第96条先行改正案に対する諸反対論

第1項　石川健治の反対論

　このような問題を抱える通説陣営のアジテーターの一人が、はじめに触れた朝日新聞紙上の寄稿文の著者石川健治である。そこで彼が展開した主張の主旨を簡潔に纏めれば、以下の通りである。

　「96条改正を96条によって根拠付けるのは**論理的に不可能**」である。

なぜなら、「国会が、憲法改正を発議する資格をも得ているのは、憲法改正手続きを定めた96条が、論理的に先行しているからである。」そして、「憲法改正権者に、改正手続きを争う資格を与える規定」は憲法の中にないから、その「憲法改正条項を改正することは、憲法改正条項に先行する存在を打ち倒す行為であ」り、「立憲国家としての日本の根幹に対する、反逆であり『革命』にほかならない」（石川健治2013a：5-6段；強調―引用者）。

論理的に先行しているとどうしてその規定を改正できないのか、発議しかできない国会のことをあたかも「憲法改正権者」であるかのような述べ方をしているが、それはおかしくないのか、「憲法改正条項に先行する存在」とは一体何か、などの点を含め、この主張に対しては後（第2節第1項39頁以下）で詳細に批判を加えるとして、今ここで、そして最も力を込めて問題にしたいのは、「革命」を企てていると論断した自民党の第96条改正案を、彼が重要な点でおそらく意図的に不正確に要約しているように見えることである。彼は、何が何でも改正を阻止しようとして、学者として越えてはならない一線を越えてしまったのではないだろうか。なお、彼によるこの自民党案の不正確な要約に関しては、いち早く西修が、「反対のための意図的な誤誘導」の一例として鋭く指摘していること（西修2013a：242-243；なお、同2013b：9参照）に言及しておかねばならない[2]。筆者もその指摘に全く同意する。

衆知のことと思うが、自民党の改正条項改正案は以下のとおりである。

　第100条　この憲法の改正は、衆議院または参議院の議員の発議により、**両議院のそれぞれの総議員の過半数**の賛成で国会が議決し、国家に提案してその承認を得なければならない。…」（自由民主党2012：25；強調―

2）百地章は、はっきりと石川と名指さずに「反対派は」としているが、「『憲法改正の発議を法律と同じように過半数にしてしまっても良いのか』などとわざと紛らわしい言い方をするが、このような言い方自体、誤解と錯覚をもたらすだけの詭弁である」と糾弾している（百地章2013：218）。明らかにこの「反対派」は石川である。他にも池田実も石川批判を行っているが（池田実2014：103）、自民党案の不正確な要約を問題にしてはいない。

引用者)

　現行憲法第96条の法文とは「発議」概念が異なっており、その他のいくつかの表現も変更されているが、この条文案が、要するに、「各議院の総議員の三分の二以上の賛成」という現行憲法での改正発議要件を、「両議院のそれぞれの総議員の過半数の賛成」に緩和しようというものである、ということに異論の余地はありえないだろう。しかし石川は、この改正案を次のように要約したのである。これが大問題なのである。正確に引用しよう。

　「96条を改正して、国会のハードルを**通常の立法と同様の単純多数決**に下げてしまおう、という議論が、時の内閣総理大臣によって公言され、政権与党や有力政党がそれを公約として参院選を戦おうとしているのである。」
　「現在高唱されている憲法96条改正論は、ほかの四つの局面〔日本国憲法が特別多数決を定めている四つのケース―引用者：以下、同じ〕は放置したまま、憲法改正についてだけ、**通常の立法なみの単純多数決にしよう**というのである。」（石川 2013a：2, 5段；強調―引用者）

　筆者の食事の手を止めさせ、本論考を執筆させる原因となったのはまさにこの個所である。この要約の不当性は改めて贅言を費やす必要もないほど明白なのだが、その批判を目的とする本論考は厭わずその不当性を論証しなければならない。
　自民党の改正案は決して、彼の言うように憲法改正発議を「通常の立法と同様の単純多数決」、「通常の立法なみの単純多数決」にしようとしているのではない。憲法学者に対してこのようなことを説明するのは気が引けるが、「通常の立法」の場合の「単純多数決」とは、憲法第56条（定足数・表決規定）と同第59条（立法手続規定）によれば、両議院の出席議員（総議員の3分の1以上）の過半数（最少で総議員の6分の1以上）の賛成で可決成立する、というものである。また、立法手続においては衆議院が優越しているので、参議院が議決しなかったり否決したりしても、衆議院が今度は特別多数決で、つまり出席議員の3分の2以上（最少で衆議院の総議員の9分の2以上）

の多数で可決すれば成立する、というものである。分かりやすく議員数で表せば、国会議員定数は現在、衆議院が475名、参議院が242名だから、両議院が可決する通常の場合、合計717名のところ、最少で121名の賛成があれば成立し、衆議院の再議決の場合ならば、最少で106名の賛成があれば成立するのである。

　他方、自民党の第96条改正案では、評決はたしかに過半数に緩和されるが、あくまでもそれは、「両議院のそれぞれの総議員の過半数」なのであって、「通常の立法」の場合のような「出席議員」の過半数ではない。上と同様に数字で示すならば、改正発議のためには、両議院議員合計717名のところ、最少で360名の賛成が必要なのである。もちろん、現行発議要件の478名より118名少ないが、「通常の立法」の場合の121名よりは239名、または再議決の場合の106名よりは254名も多い。一体これのどこが「通常の立法と同様」であり、どこが「通常の立法なみ」であると言うのだろうか。

　しかも、それはあくまでも国民への発議の成立要件であって、「通常の立法」のように、それで成立して、公布・施行へと流れるのではなく、その発議を受けて、主権者である国民自身が行う国民投票による承認というもう一つの高いハードルが待っているのである。石川は総議員と出席議員の違いや衆議院の優越制度を失念し、国民投票による承認手続の存在すら失念してしまったのであろうか。いや、そのような想定は、憲法学者に対してあまりにも失礼であろう。問題の寄稿文の中でも、さすがに彼は、憲法改正発議には「通常の立法手続きよりも高いハードル（各議院の総議員の3分の2以上の賛成）が課せられている」としているし、特別多数決を定めた、他の四つのケースについては、「『出席議員』の3分の2で議決できるのに対して、憲法は、憲法改正についてだけは、さらに『総議員』の3分の2にハードルを上げている」とも述べているし、国民投票についても、「国会が憲法改正を企てた際には、必ずレファレンダム（国民投票）にかけることを求めている点」にこそ日本国憲法の特徴がある、としている（石川 同前：5, 1段）。

　だから、この点については問題がない。ところが、その一方で彼は、「通常の立法」の場合の「単純多数決」の具体的内容については、筆者が上記したように定足数規定や衆議院の優越制度を踏まえた説明を一切していないの

である。それらは読者である国民の常識に属すことだから紙幅の都合で省いた、というわけではないだろう。もしそうだとするならば、第96条についての説明すら国民には余計なお世話だったはずである。触れなかったのはそのような理由からではないと思う。周到に読者の目を、特別多数決（3分の2以上）より単純多数決（過半数）の方が割合的なハードルが低いという点にだけに向けさせて、一体何の3分の2以上か、**何の過半数なのか**、という点から目を逸らさせ、あたかも自民党が、憲法改正発議に課せられた総議員の特別多数決という高いハードルを無理やり下げて、普通の立法手続きと同じ、出席議員の単純多数決にしてしまう、つまり、議員数で言えば、合計478人の議員の賛成が必要だった国会発議を、実際は最少で360人の賛成が必要となるところ、そうではなく、あたかも、最少で121人（場合によっては106人）の賛成で済むようにしてしまおうという、言語道断な提案しているかのような間違った印象を読者に植え付けようとしている、と判断するしかないのではないだろうか。

　そして、日本国憲法の特徴だとした国民投票というレファレンダムについて触れた直後に、それにもかかわらず、「硬性憲法であることの本質は、国会に課せられたハードルの高さにこそある」（石川　同前：1段）という評価を下していることに端的に表れているように、主権者である国民自身が直接の投票によって最終的に決定するという、直接民主制的制度の大きな価値を過度に軽視し、あたかも国会の発議だけで憲法改正が決定されてしまうかのような、つまり、発議されてしまったら、それでもう憲法は改正されたも同然のような印象を読者に与え、安倍政権の提案に対して必要以上に危機感を煽ろうとしている、と言わざるをえない。

　政府・自民党の改憲計画を挫折させるべく、国民の目を3分の2以上か過半数かという割合の点にだけ向けさせようとするこの姑息な政治的意図は、次の表現の中にも表れている。すなわち、「議会側のハードルを下げ、しゃにむに国民投票による**単純多数決に丸投げしようとしている**」とか、「目下の改憲提案に従い、改正手続きのすべての局面を**単純多数決にそろえる**とすると…」といった表現（石川　同前：2段；強調―引用者）がそれである。とにかく単純多数決は危険である、ということだけを印象づけようとしている。

このような言説の底にあるのは、学問的矜持を捨ててでも憲法改正をさせまいとする政治的あるいは政策的意図に他ならない[3]。

先に引用した別の大新聞のコラム欄によれば、石川は、「狙いは『良心的な議会政治家に問いかける』ところにあり、『乾坤一擲（けんこんいってき）の勝負に出たつもり』だった」と語ったそうだ（山田孝男 2013）。大新聞というメディアを使いながら、呼びかけていたのは国民一般ではなく、「議会政治家」だったとは驚いたが、ある意味納得はできた。第3節第1項で明らかに明らかになることだが、彼はそもそも国民を相手にしていないからである。それはともかく、政治家たちに投じたこの政治的「一擲」は、その前の4月に改憲派の小林節の発言（毎日新聞 2013 参照）が投じた「一擲」と、その後、同じ5月に樋口陽一ら有力な憲法学者などが自民党の第96条先行改正案に反対するために「96条の会」を結成した（なお、同会の発起人の中には石川も含まれている）というさらなる「一擲」と相まって、まさに政治的には見事に功を奏したと言ってよいだろう。しかし、一個人として投稿したのならば問題にすることもないが、「憲法学者」という肩書を付している以上、学問的には、容易に癒しがたい深い傷を残した。その罪は計り知れないほど大きい。

第2項　「96条の会」の反対論

その発足の報に触れたときにおおよそ想像できたことであったが、この「96条の会」（樋口陽一代表）の「呼びかけ文」（96条の会 2013）もやはり批

---

[3] 石川の寄稿文と同時期に、それも彼と同様に、自民党の第96条改正案に対して不当なフレームアップを行った学者が他にもいる。しかし、そのフレームアップは新聞紙上ではなく、学術書（論文集）の中で展開されているため、読者はそれほど多くなく、一般にはさほどの影響はなかったものと思われる。

その学者は高見勝利である。彼は、一方で、軟性憲法とは「通常の法律と同じ手続で制定・改廃される」憲法のことであるとしながら、自民党案どおりの改正が実現すれば、「硬性憲法から軟性憲法への変更」が成就するとか、「憲法と法律との見分けがほとんどつかないレベルまで軟性化されてしま」い、「憲法と法律との規範的『距離』はいわば紙一重のものとな」るとか、と述べ、あたかも自民党案が憲法を「通常の法律と同じ」レベルに下げようとしているかのように批判している（高見勝利 2013：87-89）。この不当性も論証する必要はなかろう。

判対象の説明に関して無視できない大きな問題を抱えたものであった。ただ、この会のオフィシャル Web サイトは、おそらく期間限定で公開されていたようで、現在は閲覧できないので、サイトが開かれていた時に筆者がハードコピーしておいたもの[4]に基づいて検討を行う。

その趣旨を一言で要約するならば、96条改正論は、「憲法の存在理由を無視して国民が持つ憲法改正権のあるべき行使を妨げようとする」ものであるから、「反対する運動を呼びかけ」る、というものである（同前）。ここに言う「憲法の存在理由」とは「立憲主義」のことに他ならないが、その論拠や憲法改正権に関する議論についてはのちほど批判するとして、ここでは、石

4）この「呼びかけ文」は短いものなので、ここにその全文を載せておく。

「憲法改正手続きを定めた憲法96条の改正がこの夏の参議院選挙の争点に据えられようとしています。これまでは両院で総議員のそれぞれ3分の2の多数がなければ憲法改正を発議できなかったのに対し、これを過半数で足りるようにしようというのです。自民党を中心としたこうした動きが、『国民の厳粛な信託』による国政を『人類普遍の原理』として掲げる前文、平和主義を定めた9条、そして個人の尊重を定めて人権の根拠を示した13条など、憲法の基本原理にかかわる変更を容易にしようと進められていることは明らかです。

その中でもとりわけ、96条を守れるかどうかは、単なる手続きについての技術的な問題ではなく、権力を制限する憲法という、立憲主義そのものにかかわる重大な問題です。安倍首相らは、改憲の要件をゆるめることで頻繁に国民投票にかけられるようになり、国民の力を強める改革なのだとも言っていますが、これはごまかしです。今までよりも少ない人数で憲法に手をつけられるようにするというのは、政治家の権力を不当に強めるだけです。そもそも違憲判決の出ている選挙で選ばれた現在の議員に、憲法改正を語る資格があるでしょうか。

96条は、『正当に選挙された国会』（前文）で3分の2の合意が形成されるまでに熟慮と討議を重ね、それでもなお残るであろう少数意見をも含めて十分な判断材料を有権者に提供する役割を、国会議員に課しています。国会がその職責を全うし、主権者である国民自身が『現在及び将来の国民』（97条）に対する責任を果たすべく自らをいましめつつ慎重な決断をすることを、96条は求めているのです。その96条が設けている憲法改正権への制限を96条自身を使ってゆるめることは、憲法の存在理由そのものに挑戦することを意味しています。

私たちは、今回の96条改正論は、先の衆議院議員選挙でたまたま多数を得た勢力が暴走し、憲法の存在理由を無視して国民が持つ憲法改正権のあるべき行使を妨げようとする動きであると考え、これに反対する運動を呼びかけます。来る参議院選挙に向けて、96条改正に反対する声に加わってくださるよう、広く訴えます。」(http://www.96jo.com/；なお、現在 http://jcj-daily.seesaa.net/article/363674219.html で同文を閲読することができる。)

川の場合と同様、自民党の第96条先行改正論をどう捉えているか、という点だけを問題にしたい。

この「呼びかけ文」は、たしかに石川の寄稿文のように、この改正論を「通常の立法手続きなみ」にするもの、といった明らかな虚偽は述べていないが、やはりデマゴギーだと言って構わない。というのも、それが国民主権、平和主義、基本的人権の尊重といった「憲法の基本原理にかかわる**変更を容易にしようと進められていることは明らか**」だとしているからである（同前、強調―引用者）。改めて断るまでもなく、自民党提案の内容はあくまでも発議要件の緩和であって、憲法改正の容易化ではない。改正するかどうかを最終的に決定するのは、憲法改正権を有する国民であって――この点は「呼びかけ文」も認めている――、自民党改正案はこの国民投票を廃止しようとか、その要件を緩和しようとしているのではないこと、つまり、発議要件は緩和されても、憲法の基本原理の「変更」は法的な難易度が変わらないことは明らかである。ここでもやはり、この会は、石川と同様、発議要件の緩和がすなわち改正要件の緩和であるかのような、つまり、国民投票というハードルがあたかも存在していないかのような、あるいはハードルたりえないかのように見せかける手法を用いている。

もっとも、発議をする国会の多数派議員は誰あろう国民の多数が選出しているのであるから、発議が成立してしまえば、かなりの高い確率で国民投票でも改正は承認されると予想できるであろう。しかしそれは、憲法の制度上の問題ではない。つまり、発議成立が制度必然的に国民投票での承認を帰結するわけではない。あくまでも継起する事実に関する、当たることも外れることもある予想にすぎない。だが、彼らはその予想を強く抱いている。つまり、国民投票に持っていかれたならば間違いなく承認されてしまう、と確信している。だから、本音では、直近の選挙で国会の多数派勢力を生み出してしまった国民の多数派に憲法改正をさせたくないのであるが、正面切ってそれを言ってしまえば多数派の国民をはっきりと敵に回すことになるから、あくまでも表面では、国会議員の単純多数派に憲法改正をさせてはならないと言っているにすぎない、と思われる。

要するに彼らは、自分たちが属していない相対的多数派の国民の意思を全

く尊重していないのである。もし発議要件のハードルを下げさせてしまえば、自分たちと違って日本国憲法を金科玉条としない、まさにその時々の相対的多数派国民にその憲法を改正されてしまうからである。彼ら「96条の会」は、選挙では単純多数決で負けてしまったが、それでも、憲法改正をめぐる最終的な勝負には負けないようにしたいのである。たしかに選挙民の意志を正確に反映しない選挙制度や低い投票率の問題はあるが、それらを考慮に入れたとしても、これは民主主義とは整合しない考え方である。

　「呼びかけ文」は、「今までより少ない人数で**憲法に手をつけられるようにする**というのは、政治家の権力を不当に強めるだけ」だ、との表現（同前、強調―引用者）を用いているが、これに対しても同様のことが言えよう。国民に分かりやすい表現を用いようとしただけで他意はないのかもしれないが、言葉の選択は慎重でなければなるまい。法学を学んだ者も読むのである。「手をつける」とは、我々の専門用語では実行の着手のことである。国会の発議が憲法改正の実行の着手だと言うのだろうか。もしそうだとすると、誤解を恐れず言えば、国会議員たちは憲法改正という犯罪の〈正犯〉ということになり、実行を既遂にするのもその〈正犯〉たる国会議員たちということになってしまう。しかし憲法第96条は、改めて言うまでもなく、発議の権限と承認の権限とはそれぞれ国会と国民という別の主体が持つものとはっきりと規定している。だから、国会による発議は改正の着手でありえない。改正に着手し、そしてそれを既遂にしうる〈正犯〉は、主権者である国民以外にはいない。

　「政治家の権力を不当に強める」という、すぐその後に続く文の表現が示しているように、「呼びかけ文」は、そのことに目隠しをして、自民党の第96条先行改正論を実際以上に危険なもの、政治家だけで容易に改正できるようにする企みとして印象づけようとしていると思われる。もしかすると彼らは、国民の多数によって選出された国会議員たちとそれを選んだ多数派の国民たちを「共犯」いや「共同正犯」と見て、その犯罪者たちから日本国憲法を守ろうとしているのかもしれない。ところが、そのことを表に出さず、悪しき狡猾な政治家と無垢で善良な国民という、通俗的な対立図式を無理やりに当てはめて、善良な国民に訴えているかのような体裁をとる、低級な政

治的手法をここに見ることができる。これはちょうど、前のラウンドに続きリングのコーナーに追い詰められたボクサー（相対的少数派）が目をつむって闇雲に繰り出した大振りのフックとも言うべき政治的なプロパガンダである。しかし、実際にはこれが起死回生のカウンターパンチになって、相手から政治的ダウンを奪ったのであるから、あながち侮ることはできないが。

　もう一つ批判しておかなければならないことがある。それは、今引用した個所に続いて、「そもそも違憲判決の出ている選挙で選ばれた現在の議員に、憲法改正を語る資格があるでしょうか」（同前）などという、法学者の言葉とは思えないことを述べているからである。前回の第45回衆議院議員総選挙について「違憲状態」とした最高裁の判決（平成23年3月23日大法廷判決）を軽視しつづけ、土壇場で若干の定数是正をしたものの、それを反映させる間もなく衆議院を解散し、やはり複数の高等裁判所から「違憲」または「違憲状態」の判決を出された総選挙で、勝利したと歓喜している与党の議員たちを苦々しく思う気持ちはよく理解できる。

　しかし、その議員たちが選ばれたその選挙のことを「違憲判決の出ている選挙」と表現するのは、法学者としてはいささか乱暴にすぎよう。たしかに高等裁判所、つまり選挙無効訴訟の第一審では「違憲」なり「違憲状態」なりの判決が出ているが、この会発足時点ではまだ最高裁判決は出されていなかった――この「呼びかけ文」から約半年後に下され（平成25年11月20大法廷判決）、第46回衆議院議員選挙は違憲状態だが有効とした――。したがって、その「違憲」性も、それ故の選挙無効宣言もされず確定もしていなかった段階で、何の断りもなしに「違憲判決の出ている選挙」などと呼ぶのは、それを読む国民に、あたかもあの選挙は確定的に違憲だったかのような間違った印象を与えようとしているからである、と判断せざるをえない。そこで問題にしている「資格」も、おそらく道義的ないしは政治的資格のことなのであろうが、文脈的にはあたかも法的なものでもあるかのように読みとれる。

　さらに言えば、もし「資格」を問題にすることができるのなら、どうして憲法改正の資格だけを問題にするのか、これも納得できない。彼らの本来の使命は立法である。それを行う資格はどうして問題にしないのか。そして、

そもそも彼らが国民の納めた税金から歳費を受け取っていることを、少なくとも「違憲」なり「違憲状態」なりの高裁判決以降、どうして問題にしてこなかったのか。「違憲」の選挙で選ばれた議員たちが、憲法改正を語ることは断じて罷りならないが、立法は構わない、歳費を受け取ることも構わない、とする法的な論理がもしあるならば聞かせてほしい。そもそもこのような会を結成しメッセージを発すること自体が学問を越えた政治的行動であるから、このようなことを言っても詮ないかもしれないが、法学者が関わったとは到底思えない政治的な発言である。

　ところが、残念なことに、この発言にもやはり法学者たちが関わっていたと推測できる。というのも、この会には属していないが、高名な別の憲法学者も同旨のことを述べていたからである。それは浦部法穂である。彼はこう述べている。

　　「一票の格差が是正されない状態で選ばれた議員」は「国民の代表としての資格がない。認められているのは選挙制度改革をして選挙を実施することと、国民生活に支障を及ぼさないように必要最小限の国政をすることだけだ。それ以上の資格はなく、まして憲法をいじる資格はない。」(浦部法穂 2013)

　わずかな字数の投稿文で意を尽くすのは容易ではないことはよく分かっているつもりである。しかし、そのことを考慮に入れても、学問の名誉のために、指摘すべきところは指摘しておかねばならない。最高裁判所が選挙無効の判決を出してもいない段階で、どのような憲法上の根拠に基づいて、「一票の格差」を放置した選挙で選ばれた議員には「国民の代表としての資格がない」と言えるのか。そして、「資格がない」と断じたにもかかわらず、「憲法をいじる」以外の、「選挙制度改革をして選挙を実施すること」や、「必要最小限の国政をすることだけ」は「認められている」とするが、一体どのような法的論理に基づいてそう言えるのか。矛盾ではないのか。そして、同じ選挙で選出された野党議員も含め、「資格」のない議員たちが改革した選挙がどうして有効だと言えるのか。そのように言える理由はないだろう。世論操作をのみ意図した政治的宣伝活動と見る他ない。だが、本稿がこのような

政治活動をも学術的論著と同列に扱っているのは、その学術的論著が政治的活動と同列だと言う他ないからである。

第3項　長谷部恭男の反対論

以上と前後するが、憲法学者長谷部恭男も同年4月9日に、ある地方新聞に自民党96条改正案批判（長谷部恭男 2013）を発表していたが、これも不可解な理屈を用いた政治的なものであった。その投稿文は、要するに、改憲要件を緩和しようとする提案は「立憲主義」と相容れない、ということが言いたいのであるが、この批判の拠点である「立憲主義」なるものは多くの批判者が口にするもので、きわめて問題のある概念でもあるので、第3節全体において詳しく検討するとして、ここでは、自民党の第96条先行改正案に反対する議論の中で彼が持ち出した、言いがかりに近い論拠だけを批判しておくことにする。

彼はこう述べている。

　「これ〔改正の要件〕を2分の1に緩和すれば、特定の党派の意見に偏った提案が行われる可能性が高くなる。さらに恐れなければならないのは、自分たちの思うような改憲を行った党派は、それが後の多数派によって変更されないよう、再び**改憲要件**を加重して3分の2あるいは4分の3の賛成が必要となるよう、手続を改正するかもしれないことである。こうした手続の再変更も2分の1の賛成さえあれば発議できる。」（長谷部 同前；強調―引用者）

すでに何度も指摘したことだが、厭わず言おう。自民党案が緩和しようとしていたのは「**改憲要件**」ではなく〈改憲あるいは改正**発議**要件〉である。このような杜撰な観念使用は、いかに一般の国民向けの意見表明であっても、いや、むしろそうであるからこそ研究者として厳に慎まなければなるまい。しかし、実のところ彼は決して軽率にそう表現したのではないと思われる。彼にとって、発議はすなわち改憲なのである。発議をする「党派」は、国政選挙の際投票所に足を向けた有権者の最大多数の支持を得ているわけだから、その「党派」が主導して発議した憲法改正の国民投票で要求されてい

る過半数の承認もかなりの確率で獲得できると予想されるからである。しかし、その誤った表現の問題と、過半数を獲得している党派の提案を「偏った」と言い切る非民主主義性を措くとすれば引用第1文はその通りだと言ってよい。問題は第2文、第3文である。

　彼は、再び改憲（発議）要件を加重するのも「2分の1の賛成さえあれば発議できる」という点だけを強調しているが、おそらく意図的に述べないでいる重要な点がある。それは、言うまでもなく、この一連の手続の中で、理論的には3回、少なくとも2回なされる憲法改正のそれぞれにおいて国民投票が行われ、その度に過半数の国民の承認を得なければ、この「党派」の思い通りの結果にはならない、ということである。彼は、あたかもこの「党派」だけで思うままに憲法改正ができるかのように述べているのだが、それは彼がこの「党派」とそれを支持した多数派国民を一体と見ているからである。彼が発議要件のことを改憲要件と言い間違えてしまう理由もここにある。したがって、彼の言う「特定時点の多数派」は、決して国会内の党派だけを指しているのではなく、彼らに投票した国民の多数派をも指しているわけである。だから、「国会の多数派の交代に応じて憲法が変わるようでは、何のための憲法なのかが分からなくなる」という彼の発言（長谷部 同前）に関しても、そこでの「国会の多数派」は〈国民の多数派〉に読み変えなければならない。

　この「党派」が彼の言うような一連の憲法改正計画をあらかじめ国民に示していたのならともかく、それを内部秘にしておき、国民には、発議要件の緩和は「国民が憲法について意思を表明する機会」を増やす（自由民主党 2013：36 Q43）などといったおためごかしの理由を並びたてた結果、国民投票でそれが受け入れられて発議要件を緩和する憲法改正に成功したとしよう。では、この「党派」は、再度要件の加重を提案するときに、その要件の緩和によって意思表明の機会を増やすことができたと喜んでいる国民に対して、一体どのような説得的な理由を挙げて、その同意の取り付けに成功するものと彼は想定しているのだろうか。これに同意したならば、今度は「意思を表明する機会」が減ることになるのだから、容易に賛成しはしないと見るのが普通であろう。そのような、おそらく自民党も考えていなかったような

非現実的な可能性を持ち出しての反論は、自民党案に対する言いがかりに他ならないだけでなく、国民を、ただただ自民党の言いなりに動くだけの考えなしの存在に見立てて愚弄したものであると言ってよいだろう。

第4項　小括
　以上、石川健治、「96条の会」、長谷部恭男などによる、自民党による第96条先行改正案に対する、とても学問的とは言えない政治的な批判を見てきた。それを振り返って、まず指摘しておかなければならないのは、このような、事実を歪曲したり、初歩的な法学的批判にも耐えられないような政治的デマゴギーに対して、提案者の名誉にかけて糾弾したり批判したりした形跡のない自民党自身の体たらくと、彼らの発言内容について何のチェックもできずに、デマゴギーをデマゴギーのまま掲載して恥じることのなかった新聞の不見識である。いずれもわが国の言論界に大きな禍根を残す深刻な問題である。だが、それよりも、同じ法学の世界に身を置く筆者が深く嘆かなければならないのは、このデマゴギー流布に対して、筆者の管見のかぎり、先に取り上げた少数の学者の他、憲法学の中から批判の声が巻き上がっていないことである。
　改憲派であろうと護憲派であろうと、その政治的立場とは関係がない。憲法「学」の看板を掲げる以上、このような言説は、「学」に対する信頼性を損なうものとして断固批判、糾弾してしかるべきであろう。ところがそれは空しい期待にすぎなかった。というのも、これ以降見ていくように、少なくとも憲法改正問題に関しては、多くの憲法学者も実は常態的に五十歩百歩の政治的あるいは政策的議論を展開していたからである。

第2節　憲法第96条改正反対論とその系譜

第1項　石川健治の反対論
　前節では、昨年2013年に突然降って湧いた自民党の第96条先行改正論に対する、主に憲法学者による政治家的な反応を検討してきたが、憲法学はそもそも憲法改正条項の改正について、これまでどのような議論をしてきたの

か。本節ではこの点を検討することにしよう。

とはいえやはり、前節で取り上げた石川健治ら、自民党案にいち早く攻撃の狼煙を上げた学者たちがどのような「学問」的理由に基づいて改正条項の改正を一般的に否定しようとしていたのか、を確認しておく必要があろう。彼ら以外の主な憲法学説を検討するのは、その結果を踏まえてからにしたい。

自民党案に対する反対の理由として石川らが挙げたのは、立憲主義への違反を別にすれば、改正条項を改正することの論理的不可能性と無資格性（石川）と、憲法改正権への制限の緩和の不当性（「96条の会」）である。前者すなわち立憲主義違反については次節で検討するとして、本節では後二者を扱う。

まず石川は、再引用になるが、こう述べていた。

「96条改正を96条によって根拠付けるのは**論理的に不可能**」である。なぜなら、「国会が、憲法改正を発議する資格をも得ているのは、憲法改正手続きを定めた96条が、論理的に先行しているからである。」そして、「憲法改正権者に、改正手続きを争う資格を与える規定を憲法の中に見いだすことはできない。」（石川 2013a：5-6段；強調―引用者）

一見するともっともな主張と思われがちだが、注意深く読むとそうではない。そもそもまず、ここで言う「論理的に不可能」とはどのようなことを意味しているのか、これが容易には理解できない。英語で言えば、logically impossible ということであろうか。最も適切な例を挙げられるかどうか自信はないが、たとえば、「すべての雪は白い」という命題が真であるという理由で、その命題の逆命題である「すべての白いものは雪である」という命題も真であるとすることは「論理的に不可能」であろう。数学の例で言えば、奇数に偶数を加えて偶数を作ること、とか、正七角形を作る（360度を7等分する）こと、なども「論理的に不可能」なことではないかと思われる。つまりそれらは、やろうと思っても誰にもできないのであり、文字通り「不可能」なのである。できる、と言うのは、端的な嘘に他ならない。

石川は、第96条によって第96条の改正を根拠づけることがそのような意

味での「不可能」事だと言うのであろうか。たしかに、国会の憲法改正発議権は第96条だけに定められている。その第96条があるから国会の改正発議権がある。そのとおりである。しかし、その第96条は、「**この憲法**の改正は、…国会が発議し、…」（強調─引用者）としか規定していない。特に第96条を除外してはいない。だから、通常の法解釈であれば、いや、「論理的に」言うならば、「この憲法」にはこの憲法のすべての条文が含まれる。それにもかかわらず、第96条自身はそこには「論理的に」含まれないとするのは、ことさらな解釈である。

改正発議の資格を付与している条文自体を改正することは「論理的に不可能」と言うならば、その改正はやろうと思ってもできない、ということを証明しなければならないだろう。いや、証明などする必要はない。もしその主張が正しいのであれば、放っておいて構わないのである。なぜなら、その言い分によれば、奇数と偶数を足して偶数にする、という試みと同様に、誰にもできはしないのだからである。それでもなお「論理的に不可能」と声高に論じている、ということは、実際には不可能ではなく、やろうと思えばできてしまうことを知っているからなのである。つまり、その改正は「論理的に不可能」ではないこと、上の例で言えば、「すべての白いものは雪である」という命題は真である、と主張することと第96条を改正することとは性格が異なっている、ということを彼ははじめから知っていたのである。彼が強調する「論理」(logic)はレトリック(rhetoric：修辞)として用いられているだけである。これは読者国民を愚弄する政治的議論なのである[5]。

5）石川と同様、そしてほぼ同時期に、憲法改正規定の改正の論理的不可能性を指摘した憲法学者がいる。高見勝利（高見2013：80-85参照）である。しかし、高見の場合は、このような改正が論理的に不可能だからと言って、その「通用性」を否定してはいない。彼にとっての問題は、それが通用することを認めるとしても、その「通用性の根拠」をどこに求めるか、なのである。

彼によると、そのような改正を「法的に有効なもの」とする「論理」は「自己矛盾を犯す」ことになる。つまり、その「論理」とは、①第96条の手続要件に合致するならば、それとは異なる手続要件を定めた憲法改正案は有効な法となりうる　②その改正案は第96条に合致して成立した　③故に、その改正は有効な法である、という「三段論法」に尽きるのだが、これでは、「結論と前提が矛盾する」。なぜなら、①は第96条の手続要件の、③は新改正条項の手続要件の「排他的な適用を主張」しているからである。

もしかすると彼が読者に与えようとした第96条改正論のイメージは、怪しげな自己言及のイメージ、たとえば、ほらふき男爵として有名なミュンヒハウゼン男爵が語ったところの〈ありえないこと〉、つまり、沼に落ちた自分を、自分の髪を掴んで引き上げる、という荒唐無稽な話と同じ非合理性なのかもしれない。しかし、第96条の改正はこれとは違う。比喩的に言えば、第96条という脚立の上に立つことによって、それを別の脚立に置き換えることである。これは不可能ではない。離れ業でも手品でもない。この脚立の上に立つのは、石川がそう印象づけようとしているのとは違って、一人（国会だけ）ではないからである。この点の確認は重要である。詳しく述べよう。

　まず、国会がその脚立の1段目（同条第1項）に乗る。そこで、その脚立のリニューアルを国民に発議するべく両議院で審議を行う。これは「論理的に不可能」なわけでもないし、この脚立の使用方法を誤っているわけでもな

　要するに、法論理的に当然に見えるこの「三段論法」も、Aから非Aを導くという論理的不可能事の正当化になっている、という趣旨であろう。しかし、この主張には同意できない。なぜなら、高見は新改正条項と現行第96条を同時存在しているものとして、スタティックにその矛盾関係を指摘しているからである。すぐ後に本文で述べるように、ことは改正というダイナミックな事態に関係している。現行第96条は新改正条項が成立するのと同時に効力を失うのだから、そもそも矛盾関係を論ずることはできないのである。なお、この点については法哲学者の大屋雄裕も批判を行っている（大屋雄裕 2015：56-57）。

　とはいえ、このような批判は彼の結論に大きな影響を与えないだろう。というのも、彼は結局、自己矛盾するこのような改正を通用するものと捉えるからである。つまり、彼にあっては、改正が自己矛盾しているかどうかは、新改正条項の妥当性には関わらないのである。彼はこう述べている。この自己矛盾は、「上記〔三段〕論法が説得力に欠けることを示す。」だから、「新規の憲法改正規定は、そのもととなった憲法改正規定にその正当なものとして通用する根拠があるのではなく、憲法外の事実（それは革命とかクーデターと称せられることもある）の社会心理的受容にその通用性の根拠が存するのである」、と。所詮「説得力」の問題だったのである。「革命とかクーデター」による説明の方が「説得力」がある、というわけである。

　もちろん、彼は、石川と同様に、第96条改正論を「実定法論としてできない」こと、「一種の『クーデター』」、「憲法外の実力の行使」だとして、弾劾してはいる。だが、結局はその改正の妥当性を認めてしまうのであれば、彼らが行うその弾劾にどのような意味があるのか。実はあるのだが、それについては後述する（第4節第2項144-145頁、第7項194-195頁、第8項205-206頁参照）。

い。なぜなら、憲法という取扱説明書には、脚立に乗りながらそのリニューアルを発議してはならないとは書いていないからである。総議員の3分の2以上の賛成を得て発議が有効に成立すれば、国会は、憲法改正に関してできることのすべてを終えたから、その脚立から降りるのである。いつまでも乗ったままでいるのではない。次にその脚立の1段目に乗るのは国民である。つまり、国会の発議した改正案について投票日に国民が国民投票を行う。そして、その投票を終えれば、国民もやはりそれでこの脚立から降りるわけである。この国民投票の結果、発議されたこの改正案が承認されたとしよう。

　そうすると、そしてその場合に限って、最後に、天皇が内閣の助言と承認に基づいてこの脚立の2段目（同条第2項）に乗ってその改正を公布する。そして、改正を公布すると、天皇は、たぶん内閣の助言と承認どおりにその脚立を降りる。一般的には、この改正は公布されてもすぐには施行されない。だから、一般的にはこの公布終了の時点でも、この第96条という現行の脚立は有効な足場のままであることを確認しておこう。その脚立が新しい脚立に置き換わるのは、施行日をもってである。その日はそこに誰も乗っていない。もちろん、可能性は少ないが、現行憲法の施行の場合とは違って、公布と同時に施行されることもありえないことではない。しかし、その場合でも天皇が足場を失い落下しないように、憲法は手を打っている。天皇の公布は「この憲法と一体を成すものとして」なされるとされているからである。だから、この場合は、天皇は公布と同時に、現行の足場に「一体を成すものとして」連結された新しい足場の方に移動し、それを降りてくるわけである。そしてそれと同時に、現行の足場が外され片づけられるわけである。ここに非合理のありようはないだろう。

　第96条の改正は「論理的に不可能」であるという石川の言い分は、以上のように同意することができないが、その言い分はともかく、改正条項を改正することはできない、とする彼の揺るぎない信念がいかに支持できないものであるかを、類似の事態を例にして示しておこう。

　世の中には様々な団体や組織があるが、それは多くの場合、規約とか会則というものを持っている。それは、極めて詳細なものからごく簡単なものまで様々であるが、ここで試みにインターネット上に置かれているある規約・

会則の雛型を参照してみると、そこには規約・会則変更に関する規定がある。それによると、「第10条（変更）この会則は、総会において、出席者の3分の2以上の承認があれば変更できる。」とある (http://www.kita-bunka.com/ra/ra04-04.pdf)。これはきわめて簡潔であるが、たいていの規約や会則にも同様の規定が設けられていることと思う。実際にこの規定が使われることはそれほど多くはないだろうが、石川の信念に従うと、この規定の、たとえば「出席者の3分の2以上の承認」を、「2分の1以上の承認」に緩和したり、「総会員の3分の2以上の承認」に厳格化したりすることは、「出席者の3分の2以上の承認」に基づいて根拠づけることはできない、つまり、「論理的に不可能」ということになるわけである。つまり、団体や組織はひとたび変更規定を設けてしまうと、二度と再びそれを変更することはできない、という不都合なことになってしまうわけである。

　しかし、この変更は、真の論理的不可能性と違って、やろうと思えばできてしまうので、それに気づかず、変更規定を変更してしまったというケースも実際にはあるのではないだろうか。それも満場一致で可決されたということもあったかもしれない。しかしそのことが石川の耳に入ると、それは当該の団体や組織に対して「革命」を起こしたのと同じだ、と彼から非難されることになるだろう。団体創立時以来の構成メンバー全員の満場一致による「革命」という不可思議な事態もあったことになるわけである。この彼の議論が、憲法を改正させまい、という強い政治的信念が生み出した珍奇な理屈である、ということは多言を要しないであろう。

　余談になるが、石川が運営委員をしている全国憲法研究会の規約を調べたところ、そこには改正条項が存在していなかった (http://zenkokuken.org/about.html；ちなみに、憲法学会の方の規約には第19条に、そして、筆者の所属している日本法哲学会の規約にも第14項に改正規定がある。)。したがって、この研究会の場合は上のような不都合に陥ることから免れているように見えるが、そうではない。この研究会は規約の改正も他の通常案件と同じ議決方法で構わないと考えていると思われる——もっとも、通常案件の議決方法に関する規定もないが——。決して、彼言うところの「憲法典全体の改正を禁止して『憲法改正規範』を初めからもたなかったりする『永久憲法』」（石川

2013b：2）と同じ〈永久規約〉ではないだろう。その場合には、この規約の改正はしてはならない、などの禁止の文言がどこかに書かれるはずだからである。したがって、憲法で言えば軟性憲法になるわけだが、仮にこれを硬性憲法、いや硬性規約に変更する、という提案がなされたとすると、それに対して石川委員は、それは「論理的に不可能」であると主張しなければならない。その主張を聞かずに総会が改正を強行した場合には、その場で、「革命だ！」と叫ばなければならないはずである。

　反論の根拠としての論理的不可能性問題についての批判は以上である。しかし、第96条改正に対する石川の反論の根拠はもう一つあった。「憲法改正権者に、改正手続きを争う資格を与える規定」は憲法にはない、というものである。このような多重的問題を抱える言説に対しては、まず何から批判するべきか、迷うところであるが、「改正手続きを争う資格を与える規定」からにしよう。そのような資格をことさらに誰かに与えるというような特殊な規定が憲法の中に存在しないのは何ら特異なことではないであろう。それとは逆に、憲法改正手続きは争いえない、つまり憲法改正条項は改正してはならないとする規定——たいていの場合、改正禁止条項を列挙した規定の中に、加えられることになると思うが——の方はありえよう。だから、普通の解釈方法を用いるなら、そのような改正禁止条項を定める規定がないのであるから、第96条は改正手続きを争う、つまり、自分自身を改正する資格をも与える規定だと反対解釈できるのである。石川はそのまっとうな解釈の結果を認めたくないから、改正手続きを争う資格を付与するという、現実にはありそうもない規定が存在しないから改正できないという、奇妙な論理を唱えているのである。

　しかし、それより問題なのは「憲法改正権者に」という部分である。彼はこの寄稿文の中で、「憲法改正権者」という概念をここでのみ使用しているが、はたして、誰をこの「憲法改正権者」と想定しているのだろうか。第96条の規定を素直に読むならば、国会の発議に対して、国民投票というレファレンダムで承認を与えたり与えなかったりする国民以外には考えられない。つまり、国民に発議することしかできない国会がそれでないことは確かであるが、彼は、それが国会、いや第96条の先行改正をぶち上げた、国会

の多数派政党自民党であると想定しているように見える。
　ここで問題にしている、「改正手続きを争う資格」を論じた文章に続けて、彼はこう述べる。

　　「それは、サッカーのプレーヤーが、オフサイドのルールを変更する資格をもたないのと同じである。／フォワード偏重のチームが優勝したければ、攻撃を阻むオフサイド・ルールを変更するのではなく、総合的なチーム力の強化を図るべきであろう。それでも『ゲームのルール』それ自体を変更してまで勝利しようとするのであれば、それは、サッカーというゲームそのものに対する、**反逆**である。」（石川 同前；強調―引用者）

「ゲームのルール」を変更する資格など、もともと特定のチームの「プレーヤー」たちは持っていないし、石川が非難する「反逆」など起こしようもないスポーツを比喩に持ち出すことが、憲法第96条先行改正問題を論ずるのに適切かどうかとか、ここで言おうとしている「ゲームのルール」の変更は、第96条だけでなく、たとえば、第59条第4項の「60日以内」を「30日以内」に変更することも含むのか、含むとすると、それすら「革命」になってしまうのではないかとか、は問わないことにして、ここで言う「オフサイドのルール」が憲法第96条のことを、そのルールの変更資格がないとされる「サッカーのプレーヤー」が、国民ではなく、国会ないし自民党のことを表していることは明らかであろう。というのも、すでに引用したように、この引用文の直後で、彼は、改正条項を改正することを「反逆」、「革命」と表現したうえで、それを遂行しようとしているのは「内閣総理大臣をはじめ多数の国会議員」であるとしているからである（石川 同前）。
　しかし、そもそも、ゲームのルールを変更してまで勝利しようとすることは、そのゲームに対する「反逆」なのだろうか、ということも述べておきたい。我々は、様々な（国際的な）スポーツにおいて、これまで枚挙のいとまがないほどのルール改正がなされてきたことを知っている。そして、それらの改正の中には、特定の国（々）を特に有利に、あるいは不利にするために、つまり一定の国が勝利しやすいようになされたのではないか、と強く疑われるものもなかったわけではない。では、それらは皆そのスポーツ（ゲー

ム）に対する「反逆」なのだろうか。たしかに、オフサイド・ルールを廃止したサッカーは、もはやサッカーという名で呼ぶことができない別なスポーツになるとは思うが、勝敗の行方に影響が出るようなルール変更をすべてゲームに対する「反逆」と呼ぶのは明らかに言いすぎというものであろう。

　それはともかくとして、この部分を読んだ一般の国民はどのように感じただろうか。前後の文脈からして、当然に、自分たちは「サッカーのプレーヤー」つまり「憲法改正権者」ではなく、そのプレーヤーたちのゲームを観客席で観戦している立場だと錯覚するだろう。そのゲームとは、言うまでもなく自民党・公明党対その他の政党の憲法改正を巡る攻防戦である。おそらく石川は、一般の読者たちがそう錯覚してくれるのを期待していたのではないかと思う。たしかにそれは錯覚である。彼は、〈国会議員〉が「サッカーのプレーヤー」に比定されるなどとは、どこでも言ってはいないからである。ただ、「憲法改正権者」がそうであると書いているだけである。

　では、彼はその「憲法改正権者」として一体誰を想定しているのか。彼にあっても、言うまでもなくやはり、それは国民のはずである。国会議員であるはずはない。だから、この文章は、「憲法改正権者」を「国民」に置き変えて読みなおさなければならない。つまり、こういうことになる。〈国民に、改正手続きを争う資格を与える規定を憲法の中に見いだすことはできない〉と。このように読み変えると、彼の頭の中では、国民が制定したはずの憲法（民定憲法）が国民の上に君臨している、ということが明らかになる。彼は、すぐにも国民から反発を買いそうな自分のこの理解から国民の目をそらすために、唐突に、そして何の定義もせずに「憲法改正権者」という表現を用いたのではないかと想像する。以前に（33-35頁）、彼も名を連ねている「96条の会」が、国会議員の多数派を直接のターゲットとしながら、それを選出した国民の多数派の暴走を食い止めようという意識を強く持っていたことを示したが、ここで、やはり石川自身も、憲法改正を論ずるにあたり、国民主権という大原則を、疑いえないものとして、その前提に据えていたわけではない、ということが分かった。

第 2 項 「96 条の会」の反対論

この「96 条の会」も、改正条項の改正を否定しているが、立憲主義以外のその論拠は、憲法改正権への制限の緩和の不当性である。次にその点の検討をしてみよう。

「呼びかけ文」の該当部分をそのまま引用する。

「国会がその職責を全うし、**主権者である国民自身が『現在及び将来の国民』（97 条）に対する責任を果たすべく自らをいましめつつ慎重な決断をすることを、96 条は求めているのです。**この 96 条が設けている憲法改正権への制限を 96 条自身を使ってゆるめることは、憲法の存在理由そのものに挑戦することを意味しています。／私たちは、今回の 96 条改正論は、先の衆議院議員総選挙でたまたま多数を得た勢力が暴走し、憲法の存在理由を無視して国民が持つ憲法改正権のあるべき行使を妨げようとする動きであると考え」ます（96 条の会 2013；強調—引用者）。

この憲法第 96 条理解は、全くもって驚くべきものであると言わなければならない。なぜなら、それによると、わが憲法第 96 条は、なんと、「主権者である国民」に対して、「自らをいましめ」ることを「求めている」ことになるからである。彼らが口をそろえて唱える「立憲主義」からすれば、憲法は権力を制限するものではなかったのか。ところがここではどうであろう。憲法は、国会に対しては、言わずもがなの、職責の全う——これは、言うまでもなく、発議にあたっては両議院の総議員の 3 分の 2 以上の賛成を得ること、である——を求めるだけだが、国民に対しては、あろうことか、国民投票において、条文に書かれていない「責任」の遂行や慎重さまで要求していると、この会は理解しているのである。憲法とはそういうものであったのか？　それも、これが理解に苦しむところであるが、なぜかこの「責任」は、第 96 条（第 9 章改正）ではなく、その次の第 97 条（第 10 章最高法規）が全く異なる文脈で、基本的人権が永久の権利として信託された、としている「現在及び将来の国民」に対する「責任」であるとされているのである。憲法学者が校閲したのかどうか、極めて疑わしい文章である、と言う他ない。

民定であったはずの憲法は、そのアイデンティティーに関わる、改正という最も大事な場面になると、なぜか開き直り、自らの生みの親であるはずの主権者たる国民に向かって、権限を持っているからと言って増長するな、「現在及び将来の国民」に対する責任を自覚した慎重な投票行動をとれ、と求めるところの、主権者を見下す存在だというわけである。ところで、百歩譲って、「将来の国民」に対する責任があることは認めたとしても、「現在…の国民」に対する責任とは一体どのようなものなのか。そもそも第96条がその責任を果たすよう求めているとされる相手はまさにその「現在…の国民」ではなかったのか。「現在…の国民」に向って、「現在…の国民」つまり自分自身に対する責任を果たせ、と憲法第96条は求めている、ということになる。理解に苦しむ。

　誰に対する責任かという点はともかく、多くの名だたる憲法学者が会員となっているこの会が、第96条は、単に、国会による発議、国民投票による承認、天皇による公布、という憲法改正手続きを定めたものではなく、国民が行使しようとする「憲法改正権への制限」をも意図したものだ、としていることに再度注意を喚起しておきたい。そして、今回の発議要件緩和提案がその「あるべき行使を妨げ」る、という表現から推測されるように、どうやら、現行の手続要件、つまり、両議院の総議員の3分の2以上の賛成によって発議がなされ、過半数の国民によって承認されなければならない、という極めて高いハードルをクリアーする改正を「あるべき」改正だと考えていることも同様に注意しておく必要がある。つまり、この会によれば発議要件を緩和する改正が許されないのは当然なのだが、厳格化の方向（たとえば、総議員の4分の3以上にする、など）の改正は許されてもおかしくないはずなのである。だから、この会の論理は第96条のいかなる改正も不可能とするものではないと思われる。

　また、この「呼びかけ文」では、「国民が持つ憲法改正権のあるべき行使」を妨げるのが、先の選挙で「たまたま多数を得た勢力」だとされているが、この改正権をもつ「国民」と「たまたま多数を得た勢力」との関係はどう理解したらよいのだろうか。この勢力に、「たまたま」であろうが、議席の多数を与えたのは国民のはずで、その勢力の「暴走」は、ひいてはその国民の

「暴走」ということになるわけだから、国民が自らの持つ憲法改正権のあるべき行使を妨げた、というおかしなことを言っていることになる。だから、それが言うところの「国民」とは、その多数派を含んでいない集合のことで、自分たち少数派のことを意味していると理解しなければ辻褄が合わないことになるのである。改正権は、改憲派ではなく護憲派が持っているとしたいのだ、と言いたくなる。

ところで、この「96条の会」は、石川と違って、この憲法改正権は国民が持っているものであると、はっきりと述べている。だから、この会は、憲法改正に関しては憲法が、主権者であって憲法改正権を持っている国民をも制約していることを、しかも、そのことこそが「憲法の存在理由」であることを、隠すことなく堂々と認めているわけである。しかし、主権者たる国民が、単に、その憲法改正権は制約を受けているのだ、と言われるにとどまらず、何の因果で、「自らをいましめ」なければならない、などと諭されなければならないのか。

それは、「たまたま」なのかもしれないが、改憲を党是とする政党やそれに歩調を合わせる政党に、それを承知で、発議を可能にするほどの議席数を与えてしまい、その「暴走」を許しそうになったからであろう。それ以外には考えられない。このように表明された国民に対するこの会のスタンスには長谷部のそれが色濃く反映しているのだが、その点については後述する（第3節第3項100-103頁参照）。とすると、この会が第96条改正反対を呼び掛けていたのは一体どの国民に対してなのか。それは明らかに、自民党や公明党にその一票を投じた多数派国民や、棄権したことで消極的に両政党をより有利にしたと評価される、これまた多数の国民だったのである。つまり、それらの国民に回心を迫り、次の参議院議員通常選挙では投票する政党を変えることや、投票所に足を運んで改正反対政党に一票を投じることを要求していたのである。国民のどれほどが気づいていたか不明だが、これは特定の投票行動を求める政治的な発言であり、かつ多数者に対する不遜極まりない意見表明である。彼らは、自分たちが「たまたま」でも多数派になった時もこの「呼びかけ文」と同じことを言うのだろうか。極めて疑問である。

第3項　2011年時点での長谷部恭男の反対論

　以上のように、今回の第96条先行改正論議の中で唱えられたいくつかの一般国民向けの改正反対論にはいくつもの重大な疑問点があったが、それでは、今回の問題が起こる以前にあって、憲法学界は憲法改正条項の改正についてどのような議論をしてきたのか、次に、それを過去に遡りながら検討しよう。もちろんすべての学説を網羅することはできないし、また、そうする必要もないだろう。石川や長谷部や樋口など、今回の問題で国民一般に向かって、学問の名のもとに政治的発言を繰り返した者たちの議論が戦後日本の憲法学界の主流のそれとどう繋がっていて、どう異なっているか、ということが示せればいいからである。

　まず、自民党案反対の論陣の一翼を担った長谷部恭男が、今回の問題が起きる以前に第96条改正問題についてどのような議論をしていたのか、という点の確認から始めることにする。彼は、前節でも簡単に触れたように、改憲発議要件を緩和しようとした自民党の今回の提案に対して、「立憲主義が崩れる恐れ」があるとして、立憲主義の立場から断固として反対しているのだが（長谷部2013参照）、意外にも、その2年前の2011年に公刊された彼の教科書では、「改正手続規定の変更」は許されないとの結論は変わらないものの、その論拠として、立憲主義は少なくとも明示的には持ち出されていないのである（長谷部2011：36）。

　彼の論述は、もっぱら芦部信喜や清宮四郎という主流派重鎮による「憲法制定権」論に基づく改正限界論への批判の展開がベースになっていて、彼らの限界論と区別された彼自身の限界論が独立して展開されていないため、注意して読まないと、彼がどのような限界論を主張しているのか、ということを知ることが容易ではないのだが、おそらく彼の立場の表明になっているのではないかと筆者が推測する個所をつなぎ合わせると、少々長くなるが、以下のようになるはずである。

　「憲法改正の限界の有無」の問題は、「直接には、憲法改正に関与しうる人々——国会議員、官僚、裁判官、広くは有権者一般——が、実際になんらかの限界を受け入れているか否か」の問題である。「**なんらかの限界が**

これらの人々に事実上受け入れられていれば、その事実上のルールに即した形で限界は存在する。」

　憲法制定権力ではなく、憲法「改正権が最高機関である」のだが、そのことも「法の運用者によって受け入れられている限りで成り立つ」ことを見逃してはならない。

　そして、「改正権が最高機関であるという前提からは、改正権を構成している規範を自ら改変することはできないという結論、つまり一定の**論理的な改正の限界**があるという結論をも導きうる。」

　つまり、国会が、「自己の権限を構成し、その根拠となっている…授権規範を変更すること」を許されないのは当然であるが、「**憲法改正権も一種の立法権である**」から、「自己の権限を構成し、その根拠となっている」「授権規範」、すなわち、「改正権者を、国会両院と有権者とし」た上で、改正手続を定めた憲法第96条や、「内容上、改正しえない事項を実体的改正禁止規定として定めた」憲法前文、第9条、第11条を「変更することは許されない」、という結論が導かれる（以上、長谷部 同前：35-36；強調—引用者）。

　非常に分かりにくい議論である。というのも、改正に限界があるかどうかは、国家機関や国民がその限界を受け入れていれば、ある——ということは、受け入れていなければ、ない、ということだが——と言っておきながら、その彼らによる受容という「事実上のルール」のあるなしとは関係ない、憲法内的な「論理的な改正の限界」がある、との結論を述べているからである。その結論と「事実上のルール」との関係は全く不明である。

　しかも、その結論が、「改正権が最高機関」——という表現も不正確で、改正権を持つ機関、つまり彼の考えでは「国会両院と有権者」、が最高機関、という意味であろうが——という前提から導きうる、としている点も了解しがたい。

　まずもって、「改正権が最高機関である」ということも「法の運用者」がそう「受け入れている限りで成り立つ」としている点に躓く。ここに言う「法の運用者」とは先に彼が挙げた「憲法改正に関与しうる人々」と同じな

のであろうか。国家機関の方は分かるとしても、「有権者」を「法の運用者」とするのには無理があろう。だから、それは「国会議員、官僚、裁判官」だけを指していると見る他ない。それぞれ立法権、行政権（の実務）、司法権を担う彼らが、たぶんこぞって、憲法上の改正権者である「国会両院と有権者」を「最高機関」として「受け入れている限りで」、「改正権」は「最高機関」たりうる——ということは、受け入れていなければ、「最高機関」ではない、ということだが——、ということであろう。彼にあっては、最高かどうかは憲法制度上の問題ではないのである。特別職国家公務員と最上級国家公務員の胸板三寸の問題だというのである。H. L. A. ハートが、その「受容理論」との整合性に強い疑問を残しつつ展開した、承認のルールに関する「内的言明」主体論（cf. H. L. A. Hart 1961 : 110-114；大塚 2014 : 137-140 参照。）に影響された議論だと思われるが、確認を取ることもできないし、確認を取ろうと思っていない役人たちの主観——「受け入れているか」どうか——に根拠を求める制度説明には説得力はない、と言わざるをえない。

　この点はこれ以上追及しないとしても、まだ問題がある。たとえば長谷部が、「改正権が最高機関であるという前提」**に立ったとしても、**という逆接の接続詞を使っているならば、まだ理解できるのだが、彼は「…という前提**からは**」と順接にしている。このように接続されると、筆者の理解力は力尽きる。その「前提」と矛盾しないにせよ、何らかの限界が課せられている「改正権」を、他でもない「最高」機関と称する理由は、一体どこにあると言うのであろうか。おそらく、ここに、彼の議論の底にあるものの一度も明示されなかった立憲主義が図らずも顔を出したのではないかと思われる。つまり、「改正権」はその上位にある憲法の下での、つまり、その憲法に従って三権を分担している国家公務員たちの受容に支えられたところの「最高機関」にすぎないという意味ではないかと想像する。「憲法制定権」なるものを想定する議論を彼が批判するのは、そのような意味での憲法のさらに上方の存在を認めることになるので、憲法の最上位性、至高性を否定することになりかねないと考えたからであろう。彼にとっては、はじめに憲法ありき、なのである。しかしこの議論に対する批判は第4節第2項（133頁以下）で詳しく行う。

ところで、論理的限界があるとするその結論自体は石川のものと共通するところがあるとはいえ、その結論に至る理由づけの構造は石川のそれとは異なる。というのも、そもそもの出発点として、憲法改正権を「一種の立法権」とする前提が据えられているからである。はたしてこのような考え方は憲法学界で一般に受け入れられているものなのだろうか。筆者には間違いとしか評しようがないが、その理由をここにあらためて憲法学者に向かって開陳する必要があるだろうか。もし筆者の評価の方が誤っているとしたならば、筆者は、かつて筆者の「政治経済」の授業を受けた、とある高校の生徒諸君や、「法学（含む憲法）」の授業を受けた、とある大学の学生諸君に詫びなければならない。日本国憲法の改正権は、国会が「国の唯一の」機関としてその権限を行使する「立法権」とは次元の異なるもので、その立法権をも拘束する憲法そのものを改正する権限である。だからこそ、立法機関にすぎない国会はその権限を持てず、改正を発議することしかできないわけで、その権限は主権者である国民が保有し、国会の発議を受けて、国民投票を通じてそれを直接行使するのだ、と彼らに説明してきたからである。この説明は間違っていたのだろうか。

長谷部は、憲法第96条が「改正権者を、国会両院と有権者とし」ていると理解している。これ自体間違いであるが、今はそれは措くとして、決して国会両院だけだとはせず有権者もそうだとしているわけであるから、改正権を立法権と同列に論じているわけではないはずだが、彼もやはり、石川と同様、有権者（国民）の国民投票は付け足し的なものとしてしか見ていないのであろう。通常の立法手続よりもはるかに厳しい、両院の総議員の特別多数による議決であるとはいえ、国会による発議で実質的に改正は成立したものと判断しているからこそ、改正権は自ずと「一種の立法権」になってしまうのである。国民の働きはほとんど軽視されている。

しかし、長谷部は憲法改正権を「一種の立法権」にしてしまうことで、立法権に対する制約と同様の制約を憲法改正権にも課する、という論法が可能になると考えたのである。ところが、そのようなわけにはいかない。すでに引用したが、彼は、立法機関がその立法に関する授権規範を変更することは許されないから、憲法改正権も、「一種の立法権」として、同様に授権規範

主章　日本国憲法第96条先行改正反対論批判　55

を変更できない、と述べた（長谷部2011：36）。誰もが気がついたと思うが、立法機関が変更できないのは、なにも「立法権を構成する授権規範」——彼は、憲法第41条、第59条、第3章を挙げている——に限ったわけではない。いかな「国権の最高機関」であろうと、もとより国会にはすべての憲法規定を一言一句たりとも変更することは許されていないのである。そのことは立法権とその授権規範との関係の問題などではない。憲法第96条の反対解釈の結果である。日本国憲法は、憲法の条文の改正には国民の承認が必要だと定めているのである。憲法学者に改めて念を押すべきことでもないが。

　だが彼は、そのようなことは百も承知の上で、この論法を用いていると思われる。彼は、改正権に改正を授権する規範をその改正権が変更することは許されない、という彼の政治的主張を、あたかも法的論理上当然の帰結のように見せかけるために、まずは、第96条の文言上は発議権者にすぎず改正権者ではない国会両院も、さりげなく有権者とひとくくりにして改正権者に加えておいて、次に、その国会が立法権者であるという理由から、改正権を一種の立法権に格下げし、そうした上で最後に、改正権は立法権の一種なのだから、本来の立法権の場合と同様、変更してはならないものとして憲法の中の授権規範だけを取り上げることを正当化する、という迂回路を開拓したのである。この論法がトータルに成り立たないことは言うまでもない。したがって、改正権が授権規範（第96条）を改正できないとする論理的な根拠はない、ということになる。

　ちなみに、長谷部は2014年に至り、「憲法96条の『改正』」と題する論文を書いているが、そこでは、改正反対論の論拠としてこの論理的不可能性を持ち出すことを断念したように見受けられる。そこで彼は次のように述べている。長くなるが、正確に引用しよう。

　　「改正規定を改正規定自身の定める手続に基づいて変更することが可能かが問われるとき、直接に問われるのは**正当性であって妥当性ではない**」。つまり、「**変更後の改正規定の正当化が可能か否か**」が問題なのであって、その規定が「妥当しているか（実定法として存在しているか）という問題と関連はしているものの、別の問題である。」

この可能性に関して消極的だったアルフ・ロスは、当初、一般的に言えば、「自己授権による正当化は不可能ではないか」と指摘していたのだが、「〔H. L. A.〕ハートとの議論の応酬を経て、結局は〔1969年に〕、**改定規定自身の定める手続を踏むことで改正規定を変更することは正当化可能だ**との結論に至った。しかしその可能性は、改正規定が当該実定法秩序の最高法規ではないという前提に立ったとき、はじめて開かれる。」つまり、「現在および未来の憲法改正規定の妥当性を時間的に限界づけ、コントロールする」「最高法規」を「現在の改正規定のさらに上位にあると想定」しなければならないが、その「最高法規」は「にわかには内容を了解し難く、それ自体の正当性も怪しげ」である。

　「そうだとすれば、我々としては、**先行する実定法規範に訴えかけることによって改正規定の変更を正当化しようとするのではなく、むしろ端的に新たな改正規定が先行する改正規定よりも実質的に優れていることを正面から論証すべきであろう。**… 改正の発議要件を国会各院の総議員の3分の2以上から単純多数決へと緩和」することに「実質的正当性があるか否かが問題になる。」（長谷部 2014：41-45；強調—引用者）

　改正規定自身の手続による改正規定の変更「可能」性の問題が、「妥当性」つまり「**変更後の改正規定**」が「実定法として存在しているか」の問題ではなく、その妥当性を認めた上での、その規定の「正当性」、「正当化」の問題へとシフトさせられてしまっているわけだから、明らかに彼は、2011年の教科書で唱えていた、改正規定の改正には論理的な限界がありその変更は許されない、とする議論を撤回したと言ってよいだろう。

　というのも、論理的には不可能なはずの「変更」によって生まれた改正規定が妥当しているはずはなく、すなわち「実定法として存在している」はずはなく、それ故その「正当性」を問題にすることなどありえないからであり、「実定法として存在している」ことを認めるからこそその「正当性」を問題にできるからである。その論理的不可能性を主張したことのあるロスがハートの批判を受けて改説したのは、長谷部によれば、はるか以前のことであったわけだから、この時点での撤回には疑問を禁じえない。しかも彼はそ

れを明示していない。むしろ彼はその改説を見えづらくしているとさえ思えてならない。

彼は、発議要件の緩和に実質的正当性があるかどうかの基準として「立憲主義」を持ち出すのだが、それについては第3節第3項（98頁以下）で批判する。

第4項　2007年時点での樋口陽一の反対論

次に、「96条の会」の代表を務めている樋口陽一が、自民党による第96条先行改正提案以前に、第96条の改正についてどのような見解を公にしていたかを見てみることにしよう。主に参照するのは2007年に公刊された彼の教科書（樋口陽一 2007）である。

「96条の会」は、自民党の提案を「立憲主義そのものに関わる重大問題」であるとし、「96条が設けている憲法改正権への制限を96条自身を使ってゆるめることは、憲法の存在理由そのものに挑戦すること」だとして、改正に断固反対の呼びかけをしたのであった（96条の会 2013）。樋口は、その会の代表であるから、それまで一貫して同様の主張をしてきたものと考えるのが自然であるが、決してそうではなかったのである。とはいえ、改正限界論の立場に立っていることは言うまでもないことである。問題はその理由づけである。

まず、彼は、改正限界論も改正無限界論もそもそも法解釈学上の議論ではない、と認識していることを確認しておこう。彼はこう述べている。

> 「改正限界論に立つならば、たとえ**改正内容限界規定が存在しなくとも**、一定の事項は、改正という手続によって変更することが法的に不可能」とされ、「改正無限界論をとると、たとえ**改正内容限界規定が実定化されていても**、…どんな内容の改正も法的にゆるされることとなる」（樋口 2007: 80；強調―引用者）。

これを読んで筆者は少なからず驚いたのだが、限界論か無限界論かの論争は、「改正内容限界規定」があろうがなかろうが成立する、というわけだから、条文はそもそも関係ないわけで、自分の主張も、憲法解釈学説ではなく

憲法をめぐる政治的主張——言うまでもなく護憲論——である、ということを白状していることになる。そして、限界論の立場から、変更することが「法的に不可能」とされる「一定の事項」の中には、憲法の「根本原理」を定めているとされる諸規定と並んで、「憲法改正権の根拠である憲法改正規定」が含められる。そして、その理由を次のように述べる。

　「改正権にとっては自己の存立の根拠そのものを否定することとなり、**法論理的に不可能**」だからだが、「この思考の前提」には、「**実定化された憲法改正権**」とは別に、「**その上位に、『憲法を作る権力』＝憲法制定権**」**を想定する**、という構図があって、「**憲法改正権を根拠づける規定は、憲法制定権自身の所産**」であるがゆえに、「**所定の憲法改正形式に従ってもなお、内容的に動かすことができない**」と考えられるのである（樋口　同前：80-81：強調—引用者）。

　この改正規定改正不能論が立憲主義に基づいて立論されているのではないことは明らかである。その基礎にあるのは、「自己の存立の根拠を否定する」から、そして、「憲法制定権」への違背になるから「法論理的に不可能」であるとする、法論理主義とでも言うべきものである。この法論理主義は破綻するのだが、そのことについては、石川批判や長谷部批判のところで詳しく証明した（前出 40-45、51-57 頁参照）ので、ここでは省略する。とにかくこの立場からすると、改正条項は一度作ってしまうと、自縄自縛、時が経過してどれほど不適切なものになったとしても二度と絶対に変えることのできないものになってしまうわけである。人間が作った実定法なのに、である。全く不合理な理屈である。

　そして、この理屈にも前提があると言うのだが、その前提である「憲法制定権」の想定がまたこの不合理性を上塗りする。この想定については同じく「96 条の会」の発起人となっている長谷部が徹底的に批判している（長谷部 2011：35-37、同 2009：3-22 参照）ことを考えると、改正反対派陣営も、とにかく第 96 条の改正を食い止めるという共通の政治課題を実現するために小異を捨てて大同に就いていたのであろうと思われる。もっとも、発起人の中には改憲派の小林節も名を連ねているのであるから、この会は文字通りの

呉越同舟状態だったわけで、この程度の違いは小異中の小異だったに違いない。その大同と言うべきものが、立憲主義に基づいて第96条の先行改正に反対することである。改憲派の小林もまさにその大同に就いたのである。彼も立憲主義者なのである（毎日新聞2013参照）。

それはともかく、この「憲法制定権」という概念は、長谷部も言う通り、実におかしな概念である。詳細な批判は第4節第3項（159頁以下）に譲るが、ここでは改正条項の改正に関わるかぎりで問題にする。

上に引用した通り、樋口の頭の中では〈憲法制定権→憲法→憲法改正権〉という構図が成り立っているが故に、憲法の改正規定を改正権自身が改正することが「法論理的に不可能」になるというわけだが、この理屈には説得力がない。彼が問題にしている「法論理」は、憲法第96条という条文と、それに基づく改正権行使との間の論理的な関係の問題であって、憲法の上に「憲法制定権」なるものを想定しなければ論ずることができない性質のものではないはずである。だから、彼は本当は、憲法改正規定の改正が「法論理的に不可能」だとは思っていないにもかかわらず、危険な軟性憲法化に向かう改正を許さないために、その憲法の上に、得体のしれない「憲法制定権」なるものの存在を想定して、その権威を頼りに現行憲法を守ろうとしているのである。

彼は、正直にも、「憲法制定権」の想定は「**憲法の規範性の強化を志向する**」ものである、とはっきり述べている（樋口2007：82；強調―引用者）。それを想定しなければ、憲法の規範性は弱いから、「法論理的に不可能」などと言っても効果はないと考えているのであろう。

筆者は、憲法の規範性を強化したいという樋口のこの**気持ち**はよく分かる、と言いたい。ただ、残念ながら、その規範性は、彼がそう感じているように、強化されうるようなものなのではなく、その根拠づけができないか怪しげなものなのであるが。憲法というものは法秩序の頂点に、言い換えれば、法と、政治あるいは力、総じて事実とが接している境界の領域に位置しているからである。

ケルゼンが憲法の規範性を「根本規範」という仮説あるいは擬制を用いて説明したのもそのためである。あくまでもこの「根本規範」は、憲法を法規

範だと理解しなければ自己の存在を否定することになってしまう者たち——法を創設し適用する法的機関すなわち三権を担う機関と、我々法を対象とした学問を実践している法学者——が、自己否定せずにすむために自らの頭の中に置く必要がある仮設ないしは擬制であって、決して問題となっているその憲法が存在しているのと同じ現実の世界の中に客観的に存在している規範ではない。現実の世界の何かに基づいて憲法の規範性を説明しようとすれば、必ず嘘になる、ということを言いたいからこそ、逆に、わざわざそう断って「根本規範」という〈フィクション＝擬制＝虚構≒嘘〉を持ち出したのである、と筆者は理解している。

　しかし樋口は、意図的ではないにしても、「憲法制定権」という嘘をついてしまっているのである。国民が持つ「憲法改正権」の「上位」に位置づけられる「憲法制定権」の担い手とは一体誰なのか。彼はそれをそこでは示していないが、実は、彼にあってもやはりそれは国民である（樋口 同前：83；同1998：384, 385 参照）。それ以外にはありえない。だから、国民が国民自身の「上位」に位置している、ということになる。誰が考えても首を傾げざるをえないおかしな話である。ところが彼はその疑問に次のように応える。

　「国民の『憲法制定権』そのものは、制定によっていわば消費しつくされるのであり、いったん成立しおわった憲法は、その憲法に内在するルールに従ってのみ変更・適用されるべき」であって、「『国民』の名において法的な制約をゆるめる」ものと理解されるべきではない（樋口2007：84；なお、同1998：384-385 参照；強調—引用者）。

　つまり、憲法を制定し終わったならば、憲法制定権者である国民はもはや存在しなくなる、ということである。存在しているのはその制定権者が制定した憲法とただの国民だけである。だから、国民が国民自身の「上位」に立つ、という非合理は生じえない、というわけであろう。だが、現在の国民が過去の自分に永遠に拘束される、という非合理は残る。この自己拘束は社会契約における自己拘束とは異なる。後者の場合には、契約を締結する相手方という契機が存在しているが、憲法制定権の想定にはその相手方が存在しないからである。この点については第4節第3項（159頁以下）でまた詳しく

批判するので、とりあえずここまでにしておく。

　ここで特に問題にしたいのは、その過去の国民がどうして「制定権」という、法関係的な名称を付されるものを担いうるのか、ということである。国民が単なる事実としての制定者ではなく、そうすることの権限を持った「制定権者」である、ということを、他でもない法的に説明することはできまい。なぜなら、そう説明するためには、憲法の上位に、あるいは憲法より以前に存在していて、その憲法を制定する者に制定する権限を授権する何らかの法の存在を不可欠の前提にするからである。そのような法がどこかに実際に存在している、と述べることは、自分が、自然法の存在を信じている自然法論者であることを自白することである。

　ところで、イデオロギーというものはいずれ必ず論理的な馬脚を現すものなのだが、彼の「憲法制定権」というイデオロギーはあまりにも簡単にそれを現わしてしまったようだ。彼はこう言っている。再引用になる個所もあるが、該当箇所をそのまま引用しよう。

　　「同じ憲法の規定のなかでも、その憲法の根本原理を定めた規定、および憲法改正権を根拠づける規定は、**憲法制定権自身の所産**と考えられ」る（樋口 2007：81；強調—引用者）。

　これほどの明白なおかしさには誰しもが気づいたはずである。彼は、E-J. シェイエスに倣って、憲法制定権とは、一部の特定の憲法条文だけでなく、「**憲法を作る権力**」すなわち「pourvoir consitituent」だとしていた（樋口同前；強調—引用者）。だとすれば、憲法の諸規定は、憲法の根本原理を定めた規定や憲法改正権を根拠づける規定だけでなく、その全てが憲法制定権の所産でなければならないはずである。そうではなくて彼の言うとおりだとしたならば、これらの特別な規定以外の諸規定は一体誰の所産だったと言うのだろうか？　憲法制定権者ではない憲法制定者が別にいる、という不都合なことになってしまうと思うが、その憲法制定者については一言も述べていないところを見ると、彼はそのことには全く気づいていないかのようである。

　だが、彼は、いかに辻褄が合わなかろうが、それらの特別な規定だけが制定権の所産だとしなければならなかったのである。というのも、憲法のすべ

ての規定が制定権自身の所産である、というこの想定の当然の帰結に従ってしまうのならば、逆説的だが、憲法制定権なるものを想定する意味がなくなってしまうからである。この想定は、憲法の改正には「限界」があること、つまり、根本原理規定や改正規定だけは改正することができない、という結論を導くためになされているものであった。それなのに、この想定の当然の帰結に従ってしまったならば、それらの規定とそれ以外の規定を区別する理由はなくなるわけだから、憲法の全規定を一言一句たりとも改正できないことになってしまい、今度は、改正の必要が生じ得ることを予想しそのための手続をあらかじめ定めている第96条が憲法の中に存在していることを説明できないという袋路に追い込まれることになってしまうのである。

改正規定の改正は許さない、という政治的な結論を無理矢理に法解釈学的な結論と装うためには不合理の上に不合理を重ねていかなければならない、ということがこのことから明らかになる。

しかし、このようなことを指摘しても、樋口は何の痛痒も感じないに違いない。なぜなら彼は、次のような法学者の言とは思えないことを平然と述べているからである。すなわち、

　改正限界論の主張は、「限界を踏み越えるような憲法変更に対して、**事前の予防効果をもつにとどま**」る（樋口 同前：81-82；強調―引用者；なお、樋口1998：381も参照）。

改正限界論を唱える者たちは、彼らの主張する限界を踏み越えようとするような国会議員たちやそれを支持する国民たちに向かって、その踏み越えを思いとどまらせるために限界論を唱えている、というわけである。だから、彼はそのはじめから法学的議論などをするつもりはなかったのである。護憲の立場からの政治的演説をしていたのである。「96条の会」の代表としてあのような疑問点満載の文書を公表して憚らなかった彼は、その意味では一貫していたと言ってもよいだろう。

第5項　1988年における佐藤幸治の議論

どの法律分野であっても、詳細かつ包括的な解説が期待できるのは逐条コ

ンメンタールであるが、最新のものとして、日本憲法学界の重鎮であった故芦部信喜の監修に掛かる『註釈憲法』がある。だがこれは、芦部の逝去により2000年刊行の第1巻（～第9条）のみで終了しているため、第96条についての解説を知ることができない。同じコンメンタールとしては、少々古いが、前項で批判した樋口もその共著者の一人である『註釈日本国憲法』全2巻と、佐藤功の『憲法（上・下）〔新版〕』（1984年）など、そして、最も古いものとして、宮沢俊義の『法律学体系　コンメンタール篇1　日本国憲法』（1955年）がある。しかし、佐藤功のものにおいては憲法改正手続規定の改正可否問題には言及していないのでここでは取り上げないし、宮沢のものは本節第8項で戦前派の議論として検討するので、ここでは樋口らによる第一のものだけを取り上げる。

　このコンメンタールでは、1988年のその下巻において佐藤幸治が11頁にわたる改正限界問題の解説の中で改正手続規定の改正についても論じているので、彼の2011年の教科書『日本国憲法論』によって適宜補いつつ、この有力な憲法学者の見解を検討してみることにしよう。彼は、改正無限界論の大石義雄の門下ということもあり、一般の改正限界論には思想的にはやや距離を置くためか、「96条の会」に属さないが、それでもやはり改正には限界があると考える立場である。

　佐藤はこう考えている。

　　「憲法改正限界説には無条件に与することはできない」が、「改正手続を根拠に」した改正であっても、「改正手続規定」の「**実質に改正は及びえないと解すべきである**」。なぜなら、尾吹善人の言うとおり、「改正規定そのものは、憲法典のなかにあっても、**他の諸規定よりも一段上の法規範と考えなければならない**」からである（佐藤幸治1988：1446-1448；強調—引用者）。

　　「改正手続の実質に触れる改正」とは、「例えば、国民投票をなくするようなこと」である（佐藤幸治2011：40）。

　主観的には従来の改正限界論に違和感を感じていたのだろうが、結論的には、結局そのバリエーションのスペクトルの中に収まってしまったようだ。

ただ、石川、長谷部、樋口などと違い、改正手続規定のいかなる改正も許されないとするのではなく、「国民投票をなくするような」「改正手続の実質に触れる改正」だけが許されないとする点に大きな違いがある。おそらく主権者である国民の憲法改正権の実質が奪われると考えたからであろう。改正限界論としては比較的穏やかな主張だと言えよう。しかし、その理由として述べた、改正規定は「他の諸規定よりも一段上の法規範」である、との主張は説得的なものではない。彼は次のように語る。

> 改正規定が一段上の法規範と考えられるのは、「よく指摘されるように、法律の生産方法・条件を定める法規範が、**どのような形式で存在しようとも、法律に上位する憲法規範と考えなければならないのと同様である**。」
> （佐藤幸治 1988：1447；強調—引用者）

たしかに、石川や長谷部、樋口の用いたような〈（法）論理的に不可能〉といった、一見もっともらしいが根拠のあやしい表現はここにはないが、主張している内容はほぼ同じであると言ってよい。しかし、佐藤のこの認識には二重の意味で無視しがたい固有の問題がある。

まず、ここに言う「法律の生産方法・条件を定める法規範」の中に憲法の関係諸規定（少なくとも第41条、第59条）が含まれるのは言わずもがなのことである。彼がそれらだけを想定しているのならば特に異を唱える必要はないのだが、もしそうならば、この引用文の強調部分のような言い方はしないはずである。その趣旨からするならば、それら憲法諸規定のみならず、国会法の関係諸規定——少なくとも第6章の各条、とりわけ、例えば同法第66条「法律は、奏上の日から三十日以内にこれを公布しなければならない」——はその「法規範」に含まれなければならない。場合によっては両議院の議院規則の関係諸規定でさえそこに含まれてもおかしくはないであろう。何と言っても、彼は、「法律の生産方法・条件」を定めているならば、その「法規範」の存在「形式」は問わない、としているからである。つまり、彼は、はっきり述べることを避けているようだが、形式的な意味での憲法規範に加えて、形式的な意味で法律以下の「法規範」をも「法律に上位する憲法規範」たりうると理解しているわけである。

しかし、このような理解は成り立ちえないと思う。もし成り立ちうるとすると、少なくとも国会法の中の立法に関わる諸規定は、国会だけの判断で改正することは許されず、憲法第96条に基づいて国民投票による承認を得なければ改正できないことになる。改めて言うまでもなくこれはおかしい。たしかに国会法は昭和22年5月3日に日本国憲法と同時に施行された特別なものだとはいえ、「昭和22年4月30日法律第79号」と題された明治憲法下で制定された法律で、その後、日本国憲法下でもいく度となく国会によって改正を受けてきたものだからである。

問題はそれだけではない。たとえ百歩譲って、たとえば国会法の関係諸規定が他の「法律に上位する憲法規範」であるという理解を認めたとしても、その両者の関係は、憲法第96条の改正規定が同じ憲法の「他の諸規定よりも一段上の法規範」であることと「同様」と言えるのか、疑問とせざるをえない。立法権者である国会にとっての憲法の位置と、憲法改正権者である国民にとっての憲法の位置が同様とは言えないだろう。国会は憲法によって創設された機関であるから、たしかに憲法の下にある。しかし、「憲法典を生み出しかつ支える最終的権威であり、憲法典中に改正権としてその活動の場を留保している」「主権＝憲法制定権力」（佐藤幸治 同前：1443）を持つとされる国民が、自ら「生み出し」たその憲法の規定の一部に、しかも、自らそう明示したわけでもないのに、縛られて身動きが取れない、とするのはあまりにも不合理であろう。

彼は、憲法制定権力論と連なる「根本規範」論を「自然法的発想に通ずるもの」として批判しているが（同前：1445）、改正限界に関する以上の彼の議論はどれほどその「自然法的発想」と縁が切れているだろうか。実定法である憲法に明記されていない事柄に実定法を上回る効力を認める発想は、まぎれもなく「自然法的発想」なのである。明示的な改正禁止条項を持たないわが憲法の下で改正限界論を主張することがいかに困難か、いかに詭弁を弄することを強いるか、ということを示す良い例である。

第6項　芦部信義の議論

近時、憲法学の基準的教科書と言えば、必ずと言ってよいほど芦部信喜が

著した『憲法』（高橋和之補訂）という教科書が挙げられるし、自民党による第96条先行改正論が世情を賑わせたときも、芦部も知らずに憲法の改正を論ずるのか、と安倍総理を揶揄した野党議員もいたほど、芦部は憲法学では有名人である。1999年に亡くなっているが、その教科書は高橋和之の補訂を受けつつ、現在も版を重ねている。ところが、第96条先行改正問題が起きる直前の2011年に出たその第5版を見ると、意外にも、改正手続の改正に関しては、唯一国民投票制の廃止の可否の問題に触れるのみで、しかも、「国民主権の原理をゆるがす意味をもつので、改正は許されないと一般に考えられている」、と客観的に解説するにとどまり、自らの見解を詳しく論じていないのである（芦部2011：387-388）。したがって、ここではその教科書は取り上げないことにする。

　しかし、彼はそのはるか以前1964年に、内閣の憲法調査会が同年に発表した「憲法調査会報告書」および同付属文書7号を批判的に検討する短い論文「憲法改正条項の改正」（芦部1964a）を執筆しているし、さらに3年遡って1961年には「憲法制定権力」と題された論文（芦部1961）のなかで、改正手続規定の改正に触れて、改正限界論を展開しているので、それらにおける彼の見解を検討することにする。これらの古い諸論文をも読破していなければならないとすると、国政全般に責任を負う内閣総理大臣という職を引き受けることのできる人物は一体どこにいるのだろうか。

　彼が1964年の論文で論じているのは、主に憲法調査会において論議された、内閣の憲法改正発案権問題と国民投票存廃問題である。いずれの論点においても、彼は報告書における改正意見にはネガティブではある。しかし、その行論から判断するに、改正条項の改正そのものを、それ自体として不可能なこと、許されないことと考えているとは思われない。むしろ逆に、それを改正すること自体は理論的には可能と考えていたものと見られる。

　この論文の最後に彼は、1954年公表にかかる自由党憲法改正案要綱に反対した宮沢俊義の発言を引用して自己の見解を代弁させているが、それは報告書における改正意見に反対する彼のスタンスが決して学問的なものでなく、〈護憲〉という政治信念的なものであったことを如実に示している。というのも、宮沢のその発言とは、改正手続の緩和は「純理論的」には許され

るかもしれないが、改正を推進する者たちの「根本の思想」に「民主主義的なものを逆行させようという気持ち」が現れており、「それと結びつけて、改正を容易ならしめる手段をとる」が故に「絶対に反対」だ、とするものだからである（芦部1964a:125）。反民主主義的なものを志向する改正だから反対しているのであって、逆に言えば、そうでなければ改正は認められる、ということになるはずである。

彼は、「憲法改正は国民の制憲権の作用である」と考えている（芦部 同前:118）。憲法制定権と憲法改正権は同一のものだという考えである。前述の長谷部と対立するだけでなく樋口とも相違する理解であるが、彼は、この理解に基づいて報告書における諸意見を次のように批判する。

「内閣の発案権を憲法上明らかにしようとする改憲意見」と「強制的国民投票制改革論」は両者あいまって、「近代憲法の基本原理である国民の制憲権の思想に対する改憲論の**姿勢**が見出されるのであって、少なくともその**イデオロギー的意味**は、無視できない」（芦部 同前:119；強調—引用者）。

彼は、いずれも制度的に可能か否かを問題にしたのではなく、宮沢が「気持ち」を問題にしたのと同様、「姿勢」、「イデオロギー的意味」を問題にしている。どこから見ても法学的議論ではない。あえて言えば、衆議院予算委員会における野党側委員の発言にふさわしい。

ただ、彼は、前項の佐藤幸治同様、「国民投票制を廃止し、改正手続を国会の加重された議決要件のみにとどめる」という提案に対しては、「理論的」「見地」から、すなわち、「私のように、かような改正を制憲権の簒奪または改正権の自己否定という論理的矛盾をおかすものと考える見解」から、「少なからず疑問をもっている」とも述べている（芦部 同前:121）。もっとも、国民投票制のかわりに、「国民の制憲権を現実化する制度として特別の憲法制定会議 Convention」の制度を設けることは「理論上許されてよい」そうだが（芦部1964b:259）、単純に廃止することに対して彼が抱いた疑問には大いに疑問がある。

世界には国民投票を要件としない憲法改正手続を採用している国も複数あ

る。そのことは芦部自身が詳しく紹介しているのだが（芦部1956：63-76）、今述べた彼の「理論的」見解によれば、これらの国の国民は、憲法制定のその始めから自らの制憲権を放棄し改正権を自己否定した、と理解する他ないだろう。そうだとすると、その放棄や自己否定は彼の言う「論理矛盾をおか」してしまっているのではないだろうか。おそらく彼は、おかしていない、と主張するのであろうが、その主張の納得のいく理由が筆者には思いつかない。

彼は、「憲法は『立法の方法』で改正されるものとし、定足数と表決数の要件を立法手続より加重しているにすぎない」歴代のドイツ憲法の例を前にしても、なお、「憲法改正が制憲権をもつ国民だけに許され、憲法によってつくられた権力にすぎない通常の立法機関には許されない」との考えを崩さないのだが（芦部1961：50）、その理由づけは、読者に理解されることを拒否しているとしか考えられないものである。彼はこう述べている。

> ドイツの憲法の場合であっても、「法律に対する憲法の**質的**な上位性を認めるかぎり、改正権と立法権の混同はありえないはずである。」（芦部同前；強調—原著者）。

「**質的**な上位性」という概念で彼が具体的に何を言おうとしているのか分からないが、仮に憲法がそのような上位性を持っていることを認めるとするならば、憲法の改正権とその憲法によって作られた立法権とはランクが異なるものと観念されるのは当然だろう。つまり、彼の言うとおり、「混同はありえない」。だが、そうだからと言って、「立法の方法」で憲法が改正されるドイツの制度が、憲法改正は「通常の立法機関には許されない」との彼の考えと整合する、ないしは矛盾しないことになるとは到底考えられない。ドイツでは、国民ではなく立法機関が——要件が一般の場合よりも加重されているとはいえ——「立法の方法」による憲法改正権を持っているからである。

また、仮に、の話だが、ドイツにおける憲法改正権者であるその立法機関が、わが国を見習って、自らの特別多数決でのみ憲法改正できる現行制度に加えて——つまり、その議決を改正発議にすぎないものにして——、国民投票による承認を改正要件にするべく憲法を改正しようとした場合、はたして

芦部は、わが憲法の場合の国民投票制廃止に対するのと同じような「疑問」を表明するだろうか。このケースはまさしく彼の言う「改正権の自己否定」以外の何物でもないはずである。だから、「疑問」を感じなければならないはずである。だが、彼がこの場合も同じ「疑問」を感じるとは思えない。おそらく、改正権が国民に返還される、として歓迎するものと思うが、もとよりその確認は不可能である。

　要するに、国民投票制の廃止を「論理矛盾」だとする彼の「論理」の方が、憲法理論として破たんしているのである。彼のその「論理」はわが日本国憲法のような超硬性憲法にしか当てはまらないローカルな論理なのである。しかも、論理とは名ばかりの極めてイデオロギー的な論理なのである。国民投票制の廃止によって「簒奪」される制憲権、つまり憲法制定権力について、彼はそもそもこう述べているのである。

　「憲法制定権力」は、「政治と法の交差点に位する」権力であり、「**イデオロギー的概念**であって、歴史的な憲法制定の事実とか法的意味における権限とは無関係である。」（芦部 同前：3-4；強調—引用者）

　ここまではっきり宣言されてしまうと、もはや何をか言わんやであるが、このようなイデオロギー的概念に基づいて彼は、憲法改正手続規定の改正一般について、次のような、ある意味で当然の見解を表明する。ただ、それは自民党の第96条先行改正提案を是認することになるものであることは注目すべきである。芦部も知らないのか、と安倍総理を軽蔑した野党議員も実は芦部のこの論文は読んでいなかったわけで、もし安倍総理が芦部のことを知っていて、かつ、この論文を読んでいたならば、とんだ恥を国民に晒すことになったであろう。正確を期すために、そのまま引用する。

　「改正手続規範は、制憲権が直接に改正機関を制度化し、その権限ならびに行使の方法を定めたものである。したがって、改正機関が自己の権限と手続の根拠・原則をみずから自由に改めることを是認するのは、改正権による制憲権の権力の簒奪を容認することであり、理論上許されないと考えるのが正当であろう。

もとより、改正手続規範の改正が一切禁止されているという意味ではない。改正権の権限と手続の基本に触れない範囲（たとえば**憲法改正案に関する議会の議決の要件を改める等**）の改正は、**当然になしうると解すべきである。**」（芦部 同前：55；強調―引用者）。

強調した個所が示しているように、彼は、発議要件の変更は「改正権の権限と手続の基本に触れない」と見ていたのであり、石川や長谷部、樋口のように、その変更すら「論理的に不可能」だなどとは考えていなかったのである。彼が、「理論上許されない」と考えたのは国民投票制の廃止だけである。イデオロギー的には、国民が持つ「制憲権の権力の簒奪」に他ならないからである。議会の発議要件の改正は、その制憲権自体には触れないが故に「当然になしうる」ことになるのである。同じ護憲派であっても、改正手続規定の改正問題については判断が分かれるわけである。

長谷部が、「憲法制定権が存在するという前提に立」つと、「改正手続規定を改正する余地が生まれ」、「改正の限界をむしろ縮小」する、として憲法制定権論を批判した（長谷部 2011：37）のは、この芦部の発言があったからであろう。しかし、長谷部がそれを批判したポイントは、「憲法の妥当性および正当性」は「超実定的政治道徳との整合性を論ずれば足りる」のであって、「神秘的な憲法制定権力」という概念を持ち出すことは「**無用な余剰**」で「**消去可能**」である、という点にある（長谷部 2009：4, 9, 15；強調―引用者）。そのような概念装置を使わずとも改正限界論という教義を十全に唱えられる――その主張には大いに疑問があるのだが、それは第4節第2項（133頁以下）で展開する。――のだから、不都合な副産物を伴うその概念装置を捨て去るべきである、という趣旨である。したがって、彼の批判は、護憲という同じ政治目的を共有している者に対する戦術レベルの内部批判にすぎないのであって、政治的な結論に合わせて憲法学的論理構成を行うという志向はまったく同じなのである。どちらも憲法学説に名を借りた政治的、イデオロギー的アジテーションであることに変わりはない。

それはともかく、このような改正限界論者芦部がもし存命だったならば、本稿で批判してきた石川や長谷部や樋口に対して、どのような発言をしたこ

主章　日本国憲法第96条先行改正反対論批判　71

とだろうか。いや、逆に、この大先輩芦部を前にして、彼らはそもそもあのような発言をしただろうか。大変興味深いところである。

第7項　清宮四郎の議論

　芦部はわが国憲法学の戦後世代（戦後に大学を卒業し憲法学者となり教職に就いた世代）における主流派の雄だと言ってかまわないと思うが、その主流派の改正限界論の方向性を決定づけたのが次の二人の戦前派憲法学者である。それは清宮四郎と宮沢俊義である。第96条改正の可能性を否定する議論を検証してきた本節の考察もいよいよその彼らの学説を俎板に載せる時がきた。

　彼らはいずれも大日本帝国憲法時代に憲法学の教育を受けその研究を行っただけでなく、大学の教壇でその大日本帝国憲法を講じており、その途上で敗戦を経験し、その異常な改正を極めて間近で目撃した後、日本国憲法になってからもやはり引き続き大学で憲法担当教員として日本国憲法を講じ、教科書を執筆している点で共通している。芦部と彼らの間には宮沢の弟子である佐藤功がいるが、彼は、戦前戦中には憲法担当教員として大学の教壇には立っていなかった（佐藤功1993：10参照）。しかも、彼は、改正限界論者ではあるが、その教科書（佐藤功1970）において第96条の改正については言及していないので、本章では取り上げない。

　まず清宮であるが、彼は1966年刊行の『憲法Ⅰ』において、憲法の改正に関する「特殊な問題」として、「第96条の改正を、第96条そのものによって根拠づけることができるかという問題」を取り上げ、それは「原則としては不可能である」と答えた上で、その理由にならない理由を次のように述べる。

　「改正規定は、**憲法制定権にもとづくものであって、憲法改正権にもとづくものではなく、改正権者が自身の行為の根拠となる改正規定を同じ改正規定にもとづいて改正することは、法論理的に不可能である**ばかりでなく、改正権者による改正規定の自由な改正を認めることは、**憲法制定権と憲法改正権との混淆**となり、憲法制定権の意義を失わしめる結果となるか

らである。」（清宮 1966：325-326；強調―引用者）

　これと異口同音の議論を我々はもう何度も見てきたが、それらのルーツはここにあったわけである。彼の改正限界論の根幹に関わる批判は第4節第6項（183頁以下）に譲るとして、主に強調した個所の不当性をここでは指摘しておきたい。

　この個所については、すでに樋口の同様の主張に対して行った批判（前出58-62頁参照）がそのままあてはまるので、なるべく重複は避けたいが、憲法学界の大権威に対しては、やはりこれだけは言っておかねばならない。「憲法制定権」という概念を認めるとしてのことだが、その「憲法制定権にもとづく」のは第96条という「改正規定」だけではないはずで、すべての憲法諸規定がそうでなければならない。だから、「憲法制定権にもとづく」ことを、その規定の改正には限界があることの理由の一部にするなら、改正規定にかぎらず憲法の全ての規定の改正は、改正規定が設けられているにもかかわらず、例外なく「法論理的に不可能」ということになるが故に、一切認められないことになってしまう、ということを認めなければならないだろう。したがって、この理由づけは成り立たない。

　だが、たとえ理由のその部分はないものと考えたとしても、改正規定が「憲法改正権にもとづくものでな」い、というその次の部分もやはり聞き流すことのできない問題を抱えているのである。「改正規定は、…憲法改正権にもとづくものではな」い。その通りである。間違いない。というのも、改正権は改正規定によってはじめて産みだされ基礎づけられる権限だからである。しかし、このような、特定の規定だけを主語にする特称命題を述べるということは、その規定以外の憲法の諸規定の中に「憲法改正権にもとづく」ものがある、という認識を彼が持っているということを当然ながら強く示唆する。

　では、一体彼はどの規定を「憲法改正権にもとづく」ものと考えていたのだろうか。もちろん、一度でも改正されたことのある憲法の場合ならば、その手続を経た規定はすべて「憲法改正権にもとづ」いている、と言ってよい。しかし、日本国憲法がまさにそうであるが、制定されて以来このかた改

正規定が一度も発動されていない憲法の場合は、その手付かずのままの改正規定のみならず、他のすべての規定も、同様に、「憲法改正権にもとづ」いていないことは言わずもがなのことである。しかも、「憲法改正権にもとづ」いた改正規定というものは、彼が「法論理的に不可能」とした、改正権による改正規定の改正がなされた時だけに出現するわけだから、要するに、彼の論理では永遠に存在しえないものである。だから、このようなことを理由として持ち出すことは不合理なのである。

　では、なぜそのような不合理な理由を彼は持ち出したのか。それは明らかに、彼個人の政治的信念にすぎないもの、つまり彼の主観をあたかも客観的な真理、つまり学問的な理説であるかのように見せかけるためである。筆者が強調を施した一文のうち、今問題にした二つの部分に続くところの主張、すなわち、改正権を授権する憲法規定を、それによって授権された改正権者が改正するのは「法論理的に不可能である」という、今触れた主張も同様である。それと同旨の主張の不当性については、これまでに石川や長谷部そして樋口のところ（前出39-45頁、51-57頁、58-59頁参照）で縷々証明してきたので、ここでは繰り返さなくてもよいだろう。

　さらに、改正規定の改正を改正権者に自由に任せてしまうと、「憲法制定権と憲法改正権の混淆」となり、「憲法制定権の意義を失わしめる」という理由も不可解である。この議論に対する詳しい批判は第4節第6項（191-192頁）で展開するが、次のことだけはここで言っておかねばならないだろう。日本国憲法下のわが国においては、憲法制定権を担うと彼が考える者も憲法改正権を担うと考える者も、どちらも国民のはずである。だから、あえて言えば、わが国にあっては、両者ははじめから「混淆」しているのである。彼は、憲法制定権の主体が国民で、憲法改正権の主体は議会であるドイツの制度や、前者が天皇で後者が帝国議会である大日本帝国憲法時代のわが国などにしか当てはまらない理屈を、日本国憲法時代のわが国にそのまま適用しているが故に、「混淆」などと言ってしまうのである。そして、たしかにドイツにあっては、改正権の主体に憲法改正を自由に任せてしまうと、たしかに「憲法制定権の意義」が失われてしまうと彼が危惧する事態が出来するだろうとは想像できる。だが、現在のわが国にあっては、改正権者と制定

権者とははじめから同一主体、つまり国民であり、将来の国民に対して明文で改正禁止条項を指定することもしていないので、国民が自由に改正しても——つまり、国会によってなされた自由な内容の改正発議を投票を通じて承認しても——、「憲法制定権の意義」が失われることなど起こりようがない。意義が失われるものがあるとすれば、それは、憲法改正にイデオロギー的に制限を設けようと彼が持ちだした「憲法制定権」概念だけである。

ところで清宮は、以上のような改正限界論の立場に立っているものの、本稿で批判した佐藤（幸）、樋口、長谷部、石川といった後の改正限界論者たちと違って、改正権者が憲法第96条に指一本でも触れることを罷りならないとしているわけではない。ただ、そのことが、彼自身が展開した改正規定改正否定論の論理とどう整合するのかは、大いに疑問としなければならない。芦部もやはり一定の範囲の改正は当然に可能としていたが、清宮もこう述べている。

　「改正手続による改正規定の改正を絶対に不可能とするのが憲法制定者の意思とは思われない。制定権と改正権との混淆にならず、改正権の根本に触れない範囲の改正」、例えば発議における「衆議院の優位」や「特別の憲法会議」の設置などは、「改正権者の意志に委せられているものと解せられる。」（清宮 同前：326；強調—引用者；なお、清宮1964：237参照）

この程度の改正は「法論理的に不可能」ではないというのであろう。しかし、「法論理」に程度問題などありうるはずがない。彼が「改正権者の意志に委せられている」とする改正といえども、彼が「法論理的に不可能」だとし、「憲法制定権と憲法改正権の混淆」となるとしたところの、「改正権者が自身の行為の根拠となる改正規定を同じ改正規定にもとづいて改正すること」に他なるまい。それなのになぜ許されるのか、その根拠が示されていない。逆に、どのような改正が「法論理的に不可能」で、「憲法制定権と憲法改正権の混淆」となるのか、具体的な例を挙げつつ、どうしてそうなるのか、理由づけておいてもらいたかった。

ただ、彼は今引用した清宮1966と同1964ではその具体例を挙げてはいないものの、それ以前の清宮1961、同1949と同1938では、具体例を挙げて

はいる。しかし、やはりその理由づけは示されていない。「不可能」とされるその具体例とは、国会の発議要件を満たせば「国民投票を要しないもの」とすること（清宮 1961：38）、「硬性憲法の軟性憲法への変更、軟性憲法の硬性憲法への変更」（清宮 1949：179；同 1938：164）である。いずれも憲法の根幹に関わる重大な改正であることは分かるが、そのどこが「法論理的に不可能」なのか、そのどこが「憲法制定権と憲法改正権の混淆」なのか、全く説明されていない。

しかし、学問的に納得いくような説明を彼に求めても無駄だったと思われる。その議論は、現憲法を彼自身が望まない方向に改正することだけを阻止したいがために唱えている理屈にすぎなかったからである。彼は以上のうちの一つの論文で、次のような正直な気持ちを吐露していた。

「改正手続緩和の提案が、他の規定の改正を容易にしようとの**底意**のもとに行われることもありうるが、そのような提案は、もとより、**素直に受けとることはできない。**」（清宮 1964：237；強調―引用者）

同様な態度は芦部にも、芦部が引用した宮沢にも見られたが（前出 66-67 頁参照）、これは明らかに改正手続緩和に対する学問的な批判ではない。「素直に」聞けば学問的にあるいは解釈学的に正しいことであっても、表面的には語られないその政治的あるいは立法論的「底意」があると推測できるが故に異を唱える、というのは、学問あるいは憲法解釈学のやるべきことではない。だから、「法論理的に不可能」という主張も、その装いに惑わされて学問的な主張であると「素直」に受け取ってはならないわけである。その装いの下に、改正させたくないという、それこそ「底意」があるからである。

さらに、戦前（1938 年）の論文では、「改正手続の改正は改正手続規定を超えた問題」であるということを、次のように首を傾げざるをえないやり方で理由づけている。言うまでもなく、ここに言う「改正手続規定」とは大日本帝国憲法第 73 条である。それは、「将来此ノ憲法ノ条項ヲ改正スルノ必要アルトキハ勅命ヲ以テ議案ヲ帝国議会ニ付スヘシ／此ノ場合ニ於テ両議院ハ各々其ノ総員三分ノ二以上出席スルニ非サレハ議事ヲ開クコトヲ得ス出席議員三分ノ二以上ノ多数ヲ得ルニ非サレハ改正ノ議決ヲ為スコトヲ得ス」と規

定していた。つまり、主権者である天皇は、実質的にはともかく形式的には改正の発議権者にすぎず、改正権者は帝国議会だったわけである。主権者である国民が改正権者であり国会は発議権者にすぎない現憲法とは全く違うのである。このことを踏まえて彼の次の議論（清宮 1938：158, 160-164）を聞かなければならない。

　彼はなぜ改正手続の改正を「改正手続を超えた問題」としたのか。彼によると、「憲法改正規範」は「根本規範と普通の憲法規範との中間に位し、一方において根本規範の制約を受けるとともに他方において普通の憲法規範を制約する」という特殊な規範なのである。つまり彼の頭の中では、憲法は、根本規範（それを「成文に条定して表現」したものが、「例えば、帝国憲法一条」とされる。）、憲法改正規範、普通の憲法規範の3段階からなっているのである。つまり、この3段階の規範はいずれも憲法という「実定規範」であるが、その内部で「体系的意義を異に」していると理解されているのである。このような想定については菅野喜八郎による詳細な批判（菅野 1978：155-198）もあり、筆者も第4節第6項（189-190頁）で詳しく批判するが、今はそのまま聞いておこう。

　問題はそれから先である。彼は、「この種の規範〔憲法改正規範〕を定立する作用を憲法制定・改正作用」と呼び、「直接に根本規範によって設定せられた主権者によって行われる作用」と説明する。それを「憲法制定」作用と呼ぶのは良いとして、「改正」作用とするのには違和感を禁じえないが、とりあえず今それは問わないとして、ともかくもこの改正規範は主権者が直接に制定したものであり、制定するものだ、という考えであることは理解できた。そして、この改正規範は「普通の憲法規範制定・改正者を規定」するという働きを持つとされるのだが、ここでもまた立ち止まらざるをえない。

　「改正者を規定」するという点は分かるが、「普通の憲法規範制定」者を規定する、というのはおかしくないか。たとえば第1条のような根本規範と第73条という改正規範以外の「普通の憲法規範」も欽定ではなかったのか。全76条の大日本帝国憲法は明治22年2月11日に、一括して天皇によって発布され、翌23年11月29日の第1回帝国議会開会と同時に施行されたのではなかったのか。それとも彼は、第73条に改正権者として定められてい

る帝国議会がその他の憲法規範（条文）を作った、とでも理解しているのだろうか。帝国議会は憲法施行と同時に開設されたのである。言うまでもなく、発布の時点ではまだ存在していない。おそらく法の制定と改正とは本質的には何ら別することのない作用だと考えているのだろうが、やはり杜撰な概念使用という誹りを免れまい。

　とにかく彼は、実定法的には容易に反証できるそのような理解から、「憲法改正規定の改正は、改正規定そのものではなく、…根本規範によってのみ基礎づけられ得るものである」と結論する。要するに、主権者であり憲法制定権者である天皇がお決めになることで、「普通の憲法規範」の改正権者にすぎない帝国議会のなしうることではない、と言いたかったのである。憲法制定権者とされる者（＝主権者）と改正権者が別主体となっている憲法のもとでは一応の説得力を持つ理屈ではあろう。「憲法制定権と憲法改正権の混淆」となる、といった彼の改正限界論の論拠も、旧憲法のもとではそれなりの説得力を持っていたような気もする。しかし、この同じ論理を日本国憲法に平行移動させることには大きな無理があるはずである。なにしろ、憲法制定権者とされるのも改正権を保持しているのも同じ国民だからである。

　以上のような清宮は、一昨年自民党が提案した第96条先行改正案に対して、草葉の陰でどのような反応をしたのだろうか。彼は、「法論理的に不可能」で、「憲法制定権と憲法改正権の混淆」となるような、だから許されない改正規定の改正の例として、「硬性憲法の軟性憲法への変更」を挙げていた（清宮1949：179；同1938：164）。自民党の提案は発議要件を緩和しようというものであったが、それでも通常の立法手続よりはハードルが高く、国民投票も維持されているわけであるから、それによって日本国憲法が軟性憲法に変更されるとまでは言えないだろう。したがって彼は、石川たちと違って、「96条の会」には入会しないはずである、と筆者は想像する。

第8項　宮沢俊義の議論

　本節の最後に、日本国憲法誕生の経緯に関わるいわゆる「八月革命説」で戦後憲法学を決定的に方向づけた宮沢俊義の見解を検討する。その「八月革命説」に関しては第4節第7項（193頁以下）で詳しく検討することとして、

ここでは、あくまでも憲法改正条項の改正に関する見解だけを取り上げる。

まず、筆者が学生時代に何度も読み返したことのあるコンメンタール『日本国憲法』（1955年）では、それに関してどう述べていたか。

宮沢は、「実際上の問題として」は別にして、「理論的な問題として」は改正限界説の立場を「とるべきもの」としてはいるが、その限界は「具体的には、何であるか」という問題については、①「一国の憲法体制においてもっとも根源的な」「主権」規定に限るという説、②さらに「戦争法規」などを定めた第9条をも含める説、③「憲法改正手続に関する憲法の規定」も、「主権」規定と同様に、「根本規範に直接にもとづく」ものと考えられるから、その改正は「論理的に、不能」であり、「限界を形成する」とする説、の計3説を挙げた上で、次のような理由で①説を「正当」としていた。ということは、彼は第3説は採らず、改正条項の改正には「限界」はないとする立場なのである。

> 「民主主義政治体制においては、その政治体制は、つねにその時の国民多数の意志によって決定されることを原則とする」ものの、「**憲法改正権に対してどのような限界をみとめることも許されないと解す**」ることは「**正当ではない**」。「しかし、この原則の狙いとするところには、じゅうぶん理由がある。その趣旨から考えても、憲法改正権に対してみとめられる限界は、その憲法改正権のよって立つ基礎たる原理——国民主権の原理——だけと見るのが正当である。」（宮沢俊義 1955a：786-789；強調—引用者）

彼は、憲法を不磨の大典のように考えるべきではないとしているのである。その改正は全くの無限界ではないが、限界は最小限にとどめるべきだとしている。改正限界に改正手続規定自体をも含める説に対しては、「もっぱら憲法制定作用の論理的分析から出発している点」（宮沢 同前：789）で自説に近いとはしながらも、取るところではなかったようだ。「その時の国民多数の意志」に無用な制約を課すことによって、憲法の可変性を損なうことを良しとしなかったのであろう。石川や長谷部、樋口などとの隔たりを強く感じるところである。もちろん、彼は述べていないが、第96条を改正して国

民投票を廃止する、といった提案がなされれば、「国民主権」原理の否定になるとして反対するのではないか、と思われるが、一昨年自民党が提案した改正発議要件の緩和案については、反対しないのではないかと想像する。

では、次にその宮沢が第2次世界大戦の終結以前、つまり大日本帝国憲法の時代に、憲法改正の限界問題についてどう考えていたかを見てみよう。筆者は1942年刊行の『憲法略説』を参照した。たしかに、そこでの彼の考えが戦前から日本国憲法制定までの彼の一貫した考えであったかどうかに関して疑問を提起している研究者（森田寛治1981）もいるが、本書は、現在で言えば一般的な教科書にあたるものであり、時期的に言っても、彼のいわゆる「八月革命」が起きる3年前と近接しているので、これを用いることにする。

彼は第2次世界大戦敗戦を挟んで一貫していた。彼は、やはり改正限界説の立場であり、上に引用した戦後の表現を使えば、「一国の憲法体制においてもっとも根源的な」規定にかぎって、改正限界を認める論者であった。彼はこう述べていた。

「帝国憲法については憲法発布勅語に『不磨ノ大典』と仰せられてあるけれども、その条項に関して改正が許されぬわけではない。わが国家における固有にして普遍的な統治体制原理の変更」は「許されぬ」が、「政体に関する諸規定に対して憲法改正によって変更を加へることは帝国憲法のみとめるところである」（宮沢1942：245）。

そこに言う「統治体制原理」が「国体」である（同前：74）。つまり、国体に関わる規定の改正はできないが、その他の規定の改正はできる、という立場であって、改正規定すなわち第73条の改正も例外ではない、ということになる。しかし、そうは言っても、改正が認められるのはその第2項の議決要件だけであって、仮に、その第1項の改正発案の部分を改正して、勅命によらずに帝国議会が改正を審議できるとするような提案がなされた場合は、国体に関わるが故に反対したのではないかと思われる。というのも、彼は、美濃部達吉とともに、「わが憲法が欽定憲法たることにもとづきその改正の発案権も大権に留保せられる」としているからである（宮沢 同前：246）。だから、こうしてみると、旧憲法時代の宮沢も、「八月革命」説を唱えた後

の新憲法時代の宮沢と同様の改正限界説に立っていた、と言うことができるわけである。改正限界をなすものが、一方では国体であり、他方では国民主権である、という違いがあるだけであり、その「護教」的スタンス自体は変わっていない。護る教義が全く変わったにすぎない、ということを正当化するのが「八月革命」説なのだ、ということだけをここでは確認しておこう。

　そして、この教義に関わらなければ改正条項の改正には異を唱えないという姿勢は清宮と同様であり、彼もやはり、自民党の第96条先行改正提案に対して反対することはなかっただろうと想像できる。

第9項　小括

　こうして、憲法改正条項の改正の可能性や妥当性に関する主な改正限界論者の議論を、自民党による第96条先行改正論に対して正面から反対の論陣を張った者たちを手始めにして、そこから逆にたどって、戦前戦中派の清宮と宮沢まで詳しく検討してきたが、それを振り返って言えることは、同じ改正限界論者であっても、改正条項の改正に対する態度は、石川から樋口までと、佐藤幸治から宮沢までとに二分することができる、ということである。

　前者グループは、その改正は論理的に不可能だから一切罷りならないとする立場であるが、後者グループは、その改正も主権原理に抵触しないかぎり構わないとする立場である。前者は、一昨年の自民党提案に反対する論陣を張った者たち、つまり「96条の会」のメンバーたちである。たしかに、改正条項の改正に関して「論理的に不可能」、「論理矛盾」などの理由によって否定的な態度をとるという点で、彼らはまさに時代的に遡る後者グループの血をひく者たちであるが、後者グループにとっての「論理」が主権原理ないしは根本規範と同視しうるのに対し、彼らにとっての「論理」とは、授権規範とそれによって授権された機関との間の関係のことであり、したがって、論理的不可能性というのは、言ってみれば〈自縄自縛〉という意味になる。つまり概念は同じだが中身は全く異なるものなのである。

　筆者が見るに、どうやら、改正限界論の伝統からの転轍を行ったのは樋口らしい。その真の意図は不明だが、おそらく彼の政治的志向性が強く作用していたと思われる。彼の議論の政治性は際立っていた。そして、彼を境に護

憲派は学問的矜持をより深酷に失っていった、と言うこともできる。

第3節　自民党案反対論の論拠としての「立憲主義」論とその系譜

第1項　石川健治の「立憲主義」論

　前節では、憲法第96条の改正に関しては限界ありとする論者たちの、主に教科書上の議論を歴史的にたどって検討してきたが、本節では、自民党による第96条先行改正論に対する反対の論陣を張った者たちがその根拠として、もう一つ、異口同音に、そして声高に唱えていた「立憲主義」なるものの検討を行うことにする。この、それまでこのような文脈ではそれほど人口に膾炙してきたとは言いがたい「立憲主義」というこの概念を「マジックワード」と称した者もいたが（例えば、井上武史 2014：12）、たしかに分かりにくい概念なのである。そこで本節では、彼ら改正反対論者たちが用いたこの概念の正体を明らかにすることによって、それを呪文のように唱えた意図、その非学問性、いや宗教性、そして、その反民主主義性を明らかにしたいと思う。

　まず、何と言っても、本章執筆のきっかけとなった石川健治の寄稿論文でその概念がどう使われていたか、を確認することから始めよう。一部再引用することになるが、彼はこう述べていた。

　　「憲法改正条項を改正することは、**憲法改正条項に先行する存在を打倒する行為である**」り、それは「**立憲国家としての日本の根幹に対する**、反逆であり『革命』にほかならない。」「これは、**立憲主義のゲームに参加している限り**、護憲・改憲の立場の相違を超えて、協働して抑止されるべき事態であろう」（石川 2013a：6段；強調—引用者）。

　要するに、改正条項の改正は立憲主義に反する許されざる暴挙だ、という趣旨なのであろうが、その主張の中で「立憲国家」なり「立憲主義」といった概念が、それらの示す内容をあたかも国民の多くが当然のごとく知っているかのように、一切の説明抜きで使用されている。しかし、ここを読んだだ

けで「立憲主義」の中身を諒解できた国民はほとんどいなかっただろう。言ってみればそれはジャーゴンのように使われているのである。とりわけ、「立憲主義のゲーム」となると、おそらくは「立憲主義」に関する〈言語ゲーム〉という趣旨だと思われるが、一切説明がないので、一体これがどのようなゲームなのか、この新聞の読者には皆目見当もつかないことだっただろうと想像する。もしかすると、彼がこの寄稿論文の直接的名宛人として考えていたらしい政治家たちだけには、この「ゲーム」は、憲法が設定した土俵の上で、憲法が生み出したキャラクター（機関＝自分たち政治家）が、憲法の定めるルールに従って行う政治というゲームのことだということは分かってもらえたのかもしれない。とはいえ、大多数の読者にも「立憲主義」の中身を知るよすがとなるものが全くなかったわけではない。

　彼は、「憲法改正条項に先行する存在」のことを「立憲国家としての日本の根幹」と考えているのである。だから、「日本の根幹」たるこの「存在」さえ判明すれば、靄に包まれた「立憲主義」概念の姿もおぼろげにでも見えてくるはずである。だが、残念なことに彼は、読者のこの期待をはぐらかす。それを「憲法の根本をなす上位の規範」とするか、それとも「憲法制定者としての国民そのもの」とするかで「意見が分かれ」ている、としてはいるが、「いずれにせよ」改正条項の改正は「立憲国家」に対する「革命」だ、と述べるだけで（石川　同前）、自説がそのいずれの「意見」であるのかを明示していないからである。

　前者の「意見」に言う「憲法の根本」をなす「規範」は、もしそのようなものがあるとするならば、の話であるが、たしかに「憲法改正条項に先行する存在」だと言ってもいいだろう。「上位の規範」であるとされているからである。しかし、もしそうであるとしても、なぜそれは、ことさら「憲法改正条項」という一条文だけに先行するのだろうか。どうして憲法の全条文に先行する存在であるとしないのか、といった点が疑問とならざるをえない。この点は第４節第１項（131-133頁）でも検討するが、筆者が案ずるに、その理由はおそらくこの「改正条項に先行する存在」も同じく憲法の中の条項だと考えていることにある、と思われる。その「存在」は、「先行する」といった時間的な前後関係を表わす語で表現されてはいるが、憲法が制定され

る以前からあって、憲法の上位に位置している規範などではないのである。そもそもそのような規範は客観的に存在しているわけがないとは思うが。

　つまり、この「意見」を持つ者たちは、1946年11月3日にまとまった一つのものとして公布された日本国憲法の前文と103ヶ条の条文がすべて同じ平面上に並んでいるものとは捉えておらず、「憲法の根本をなす」かどうかで、拘束力に関してそれらの間に何らかの段階構造があると想定し、少なくとも改正条項よりも上位に、そして、具体的にはどのようなことか示していないが、それに「先行する」条文があるものと考えているらしいのである。筆者がどう目を凝らしてみても憲法典の中にそのような段階構造は全く見えてこないが、この意見を持つ者たちには、それぞれの条文が色や形が異なるがごとくに歴然と区別されて見えているのであろう。そして、どうやら彼らには見えているらしいその色や形をもたらしているものこそが「立憲主義」の正体のように思われる。しかし、もしその段階構造が彼らの幻視や錯視あるいは単なる希望的観測などではないのならば、その存在を誰にでも判るように客観的に証明する必要があるはずである。証明してもらえないのならば、筆者は思わず〈王様は裸だ〉と口走ってしまわないか心配である。とはいえ、たとえその存在が証明できたとしてもまだ問題がある。それより下位に位置づけられている改正条項を改正することが、その「上位の規範を打ち倒す行為」であるとするロジックがまるで理解できないからである。

　それでは、「憲法改正条項に先行する存在」を「憲法制定者としての国民そのもの」とする後者の「意見」の方はどうであろうか。たしかに「憲法制定者」は憲法の条項に「先行する存在」である。改めて言うまでもないことである。しかし、その「制定者」が定めた改正条項を、その改正条項に定められた手続に従ってその「制定者」自身が改正することが、どうして「立憲国家としての日本の根幹」に対する「革命」になるのか、理由が全く不明である。ドイツの諸憲法のように、改正権限をもっぱら議会が持っている制度ならば、その議会が改正条項自体を改正することを「革命」と呼びたくなる気持ちは分からないわけではない。しかし、もちろん、改正条項の改正を明文で禁止していない以上、その改正は「革命」でも、違憲の所業でもありえない。

何度も言うことになるが、わが日本国憲法の場合、改正には改正権者である国民の過半数による承認が必要なのである。その承認を獲得することができた改正をも「革命」と言うなら、それは国民の国民自身に対する「革命」という、なんとも説明に窮する事態になってしまうだろう。それとも、時間の経過を考慮に入れて、改正を承認した現在の国民が、憲法を制定した当時の過去の国民の支配を打倒する「革命」を起こした、ということにでもなるのだろうか。それでもやはり常人に容易に理解できるような理屈ではない。

石川は、自分が以上の両「意見」のどちらに与しているのかを、この寄稿文の中では明らかにしていない。ということは、彼は「憲法改正条項に先行する存在」を御簾の向こうに神聖不可侵なものとして奉って、その御簾を上げてそれが何かを読者に具体的に示すことをしないまま、ただ、憲法改正条項を改正することは、その御簾の向こうのいと止んごとなきお方を「打倒する行為」「革命」であって、それを企てるなどもってのほかなるぞ、と国民に――すでに述べたように、(31頁参照)、彼は一般の国民を直接的な名宛人とはしていなかったようだが、この新聞の大半の読者はまさに国民であるから、こう言ってよいと思われる――命じるそのお方の侍従にほかならないのである。もっとも、彼が、「先行する存在」についてどちらの「意見」に与していたとしても、自民党提案を「革命」と呼ぶ根拠としての「立憲主義」なるものが正体不明であることに変わりはない。「立憲主義」が「マジックワード」と揶揄されるのもやむをえないだろう。つまり、この寄稿文は、憲法第96条を改正しようとすることは「革命」であって許してはならない、と主張することが主旨であるのに、その改正が何に対する「革命」なのか、という肝心な点を示さなかったわけで、学術的価値は全くないと言っても過言ではないだろう。だから、「革命」という激烈な言葉は、少なくともこのかぎりでは、一つの扇動的なコピーとして用いられた、と理解するしかない。いや、もしかすると、この激烈な言葉は別な効用を担わされていたかもしれないのだが、それについては、第4節第2項 (144-145頁)、第7項 (194-195頁)、第8項 (205-206頁) で触れる。

ところが、石川は、この寄稿文から約2ヶ月後に短い文章を法律学系専門雑誌『法律時報』に寄せている。その文章で彼は、自分の考える「先行する

存在」の前に掛かっていた御簾を、この雑誌の読者に対してだけ、多少上げてみせた。聞いてみよう。

　「憲法典は、『根本規範』＞『憲法改正規範』＞『普通の憲法規範』の階層構造をなし、『憲法改正規範』は、その改正規範がない以上、『根本規範』によって授権された『憲法制定権』によってしか改正できない。それゆえ、『憲法改正規範』によって授権された『憲法改正権』が、無権限で『憲法改正規範の改正』を強行すれば、**『根本規範』によって授権された『憲法制定権』に対して下剋上を行う構図になる**。」(石川2013b：2；強調——引用者)

　要するに彼は、新聞への寄稿文で示された前者の方の説に立っていたわけである。しかし、そうであるならば、なぜ寄稿文でそう言わなかったのか、不明であるが。寄稿文では謎めかして表現された「先行する存在」とは、「『根本規範』によって授権された『憲法制定権』」であったのである。そして、「革命」とは、その「憲法制定権」に対する「憲法改正権」による「下剋上」のことだったのである。しかし、言うまでもなく、この説明は、「根本規範」なるものが憲法典内の段階構造の最上位に存在していること、そして、その「根本規範」なるものによって「憲法制定権」なるものが授権されていることを証明しなければ、成り立たない。つまり、単なる信仰告白にすぎない。

　ところが、この短い文章では、「根本規範」についても「憲法制定権」についても、それらが何であるかについての簡単な説明すらなされていない。この専門雑誌の読者にはある程度の推測はつくのだろうが、その推測が当たっているかどうかの確認はもちろんできない。筆者の見るところ、このような段階構造の考え方は清宮四郎の考え方の引き写しである。その考え方は第4節第6項（189-190頁）で詳細に批判するが、簡単な批判は、その清宮を扱った第2節第7項（76-77頁）でも行っているので、ここでは繰り返さないことにする。ともあれ、これらの概念は極めてコントロヴァーシャルな概念であり、彼のようにあたかもすでに学問的に論証された概念であるかのように扱うことは許されない。

こうしてみると、憲法改正条項の改正がその条項に「先行する存在」を打倒する行為であり、「立憲国家としての日本の根幹」に対する「革命」だとする彼の主張は、この専門誌の読者にも十分展開されていないわけで、学問的批判をする以前の言説にすぎないことになる。

ところで、石川はさらにその1ヶ月後に「立憲主義」に基づいて改正条項の改正を批判する短い論文を発表している。その論文は「憲法96条は『立憲』民主制の根幹」と題され、「明るい選挙推進協会」が発行している情報誌に掲載された（石川健治2013c）。だから、読者層はかなり限定されているとはいえ、これは一般有権者向けの啓蒙的位置づけの論文である。したがって、一般有権者に対して、新聞寄稿文の謎を解き、憲法改正条項の改正が何故「立憲主義」に反し許されないのか、をクリアーに説明してくれるものと期待するのが当然であるが、やはり裏切られた。その改正反対論の主旨は次のように要約できる。

「『憲法改正権』の根拠規定（96条）を適法に改正できるのは、より高位の憲法上の権力をもつ者だけである。けれども、日本国憲法の場合」、そのような「権力は存在しない。つまり、『憲法改正権』は、96条によって枠付けられて」いるのだから、「96条とは異なる自らの活動ルールを定めることはできない。これが、日本国憲法の『**立憲**』民主制の根幹である。それにもかかわらず、憲法改正権の活動手続きにかかわる『ハードル』を動かすことは」、「憲法破壊行為」であり、「**憲法制定の基礎（にある意思・権威・規範）に対する……革命**（Revolution）である。」（石川2013c：11；強調—引用者）

言わんとしていることは先の寄稿文とほぼ同じであり、「96条改正を96条によって根拠付けるのは論理的に不可能」であるという、以前の寄稿文でなされた主張の理由は多少敷衍されているものの、「憲法改正条項に先行する存在」という御簾の向こうに隠れた肝心のお方は、「憲法制定の基礎（にある意思・権威・規範）」などとぼかされ、その謎的性格をますます強められさえしている。だから、結局彼は、第96条改正の反「立憲主義」性という彼の主張の核心部分を学問的に論証しなかった、いや、論証できなかったわ

主章　日本国憲法第96条先行改正反対論批判　87

けである。

　さらに、ここで問題にしたいのはそのことだけではない。「立憲主義」そのものに加え、もう一つの謎を読者に投げかけたことである。先の寄稿論文では「立憲国家」とか「立憲主義」と表現されていたであろうと思われる部分が「『立憲』民主制」となっているのである。「立憲」が君主制ではなく「民主制」を形容しているのである。

　違和感を抱かなかったのは、政治哲学やわが憲法学に多少とも接したことのある者だけではないか。多くの有権者は、国民が定めた憲法で君主を縛る、ということならば容易に了解できるはずである。しかし、民主制を縛る、ということは俄かには腑に落ちないだろう。民主制の主人公は国民である。国民主権とはそういうことのはずである。その主権者が自分で定めた憲法で自分を縛る。首を傾げるのは当然である。したがって、日本国憲法がそのような民主制を採用している、という言い分にもおいそれと同意するわけにはいかないだろう。

　では、「立憲民主制」と言う場合の「立憲」と「民主制」との関係をどのようなものと捉えているのか、彼に聞いてみよう。彼はたしかにその疑問に簡単に答えてはいる。しかし、その答えは納得いくものではない。しかも、それを聞いていると、彼の言う「立憲主義」がいかに危険な志向性を持っているものかが見えてくるのである。すなわち「立憲主義」とは、「立憲民主制」という概念の組み合わせが示している通り、実は民主主義の抑制原理、つまり反民主主義に他ならないのである。彼がそれまで「立憲主義」の何たるかを正面切って説明しなかったのもむべなるかなである。

　この小論は四つの小見出しを持っているのだが、最初の一つを除いた三つは、「多数決万能主義・対・立憲民主主義」「専制主義・対・立憲主義」「民主主義・対・民主主義」となっている。この小論は表向き憲法第96条改正論を反駁するものではあるが、この小見出しの流れが示しているように、真のミッションは、多数決民主主義を多数者による専制主義に陥る可能性のあるものと性格づけた上で、第96条改正論反対の根拠である「立憲主義」が、その民主主義に真っ向から対立する立場であることを臆することなく宣言し、かつ、それにもかかわらず、その「立憲主義」をも「立憲」的な「民主

主義」として、つまり一つの民主主義として、いや、わが国が原則的に採用している多数決民主主義に対抗するオルタナティブ民主主義として正当化することにあると言ってよい。彼はこうはっきりと述べている。

　「**日本国憲法の『立憲』民主制は、……多数決万能主義に対して、実は敵対的である**。多数決万能主義は『多数者の専制』であり、それは少数者の自由を抑圧する専制主義の一形式にほかならない。」

　「**日本国憲法が採る立憲民主主義**」とは「**憲法に枠づけられた民主主義**」であり、この立場から見れば、「多数決万能主義は、端的に『非民主主義』『反民主主義』的な見解である。」（石川 同前：11, 10；強調―引用者）

　要するに彼の「立憲主義」とは、統治形態が君主制だろうが民主制だろうが、憲法がその上にあってそれを「枠づけ」ている、あるいは統治というものは常に憲法によって「枠づけ」られなければならない、という考え方なのである。民主主義と内的関連を持っているものではない。言ってみれば民主主義に対して外在している憲法の絶対性の主張であり、法の支配の主張である。いや、より正確には〈憲法の支配〉の主張であると言った方がいいだろう。その憲法も、民定であるならば、民主主義の産物なのだが。

　この点に関連して、法哲学の世界で「立憲主義」を標榜する井上達夫の「立憲主義」論を取り上げてみたい。しかし、彼の「立憲主義」は石川のものとは似て非なるものであって、むしろそれを批判するものである。井上は「立憲主義」を、「人間の人間に対する権力行使を『法の支配』に服せしめる企ての一部であり、この企てを貫徹するために、時々の為政者の恣意を統制する特別の規範的地位を憲法に確保せしめんとする思想と実践の総体」である、と定義したうえで、それは「『人の支配』を隠蔽合理化するイデオロギー装置」ではないか、という嫌疑がかけられている状況にあって、その「哲学的信用回復」を構想しているのである（井上達夫 2007b：301, 304）。

　筆者は、法実証主義者であるから、彼の主眼とするその「信用回復」構想には関心はないが、石川の議論をつぶさに検証してきた者として、「立憲主義」がその「信用」を失墜しているという現状についての彼の認識には興味を持たざるをえない。

というのも、彼によると、「憲法の基底にある立憲主義」は、「憲法に通常の民主的政治過程に対するいわば『超然的』な制約性を付与すること」を「要請」するので、そこに「『押し付け』の契機」が含まれていることは否定できず、「民主主義ないし国民主権主義と立憲主義と」は「緊張関係」に立つとされ、そのことは「立憲民主主義体制が内包するディレンマ」だとされる（井上達夫2007a：vi-vii）からなのであり、さらに、「法の支配を確立しようとする立憲主義が、まさにそのことによって力の支配を隠蔽合理化するのみならず強化さえしているのではないかという『立憲主義の欺瞞性』の問題は、立憲君主制におけるより立憲民主制において一層深刻化する」としている（井上達夫2007b：304）からである。

こうしてみると、石川の議論は──いや、後に見るように長谷部や樋口の議論も──「立憲主義の欺瞞性」を反省するどころか、より強化させていると言う他ないのだが、さらに厄介なことに、石川はそれを自己の主張とは言わず、日本国憲法が採用している立場だとしている。つまり、わが憲法が「立憲民主主義」すなわち「憲法に枠づけられた民主主義」を採用している、と言うのである。だから、わが憲法は、〈我こそは民主主義を枠づける者なり、**多数決万能主義に敵対する者**なり〉と宣言している、ということになるわけである。しかし、そう理解する根拠を何も示していない。わが憲法は第81条という明文をもって最高裁判所の違憲法令審査権を定めているからなのか。つまり、国民の代表者によって構成されている国会が民主主義的な手続に則って制定した法律であっても、憲法に授権されているだけで国民による民主的コントロールは無きに等しい〈憲法の番人〉たる最高裁判所が、それは憲法の規定に適合しない、と判断した場合はその効力が、たとえ一般的にではないにしても、否定されうる制度を採用しているからなのか。それならば分かる。しかし、この論文の中で彼はこの違憲法令審査制という制度については一言も触れていない。そのことから判断すると、彼の念頭にはこの制度のことは全くなく、それは根拠になっていないようである。だから、彼が言うところの、わが憲法による「立憲民主主義」の採用など、単なる決めつけにすぎないのである。

そもそも、ある憲法が立憲主義を採用する、という言い方が腑に落ちな

い。立憲主義というのは、憲法を制定して、それによって権力を拘束する、という考え方であろう。英語ではconstitutionalismで、直訳なら憲法主義になるところ、「立憲」主義とはなかなかの良訳である。憲法を制定する、という意味が前面に出ているからである。だからconstitutionつまり憲法は、権力を拘束するという立憲主義の目的のための手段にほかならないわけで、その手段がその目的を採用している、などということは、人間の生産物の一つにすぎない憲法を擬人化した不適切な表現であるだけでなく、主客転倒というか、母親から生まれ落ちた子供が振り返って、そちをわが母とする、と宣言するかのような不合理な捉え方であることは言っておかなければならない。だから、正しくは、わが国は「立憲民主主義」を採用している、であろう。

　先に筆者は、彼が多数決民主主義に対抗する民主主義を正当化しようとしている、という趣旨のことを述べた。だが彼は、多数決民主主義に対して、とは一度も言っていない。一貫して「多数決万能主義」という表現しか使っていない。しかしながら、単なる多数決民主主義と区別されたその「万能主義」とはどのようなものか。はたしてそのようなものはあるのか。彼はその明確な定義を行っていないのである。

　とはいえ、「いかなる状況下でも憲法を単純多数決の国民投票に委ねる、という主張」を「多数決万能主義」の一例としているところ（同前）から推測すると、いつでもどこでも何でも多数決で決めればよい、とする立場のことと考えているようである。つまり、多数決民主主義自体は原則的にはよいのだが、多数決で決めてはならない例外的ケースもあると、そして、そのケースの一つ、もしかすると唯一のケースが憲法改正条項の改正である、と主張したいのであろうと思われる。日本国憲法第96条は、国民による単純多数決による憲法の改正を認めているのに、である。

　だが、そうだとすると、なぜそのケースが例外なのか、その理由が明確に示されないと、彼の言う多数決万能主義は学問的な概念とは言えないことになる。改めて言うまでもなく、多数決というのは、割合は過半数か3分の2以上か、母数は定足数を満たした出席者とするか総員とするか、など様々なバリエーションはあるにせよ、要するに内部に意見の違い、利害の対立のあ

る、しかもそれらを上首尾に調停できない団体において、そして、時間的制約がある中で、その団体としての意思を最終的に決定する際の決議方法である。それと選択関係にある方法は言うまでもなく全員一致である。たしかに、意に反した決定に従わされる構成員のいないこの方法が理想であろう。

しかし、実際には小さな団体やグループでさえもほとんどが多数決という決議方法を採用しているだろうし、ましてや現代社会のようにはるかに巨大でかつ複雑な団体にあっては全員一致など全くもって非現実的な決議方法であることは、誰しもが経験的に知っているところである。だからこそ多数決が次善の策として採用されているのである。そして、この方法の下では、原理的には常に、意に沿わない決定に従わねばならない少数派が存在するのである。もちろん、この少数派もいずれどこかで多数派になる可能性はある。しかし、このある瞬間の事態を「多数者の専制」と言うならば、多数決は常にそうである。彼もそれは承知していた（石川2013a：4段参照）。

改めて言おう。この多数決の対抗選択肢は全員一致なのであって、決を採らないことではない。しかし、石川が「多数決万能主義」に対置しているのは、どうやらこの非決定の方なのである。というのも、彼は、憲法改正条項の改正は全員一致でなければならない、いや、全員一致ならば改正してよい、と言っているわけではないからである。したがって、彼が「多数決万能主義」という語で意味しているのは、その語の表面的な意味とは異なり、決定することそのものなのである。だから、その語は、多数決を不可避な議決方法とする地上の民主主義、すなわち多数決民主主義と置き換えて構わないことになるのである。だが実は、彼は、そのような一般的な多数決否定論をぶち上げているのではなく、自分がそこに属していない多数派が決定権を持っていることに反発し抵抗しているのである。

ところで、彼はこの短い論文の冒頭で、およそ次のようなことを述べている。

「「右も左も分からぬ法学初心者が騙されないための『リトマス試験紙』」である「裏返しテスト」をこの第96条改正問題を論ずる論者に適用し、「攻守処を変えても同じ主張が成り立つのかどうか、を問うてみよう。」

「賛成派だけでなく反対派についても忘れずに。」（石川 2013c：10）

忠告通り、筆者も忘れずに、反対派の石川にこのテストを適用しよう。石川は、そのようなことは起こりうべくもない、と考えているのかもしれないが、自分が支持する勢力が圧倒的多数を占めるような時代になっても、本当に、同じ多数決万能主義批判を憲法学者として展開するのだろうか。筆者にはどうしてもそうは思えないが、どうか。というのは、石川は、政治学の出自をもつ学者だからか、「憲法解釈」においては、「まず、条文、それを含む法律制度……を自ら理解しようと試みる」べきだとする「星野〔英一〕方法論の通用力には、限界があ」り、「憲法という『**政治観念の星座**』のなかで、それぞれの条文がもつ客観的な規範意味について、じっくりと学び直す」べきだとしているからである（石川健治 2014：4-5, 7；強調─引用者）。

筆者は、この点に関しては星野の方法論が正しいと思っている。筆者自身も学生時代からそうしようとこころがけてきた。そして、そうしてこなかった学者たちが多いからこそ日本の憲法学は政治のもう一つの戦場になってしまったのだ、と憂いてさえいる。「政治観念の星座」の中で学び直すと条文の「客観的な規範意味」が見えるようになる、などという「憲法解釈」論を説いている学者が学界の中心付近にいる以上、筆者のこの憂いは続く。そもそも護憲とか改憲というのは憲法解釈学の問題ではなく、いわば憲法立法論の問題であり、有体に言ってしまえば政治の世界の問題である。護憲派とか改憲派とかでくくられて恥じ入るどころか、それが自らの学者的アイデンティティーだと思い込んで胸を張って闊歩している学者がいるかぎり、筆者の学問的使命は終わらない。石川は結局、政治的な〈護憲〉星座の中で輝くことを第一義としていて、学問的な〈法解釈学〉の大地を這うことに重きを置いていないのである。

ところで彼は、第96条改正論に対して、反「多数決万能主義」の立場から反対する一方で、第2節第1項（40頁以下）でも見たように、改正権者は96条を適法に改正する資格を持たない、つまり誰も改正できない、と考えているが故に、第96条の改正を「憲法破壊」とか「革命」と呼び、それに反対している。つまり、反対の理由は憲法上の権限の踰越なのである。この

議論に対してはすでにそこで批判しているので、ここでは繰り返さないが、次の点だけは確認しておこう。

彼は、決して「立憲主義」の立場から、すなわち、その改正をもそれ自身が定めている「単純多数決の国民投票に委ねる」という「多数決万能主義」を捉えて、その改正に反対しているのではないのである。だから、改正条項の改正に反対する論拠として動員された彼の「立憲主義」論は実は全く正体不明なものなのである。多数決であろうが全員一致であろうが、第96条をも第96条をもって改正しようとする権限踰越のことを不当にも「多数決万能主義」と称して反対しているわけで、彼の「立憲民主主義」とは、つまるところ〈立・憲法第96条・民主主義〉にほかならないのである。一般有権者向け情報誌に掲載された論文で、第96条の改正の是非に関する問題は、憲法改正権の行使には「おのずから内容的・実質的な限界があるのではないか」という「内容的な限界論議」と「次元が異なっている」と強調していること、そして、「憲法改正権」が「96条によって枠付けられて」いることが「日本国憲法の『立憲』民主制の根幹である」としていること（石川2013c：11）が、その証拠である。要するに、改正条項の改正は「立憲主義」に反する、という彼の主張は、改正条項は改正してはならないから改正してはならないのだ、と言っているにすぎなかったわけである。

以上のような問題を抱えた彼の主張において一貫しているのは、要するに、多数派の思うように第96条を変えさせてしまって、そのことによって、自分が大事だと考えている憲法の中でも最も大事だと考える条文を改正されやすくしてしまう、ということが起こらないようにしたい、との切なる政治的思いだけである。だから「万能主義」という表現も「立憲」という表現も、彼のその思いを飾るデコレーションにすぎなかったわけである。その政治的思いを学問的に装っているだけだから、学問的批判に耐えうるものではなくなってしまうのである。

しかし、その切なる思いは、勢い余って舌禍まで引き起こした。彼は、先の新聞への寄稿文で次のような実に危険な発言をしていたのである。一部再引用になるが、該当部分を要約せずに示す。

「今回の改憲提案では、直接『民意』に訴えるという名目で、議会側のハードルを下げ、しゃにむに国民投票による単純多数決に丸投げしようとしている。議会政治家としての矜持が問われよう。**衆愚政治に陥らない民主政治**とは何であるかを、真摯に議論する必要がある。」（石川 2013a：2段；強調―引用者）

国民に広く愛用されているだろう『広辞苑』によると、「衆愚政治」とは、「**多数の愚民**による政治の意で、民主政治の蔑称」（強調―引用者）となっている。だから、明らかなように、彼は「議会政治家」に向かってこう言っているのである。発議要件を緩和し、「国民投票による単純多数決に丸投げ」などしたならば、多数の愚民の「民意」に決定を委ねることになるのだ、それでよいのか、と。この呼びかけこそが彼の「狙い」だったことはすでに指摘したとおりである（31頁参照）。

驚くべきことに、石川は我々国民を、あろうことか「愚民」呼ばわりしたのである。それも大新聞紙上で、である。そして、その大新聞もそれを見て見ぬ振りしたのである。たしかに、憲法改正を党是とするような自民党やそれと連立を組む公明党を支持し政権を取らせてしまった相対的多数の国民は、彼にとって度し難い「愚民」にほかならないのだろう。だから、この発言は彼の正直な感情の吐露だと思われる。彼の「立憲民主主義」の正体はこの愚民視なのである。

わが法哲学界の井上達夫は2007年の時点で「護憲派」に対して次のような警告を発していた。

「立憲主義の名において憲法の『凍結』を求め、改憲プロセスの発動自体に反対するような護憲派の理論に対しては、……**国民を『愚民』視する啓蒙専制的発想**に基づくのではないか、といった懐疑・批判が、草の根の多くの国民からも向けられるだろう。」（井上達夫 2007a：viii；強調―引用者）

第96条先行改正問題における「護憲派」及び一部の改憲派による「立憲主義」大合唱に対しては、残念ながら、彼が予想したような「草の根」からの批判はもとより懐疑の声もほとんど聞こえなかったが、彼の指摘は鋭い。

「立憲主義」論の底にある「国民を『愚民』視する啓蒙専制的発想」を見抜いていたからである。

しかし、この発想の正味は、民主主義体制の下で憲法改正問題に関して相対的少数派の地位から脱することのできずに歯軋りをしている者たちが抱く、憲法改正問題にそれほど神経をとがらせていない相対的多数派とそれを生み出すシステムである民主主義そのものに対する怨念なのである。「立憲」に民主主義を形容させている理由もそこにある。民主主義（的な選択結果）を相対化しようという、つまりそれに憲法の縛りをかけようという発想である。いかに多数派とはいえ、彼らの思うようにはさせない、という決意である。「多数派の専制」（A. トクヴィル）などという表現が愛用されるのもそのためである。

そうだとすると、「立憲民主主義」という概念はおかしくないか。単に「立憲主義」ならばまだしも、「立憲民主主義」と称するならば、そのどこが民主主義なのか、が当然問題になる。そこでは、憲法によって民（demos）の権力（kratia）行使が制約されているように見えるからである。彼は、それにもかかわらず、「立憲民主主義」は「もう一つの民主主義」だとして、次のようにこの小論文を閉じている。

　「多数決万能主義による96条改正論は、日本国憲法における『民主主義』のかたちを破壊するモーメントを有しており、定義次第では、むしろ『非民主主義』『反民主主義』的だと非難され得る」（石川2013c：11）。

その通り。「定義次第」である。彼にあって制約している主体は第96条だけだと思われるが、それに制約された民主主義こそが民主主義だと定義するのならば、それにも制約されないとする民主主義、すなわち彼のいわゆる「多数決万能主義」は「反民主主義」ということになるだろう。しかし、その定義は成り立たない。比喩的に言おう。鳥籠に閉じ込められた鳥こそが真の鳥であって、自由に大空を飛ぶ鳥は鳥ではない、それどころか鳥の本質に反するから籠に閉じこめろ、と彼は言っているのである。常識的にはその逆が正しい。この常識の方から見るならば、彼が「定義」する「立憲民主主義」の方が民主主義に「敵対的」な「反民主主義」である。まさに「定義次

第」である。

　彼はこの小論文の中で、「日本国憲法の採る立憲民主主義」を「良きデモクラシーの1つのかたちを追求したもの」とみなしうるとしているが（同前：強調—引用者）、筆者も、このような価値判断自体は、可能な価値判断として受け止めることができる。もちろん、その判断に同意するかどうかは別であるが。それだけならば良いのだが、一般に自然法論がそうしてきたように、本質的に主観的なその価値判断を客観的な学問的認識として語ろうとするから問題になるのである。「多数決万能主義」のことを「多数者の専制」を招く〈悪しきデモクラシー〉と批判しているだけならば、一つの価値判断として尊重しよう。しかし、それを「**反民主主義**」と「定義」し、「**憲法に枠づけられた民主主義**」こそが民主主義だと「定義」するに至っては筆者は黙過することができないのである。これは悪法だ、と言っているだけならば、黙っているが、いや、もしかすると同意するかもしれないが、だからこれは法ではない、などと主張するから、学問としてそれに反論するのが法実証主義だからである。

　こうして、石川が憲法第96条改正に反対する論拠としての「立憲主義」が、民主主義を否定してでも、そしてあろうことか国民を愚弄してでも貫こうとする〈護憲〉という政治的な信念の別表現にすぎないことが示せたと思う。

第2項　「96条の会」の「立憲主義」論

　次に、「96条の会」の「呼びかけ文」で唱えられている「立憲主義」に目を転じよう。

　ここでは、「立憲主義」の簡単な定義らしきものがなされているのだが、これが少々分かりにくい。再引用になるが、「**権力を制限する憲法という立憲主義**」（96条の会 前掲：強調—引用者）という、一見すると舌足らずで不正確な表現があるだけだからである。これを正確に言い直すとすると、おそらく、憲法は権力を制限するものである、と理解する立憲主義の立場、ということになるのだろうが、「会」はそれを認めないだろう。というのも、「会」は「立憲主義」を、理解の仕方とか立場とかと考えているのではなく、憲法

の動かしがたい客観的な在りようを表していると考えていると思われるからである。この引用文で「……憲法という立憲主義」という表現が端無くも示しているように、憲法と立憲主義を同格のものと考えているからである。この考えは、前項で触れた石川の考え（前出88-90頁参照。なお、後述116頁も参照）とも通底している。

　そして「会」は、「96条が設けている憲法改正権への制限を96条自身を使ってゆるめることは、憲法の存在理由そのものに挑戦することを意味」するとしているが、ここに言う「憲法の存在理由」とは「立憲主義」のことにほかならないと考えられる。というのも、「96条を守れるかどうか」が、「立憲主義そのものにかかわる重大な問題」であるとしているからである。そして、「会」は、「憲法改正権」を「国民が持つ」ものとしているわけであるから、言うところの立憲主義における憲法は主権者である国民の上にあって、その国民をも「制限する」力を持っていることになる。

　それでは、「会」はわが憲法が主権者である国民の制定にかかる民定憲法であるとは認識していなかったのか。どうやらそのようには認識していなかったようだ。それもそのはずである。「会」は、「主権者である国民自身が『現在及び将来の国民』（97条）に対する責任を果たすべく自らをいましめつつ慎重な決断をすることを、96条は求めているのです」などという自家撞着を平然と披瀝して憚らない者たちの集合だからである。だが、国民にそのようなことを求めている第96条は一体誰が制定したと説明するのだろうか。おそらく、当然のごとく国民だと答えるだろう。しかしそう答えるとすると、国民が約70年前のある時点で主権者となったと同時に、自分自身に未来永劫に亘って外すことのできない手枷足枷を意図的にはめた、という馬鹿げたことを認めなければならないことになろう。

　次の点も言っておかねばならない。「会」は、「改憲の要件をゆるめること」は、「政治家の権力を不当に強める」ことになるので（96条の会 同前）、立憲主義が目指すところの権力に対する制限も緩められてしまう、と判断している。しかし、彼らも認めているように、改正権はその「政治家」ではなく国民が持っているのであり、だからこそ、すでに何度も述べたとおり、改憲には国民投票による国民の過半数の承認を必要とする、という要件が課せ

られているのである。そして、その要件は自民党の改正案にあっても変わらず存在しているのだから、国会による改正発議の要件の緩和は「改憲の要件をゆるめること」にはならない。だから、この判断には全くもって同意できないわけである。

たしかに、この定義らしきものは、権力制限という憲法の機能の形式的側面に絞っているので、我々に受け入れやすいものであるとは言えよう。だが、石川の場合と同様、ここでも、「立憲主義」は、第96条の改正に関する国民の権力すなわち憲法改正権に、それどころか、そこに顕現する国民の主権に縛りをかけることを憲法によって正当化するために持ち出された、矛盾に満ちた概念であることが分かる。

第3項　長谷部恭男の「立憲主義」論

すでに第2節第3項（51-52頁参照）で触れたように、長谷部は、自民党による憲法第96条先行改正論が世上をにぎわす前に出版された2011年の教科書では、その改正限界論を根拠づけるにあたって「立憲主義」をあまり前面に押し出してはいなかったように見受けられる。というのも、憲法改正に関する記述を含む「憲法の変動と保障」という節の冒頭に、「本節の議論は、日本国憲法を典型とする近代立憲主義の系譜に属する硬性の憲法典を持つ国家を念頭に置いている」（長谷部2011：33）、と述べるにとどまり、それ以降のその節においては「立憲主義」という語は一切登場してこないからである。

ただ、その「近代立憲主義」については、別の個所で次のような定義を行っている。

> 「憲法は、**権力者の恣意を許すものであってはならず、個人の権利と自由を保障するために**、そしてその限りにおいて国家の行為を認めるものであるべきだとの考え方」（長谷部 同前：10；強調―引用者）。

要するに、国民の基本的人権を守るために権力者を縛るのが「近代立憲主義」だ、ということである。「96条の会」による定義とほぼ同じだと言ってよい。石川が強調しているような反「多数決万能主義」のようなニュアンス

はなく、「近代的」とされているから当然かもしれないが、基本的人権の尊重といった実質的な内容を持つものとされていた。ある意味分かりやすい定義ではある。

しかし、この長谷部も、自民党の第96条先行改正案を突き付けられたとき、この2年前の教科書での自説とどう結びつくのか分からない主張を展開したのである。彼は、第1節第3項（37頁）ですでに引用した「改憲要件の緩和――立憲主義が崩れる恐れ」と題された新聞投稿文では、「立憲主義」を次のように説明している。

> 「**多様な価値観・世界観を抱く人々が社会にいることを認め、そうした考え方・生き方の違いに関わりなく、すべての人を公平に扱うことを目指すのが立憲主義**である。」
> 「改憲要件を緩和して**特定時点の政治的多数派**が推し進めようとする内容を憲法に盛り込んだ上で、再び改憲要件を厳格化し、それを簡単には変えられないようにすれば、**特定の価値観・世界観を抱く人々だけにとって好ましい枠組みが作られるよう、日本社会の基本的な方向性が決定されてしまう。それは、立憲主義とはおよそ相容れない事態である。**」（長谷部2013；強調―引用者）

「すべての人を公平に扱う」ということは、「個人の権利と自由を保障する」こととは原理的に異なっている、ということは措いておくとして、「個人の権利と自由」を侵害するような「権利者の恣意」を許さないのが「立憲主義」だとした教科書とはだいぶ趣を異にしたことを述べている。この投稿文で「立憲主義」という盾で守ろうとしているのは、「特定時点の政治的多数派」によって「日本社会の基本的方向性が決定され」ることであって、とくに基本的人権を侵害するような国家行為を言挙げしているわけではない。あくまでも第96条改正に焦点が合わされている。

彼は、上で引用した教科書のさらに2年前には、清宮や芦部の根本規範論を批判する中で、このようなことを述べていた。

> 「根本規範は憲法の具体的内容を決定することができない。……同じこと

は、**比較不能な価値観の公平な共存を目指す立憲主義**という原理についてもいえる。……立憲主義が憲法典の具体的内容を決定し尽くすことができるわけではない。」(長谷部 2009：15；強調―引用者)

定義としては新聞投稿文に近いが、何と言っても気になるのは、この時点の彼は「立憲主義」なる原理に「根本規範」――もちろん清宮、芦部的な意味での「根本規範」――と同じ臭いを感じ、決して好意的には捉えていない、ということである。ましてや、後にそれを根拠にして第96条改正案を批判するなど予想すらできない口吻が見られる。彼が、第96条を先行的に改正するという予想を越えた自民党案が出てきたことにいかに浮足立っていたかが分かる。何としても阻止しなければならない、というその一念で、動員できるものは何でも動員したのだろう。学問的とは到底言いがたい議論である。

すでに見たように(37-39頁参照)、彼は、憲法改正の発議がなされたならば、改正されたも同然のように扱う、憲法学者の言とは思えない議論を展開していたが、想像するに、おそらくその議論に対してその後批判が寄せられたのであろう。その2013年の冬に、彼はある対談でその批判に対して次のように再反論を試みているのだが、これも説得的な議論とは言えない。

「最後は国民投票で決着を付けるのだからそれでいいではないか、国民を信用できないのかという反論もあるのですが、これは**単純にすぎる議論**です。憲法に定められた原則」の改正は、「**大体の人がこれで大丈夫と納得して初めて有権者に提案することになっているわけです。つまり、3分の2という発議の要件と国民投票とは、つながった一まとまりのプロセスと見るべきで**、半分でぶつ切りにして、後ろがあるから前は緩めて大丈夫という単純な話ではない。」(長谷部恭男・柿崎明二 2013：ⅴ；強調―引用者；なお、長谷部 2014：46 参照)

これでは「国民を信用できないのか」という「反論」に対して再反論していることにならない。「反論」の通りであるにもかかわらず、それを認めないで、はぐらかしているだけである。この「反論」はたぶん、国会が憲法改

正の発議をしても国民はそれを承認しないかもしれないではないか、なぜ発議されると改正されてしまったかのようなことを言うのか、という内容のものであったと想像される。至極当然の疑問である。彼はそのような疑問に対して、自分が国民を信用するとかしないとかの問題ではない、ことは制度上の問題だと、少なくとも表向きは、答えようとしている。しかし、辻褄が合っていない。疑問点ばかりなのである。

　まず、「各議院の総議員の3分の2以上」のことを「大体の人」という大雑把な言い方をするのはいかがなものかと思うが、その「大体の人」つまり、国会の3分の2以上の人が「納得して」「提案する」という仕組みであれば良いのだとすれば、第96条先行改正もそうやって「大体の人」によって提案されるわけだから、批判される筋合いではないことにならないか。

　しかも、――これが最も問題な点であるが――その発議の仕組みの存在を示す文章と、発議と国民投票を「つながった一まとまりのプロセスと見るべき」だという文章を、「つまり」で接続しているが、この二つの文章ははたしてそのように接続しうる論理構造になっているだろうか。言うまでもなく、その仕組みの方は有権者への「提案」までのことであって、その有権者たちはその「提案」に対して賛成も反対も棄権もできる。件の「反論」が問うているのは、その点であろう。

　それに対して、「つながった一まとまりのプロセスと見るべき」などという表現でもって答えることは、国民は提案に賛成するに決まっている、つまり、発議成立イコール改正成立、と彼が確信していることを表しているとしか見ることができない。「後ろがあるから前は緩めて大丈夫」という判断を指して、彼が「単純な話」と評しているのは、そのような予測は甘い、「大丈夫」などではない、という意味だと受け止める他ない。だが、それならばなぜ彼はそう正直に言わないのか。それは、そう言ってしまうと、彼の議論に被せられていた学問性の掩蔽が脱落し、その政治性、党派性が剥き出しになってしまうからである。

　どうやら彼は心底「国民を信用」していないのである。だから、「反論」は決して「単純すぎる議論」ではなかったわけである。図星だったわけである。憲法改正が発議されてしまえば、国民投票はそれと「つながった一まと

まりのプロセス」なので、結果は火を見るより明らかであり、だから、発議そのものを押さえ込まなければならない、と考えていたのである。「後ろがあるから」などと甘い期待は決してしないのである。

　彼は、現在の国民を信用していないのである。石川のように「衆愚」などと口を滑らせはしないが、五十歩百歩である。厄介なのは、国民へのその不信感を憲法によって正当化しようとしていることである。すでに引用した2014年の論文で、彼はこのようなことを述べている。

　「憲法は『国民』という言葉を少なくとも二つの異なる意味で使っている」。「**憲法改正の国民投票をしたり、最高裁裁判官の国民審査をしたりする国民は、『現時点での有権者集団』**という意味での国民である。他方、憲法前文で『**この憲法を確定する**』とされている国民や、国政を政府に信託しその福利を享受する国民は、『**将来世代を含めて永続する団体とそのメンバー**』という意味での国民である。現時点での有権者団の判断が、永続する団体としての国民の利益に関する正しい結論と一致するとは限らない。**うっかりした答えを有権者団が出さないために、両者の一致を図るために国会での慎重な審議を要求している。**」（長谷部2014：46；強調─引用者）

　筆者は、日本国憲法が、「現時点での有権者集団」と「将来世代を含めて永続する団体とそのメンバー」といった、時間的な要素を含んだ「二つの異なる意味」で「国民」という言葉を使っている、ということを初めて聞いて驚いた。専門外のことであるから、見落としがあるかもしれないが、筆者の調べたかぎり、長谷部自身もその教科書でこのような区別の存在については言及していない。この区別は憲法改正権者と憲法制定権者の区別でもないはずである。というのも彼は、憲法制定権なるものを想定する議論とははっきり決別しているからである（第2節第3項、とくに51-53頁参照；なお、長谷部2009：3-22も参照）。

　憲法における国民が、簡単に言えば、主権者としての国民（全国民）と機関としての国民（有権者）とに区別されることは筆者もよく知っている。もっとも、これは憲法上の区別ではない。憲法は、どの場合であっても「国

民」としか規定していない。有権者は、当然のことながら全国民の部分集合であろうが、どのような部分集合にするかは、憲法第14条、第15条に反しないかぎり、立法機関の裁量の範囲に属しているはずである。それはともかく、全国民であろうと有権者であろうと、それに属するメンバーは常に少しずつ入れ替わっている。「国民」とはそういうものである。

　それにもかかわらず、彼はどうして「現時点での」有権者集団、などという言い方をあえてするのか。それは、その国民の判断の一時性、浮動性、浅慮性を強調するためである。「有権者集団」を、「うっかりした答え」を出しうる存在として描いている点からも、そのことが容易に推測できる。いや、もっと言えば、彼は、無礼にも、この2、3年の有権者集団が出した答えが「うっかりした」ものであると認識しているのである。その認識がこのような表現になって現れてしまったのである。彼の舌打ちが聞こえるようである。すでに第2節第2項 (50頁) で指摘しておいたが、彼のこのような有権者集団に対する憤懣のようなものが、「96条の会」の呼びかけ文の中の、有権者に「自らをいましめ」ることを求めるというとんでもなく不遜な文章 (96条の会 2013) を生み出していると見ることができる。

　では、もう一方の「将来世代を含めて永続する団体とそのメンバー」はどうか。これを一見してすぐ分かることは、この「団体とそのメンバー」は永遠に特定できない、ということであり、だから、この意味での「国民」は実在しえないということである。その当然の帰結として、彼が言うところのその「団体としての国民の利益」を確定することも不可能であり、それ「に関する正しい結論と一致する」かどうか、など誰にも判断しようがない。それにもかかわらず、彼は、「国会での慎重な審議」、すなわち各議院の総議員の3分の2以上の合意を得るための念入りな審議を行えば、その間違いない判断ができるかのような不可解なことを言っている。そもそも、どうして国会議員がそのような「将来世代を含め」た「国民の利益」を確認でき、それに関する「正しい結論」を導き、有権者集団にその「うっかり」間違いを気付かせることができるのか。彼は全く何の根拠も示していない。

　その審議をしている国会議員たちがそこにいるのも、ある時点の「有権者集団」の「うっかりした答え」なのかもしれないではないか。ただ、彼の中

には、その「正しい結論」を真実の光で照らし出し、否定すべくもない明らかさで指し示す可能性の確信が厳然と存在していて、その「慎重な審議」の期間に、新聞や雑誌への投稿を通じて、あるいは証人として国会に足を運び、ドクサに毒された議員たちにエピステーメーを説くことを通じて、議員たちを説得することができると信じているのだろう。現に、安全保障関連法案問題で、彼は他の二人の憲法学者たちとともに、国会内でそれらの違憲性を指摘し、大きな政治的説得力を発揮したことは記憶に新しいが、それはあくまでも政治の世界のことである。どうか学問という洞窟の中では不体裁な失策を演じないように注意してほしい。

　ところで、彼はこの意味での「国民」が使われている例として、前文の第1文から、「**この憲法を確定する**」とされている〈日本国民〉を挙げたが、どうしてその第1文の中にあって最も目につくと思われる「主権が国民に存する」の「国民」を挙げなかったのだろう。その部分に言及することをことさらに避けようとした作為さえ窺える。軽率軽薄な有権者集団と対置しようとしているのだが、憲法の条文上はどちらも「国民」で、その「国民」が、実は——言うまでもないことであるが——連続的な、現在進行形の主権者である、ということからはできるかぎり目を逸らさせておきたかったのである。なぜなら、彼はかねてより有権者主権主義にほかならない国民主権主義には何らかの歯止めが必要だと考えていたからである。おそらく非在で無時間的な「永続する団体としての国民」の視点から、そう考えていた。その視点はもしかすると「立憲主義」という名称を与えられたものと同じなのかもしれない。

　彼は、「立憲主義」に基づいて自民党の第96条先行改正論に反対の狼煙を上げる20年ほど前に、樋口陽一編集のある本に「いま『国家』とは？」という文章を書いている。その中で彼は次のような反国民主権主義の論陣を張っていたのである。筆者にとっては驚くべき内容なので、少々長くなるが引用しよう。

「人の平等な人権を守るために国民全体に国政のあり方を決定する権威を認める国民主権の原理は、場合によっては少数派の権利を侵害する多数

派の権力として、さらには、多数派の名において実は多数派を抑圧する少数派の権力として立ち現れる危険がある。成文でかつ硬性の憲法典によって権力を分立させ、**人権を守る近代立憲主義の工夫には、国民主権を抑制する働きも期待されている**……。

　もちろん、このような権力分立の工夫は、**民主的な多数決による決定が国民の共通の利益に反する不当な決定でありうるという前提に立っている**。」（長谷部恭男 1993：87；強調—引用者）

　「近代立憲主義によれば、憲法が最高法規と考えられるべき理由は、それが人の生来の人権を明定しており、かつそれを保障するための制度を定めているから、という憲法の内容に求められる。だからこそ、……硬性憲法の建前がとられ、……裁判所による違憲審査制度が採用されている。そこにうかがえるのは、……**単なる多数決で国政のあり方を決める主権者たる国民への、限定された不信感**である。」（同前：93；強調—引用者）

　もはや贅言を費やす必要はないだろう。長谷部は、自分自身が、あるいは「近代立憲主義」を声高に論ずる者たちが皆、反国民主権主義である、ということを正直に告白しているのである。いかに「限定され」ているとはいえ、「主権者たる国民」に対して「不信感」を抱いているからこそ、「国民主権を抑制する働き」を「期待」して（近代）立憲主義を唱えているのだ、と述べているわけである。これが、彼が第96条改正に反対する論拠としての「立憲主義」の正体である。我々はこのことを肝に銘じておかなければならない。そして何よりも強調しておきたいことは、そのことを公刊された書籍で問わず語りに語っていることである。先の「うっかりした答え」発言などほんの些細な失言レベルのことにすぎなかったのである。

　彼は第96条改正問題が起きる以前に次のようなことを述べていた。

　「言語、文化、宗教あるいは民族の同一性に基づく、政治体制前のethnosの存在が自明視されがちな社会〔おそらくわが国も含まれる〕においては、**憲法前の具体的実存たる人民というイメージがもたらす危険性、それが立憲主義の体制にとって持つ危険性は、いくら強調してもし過ぎることはない**。」（長谷部 2009：20；強調—引用者）

彼は心底国民不信なのである。恐怖心まで抱いている。なぜか。それは、国民が「単なる多数決で国政のあり方を決める」からである。石川と同じ反多数決民主主義である。ということは、彼は「単なる多数決」の結果に対しては、それがどのようなものであれ、常に「不信感」を抱いていたことになる。なぜなら、多数決民主主義の最たるものは国政選挙であるが、それは、得票数の多寡、つまり「単なる多数決で」候補者の当落が決まり、それに応じて「国政のあり方が決」まるからである。だから、この伝で言えば、例えば自民党の第96条先行改正案が、反対を押し切って発議されてしまい、「単なる多数決」である国民投票が行われてしまったのだが、賛成少数で承認されなかったという、彼にとっては歓迎すべき結果が出た場合であっても、彼は、その投票によって「国政のあり方を決め」た国民に対して、「立憲主義」の立場から断乎として「不信感」を表明しなければならないはずである。しかし、彼はそのようなことは決してしないだろう、と筆者は確信している。というのは、彼のこの「不信感」が向けられているのは、実は、言葉通り、「単なる多数決で国政のあり方を決める主権者」なのではなく、〈単なる多数決で国政のあり方を、**彼の望まない方向に決める主権者**〉なのである、と見ているからである。

こうして、長谷部が憲法改正条項の改正に反対する論拠として急きょ動員した論拠である「立憲主義」なるものを精査してきたが、これも、石川と同様、反多数決民主主義という危険な体裁を持ちつつ、憲法改正へと突き進む政権与党の手綱を引きかねている、いや、もしかすると鞭を入れている国民をイデオロギー的にコントロールすることを意図した政治的な概念装置であると結論することができよう。

第4項 「立憲デモクラシーの会」の「立憲主義」論

2014年4月に「立憲デモクラシーの会」なるものが設立された。本節が問題にする「立憲主義」を旗印とした団体である。奥平康弘と山口二郎が共同代表となって設立されたが、奥平の逝去に伴い、現在は樋口が共同代表となっている。わが石川も長谷部も呼びかけ人として名を連ねている。

なぜこの会がこの時期に設立されたのか。当時、安倍政権は、憲法第96

条先行改正を断念し、その代わりに集団的自衛権の行使容認の解釈改憲を閣議決定するとの方針を発表していた。それに対して、野党や言論界から反対が巻き起こったが、その反対をものともせず、着々と準備を進めていた。まさにその時期にこの会は設立されたのである。だが、その反対にもかかわらず、約2ヵ月半後に閣議決定がなされたのは周知の通りである。

その会の「設立趣旨」（立憲デモクラシーの会 2014）にはこう書かれている。

> 「安倍政権は国会の『ねじれ』状態を解消したのち、憲法と民主政治の基本原理を改変することに着手した。特定秘密保護法の制定はその序曲であった。我々は、……安倍政権の企てを明確に否定し、これを阻止するために声を上げ、運動をしなければならないと確信する。」「万能の為政者を気取る安倍首相の最後の標的は、憲法の解体である。」「憲法に従った政治を回復するために、あらゆる行動をとることを宣言する。」

これはどこから見ても国政上の野党が発表した政治的文書である。学術的批判の対象とすべきものではないかもしれない。しかし、本章でも取り上げている名だたる憲法学者がその名を連ねている会であれば、無視するわけにはいかない。というより、そもそも政治的文書は批判の対象にしないとするならば、本章は対象を失うことになってしまうだろう。

問題は、その「設立趣旨」が「立憲主義」をどのように捉えているか、であるが、それが容易に確認できないのである。それは会の名称でもある「立憲デモクラシー」について次のように説明している。

> 「確かに、代議制民主主義とは議会多数派が国民全体を拘束するルールを決める仕組みである。しかし、**多数を全体の意思とみなすのはあくまで擬制である。一時の民意に支持された為政者が暴走し、個人の尊厳や自由をないがしろにすることのないよう、様々な歯止めを組み込んでいるのが立憲デモクラシー**である。それは、民主主義の進展の中で、民衆の支持の名の下で独裁や圧政が行われたという失敗の経験を経て人間が獲得した政治の基本原理である。」（立憲デモクラシーの会 同前；強調—引用者）

多数派によって支持された為政者の暴走に対する「歯止め」が「立憲デモクラシー」だというわけである。少数派の防塁だ、ということである。多数派になったからと言っても、そのようなものは所詮「一時の民意に支持された」だけである、何をやってもいいわけではない、その多数派に独裁や圧政を行わせないために立憲デモクラシーがあるのだ、と言いたいのであろう。

しかし、民意が「一時の」ものかどうかは誰がどのようにして決めるのだろうか。そして、「一時の」ものではない「民意に支持され」ている、と判断されるならば、為政者の行動は暴走などと判断されることはなく、それ故に、暴走に対する歯止めとしての「立憲デモクラシー」は不要になるのだろうか。そして、「一時の」ものではない多数は「全体の意思」の「擬制」ではないのだろうか。そもそも多数決という方法は本質的に「多数を全体の意思とみなす」「擬制」の方法だったのではないか。その本質論を「2つの国政選挙で勝利して、万能感に浸」っている安倍政権（立憲デモクラシーの会 同前）に対する攻撃に用いてしまうと、多数決民主主義そのものを全面的に否定するという必然的帰結を引き受けざるをえないことになってしまう。自分たちの発言が包蔵している危険性に気づくべきである。あまりに平常心を失っている。

もとより、多数決という議決方法を原理的に否定するという考えは、それでありうる。しかし、それならば、「一時の民意」とか「たまさか国会で多数を占める勢力」（同前）などと、多数にも恒常的多数と一過的多数があるかのような、しかも後者の多数だけが信用できないものであるかのような言い方をする合理的理由はないだろう。しかも、その「一時の」多数の「民意」にすら支持されたことのない者たちが、多数をとった反対勢力のことを「一時の」と称しても説得力はない。引かれ者の小唄である――意図的に政治的言説を公表しているのだから、このくらいの反応が返ってくることは覚悟の前であろう――。

さらに、たとえ「一時の」ものであろうが、自ら「民意」と定義しているものを全くリスペクトしていないことを、どうしてこのように明け透けに表明できるのか、筆者には理解できない。もっとも、彼ら知的エリートが、国民は本質的に愚昧で、だからこそ、歴史が示す通り、独裁をすら容認してし

まうような浅慮な者たちの集まりであると見下しているのなら、そう表明するのもありそうなことである。このような負け惜しみに近い態度は国会の野党議員などにはよく見られる。あの法律に対しては我々は一貫して反対だったのである、与党が我々の反対を押し切って採決し成立させたのである、あの法律を作ったのは与党であって我々ではない、といった言い分がそれである。地元に帰ると有権者たちにはそう力説するだろう。政治家ならばそれでもよい。しかし、法学者はそのようなことを言ってはならない。法律は与党が作ったのではない。国会が制定したのである。

ところで、彼らの言う「立憲デモクラシー」の具体的な中身を特定したいのだが、この説明の中では「様々な歯止め」としか表示されておらず、その一例すら挙げられていない。「多数意思に対するチェックや抑制を担ってきた専門的機関」として「日本銀行、内閣法制局、公共放送や一般報道機関、研究・教育の場」が挙げられているが（立憲デモクラシーの会 同前）、これらは「立憲デモクラシー」が「組み込んでいる」「歯止め」とは到底言うことができない。憲法上の機関でも制度でもないからである。

要するに、彼らの「立憲デモクラシー」とは、自分たちの意に沿わない「一時の」多数決の結果に反抗することを正当化するために作られた内容空虚な造語と言ってよい。第96条改正論に対する反対の根拠として持ち出された「立憲主義」と同じ機能を果たしている。

第5項　樋口陽一の「立憲主義」論

次に、この「立憲デモクラシーの会」の共同代表を務め、「96条の会」の代表も務めている樋口陽一が言うところの「立憲主義」がいかなるものかを調べることにしよう。

彼は、2013年5月に、『いま、「憲法改正」をどう考えるか――「戦後日本」を「保守」することの意味』と題された著作（樋口陽一 2013）を出版している。それを開いてみると、自民党が発表した改正草案第100条つまり改正条項を批判する個所で次のようなことを述べている。ただ、ここで彼は、「立憲主義」という用語は使用せず、「硬性憲法」の文脈で語っているのだが、すぐ後に示すように、ここでの主張は彼の「立憲主義」論と同一である

と言って構わないだろう。

　「最高法規としての憲法を硬性憲法の手続で維持しようとするシステムは、国民主権によって説明されるものというより、**国民主権をも制限しようとする考え方**の上に成り立っているのである。」

　「『**憲法制定権力**』という観念は、……**絶えざる現状破壊を可能にする魔力**をふるうものとして出現した。そうであるだけに、旧体制を破壊して成立し終わった新しい国法秩序にとっては、**呼び出してしまった魔力を法体系の中に閉じこめる論理操作が必要になったのだ。**」

　「国民主権の論理が独走すれば、憲法は当然に……『不安定』になる。」

　「憲法の存在理由の核心」は「権力の制限にある」。「『**主権者である国民**』が行使する権力をも制限するものだ」（樋口 2013：117-119；強調—引用者）。

　読むだけならまだしも、引用するとなると身の毛もよだつ文章である。硬性憲法というシステムは、「国民主権をも制限しよう」との考えから生まれたとするだけでなく、国民が持つとされる「憲法制定権力」を「現状破壊を可能にする魔力」と表現するなど、国民を、何をしでかすか分からない存在と捉え、それに対して尋常ではない恐怖心ないし警戒心を彼が抱いていることが窺えるからである。石川による国民の愚民視、長谷部の国民不信と相共鳴している。そして樋口は、その警戒心から、「憲法制定権力」を持った主権者国民は、その国民主権を謳った憲法を制定した途端に、その憲法によってその権力を制限されるということ、つまり国民により制定された憲法が、その制定者国民と立場が入れ替わり主権者となるということ、国民が主権者の地位から降ろされること、それこそが「憲法の存在理由の核心」だ、と彼は主張しているのである。常識的に考えて、国民はそのような譲位を始めから意図していることなどありえないから、言ってみれば主権者国民は憲法制定というプログラムの中に隠された罠にまんまとはまり、自分が生み出した憲法を図らずも主権者にしてしまい、それに拝跪せざるをえなくなった、という喜劇のような悲劇になるわけである。

　このような物語の創設は、井上達夫によれば、「憲法の創出権力も憲法改

正権力も『凍結』ないし『封印』し、歴史的与件としての現行実定憲法を『不磨の大典』として絶対化する立場」からなされていると言わざるをえず、「自然法・自然権の実定化論が孕む『勝者の正義』の独善性に回帰するか、現憲法を創出した過去の世代の憲法創出権力に……絶対的権能を付与することにより、過去世代による将来世代に対する「人の支配」の神聖化に陥るか、……憲法原理をめぐる批判的論議を封殺する『現状の専制…』に帰着」し、「『我ら人民』の意志によって現世代の『我ら人民』の意志を拘束するのは、治者と被治者の同一性という民主的自己統治原理の根幹に反するという批判を免れない」（井上達夫 2007b：304, 305）。

　だが、樋口はこのような正当な批判を意に介さないだろう。というのも、この〈憲法主義〉とも言うべきシステムの成立の経緯も、憲法制定の実際を学問的に説明したものではなく、「国民主権の論理が独走」しないようにするために講じられた「論理操作」だと彼は自白しているからである。彼が学問的議論をしているものと思っていた者には驚くべきことだが、「憲法の存在理由の核心」なるものは、学問的考察によって確定されたものではなく、「論理操作」の産物である、と彼は暴露してしまったわけである。正直と言えば正直である。そして、この論理の意図的な「操作」が、彼の、そして彼の弟子たち、すなわち、すでに見た長谷部や石川が唱える「立憲主義」の出生の秘密なのである。いや、秘密ではない。彼らの師は自分ではっきり述べているからである。自民党などの改憲勢力に力を与えるほど独走した国民主権の論理にブレーキをかけるように世論を操作するために、シュプレヒコールのようにそれを繰り返し叫んでいるのである。彼らの書いた専門的論著など読まない者たちに向けて。それらを読み、批判する仕事をしている者たちの沈黙の罪は大きい。政治的には相当な功績であろうが。

　ところで、樋口はこの著作のはるか以前、1998年の教科書でも次のようなことを学生たちに説いていた。

「**民主的な憲法運用者とそれを支える民意による『たえ間なき更新』**として憲法過程をとらえようとする見地……に対し、**権力からの自由こそを何よりも立憲主義の主要なねらいとする基本的立場**からするならば、国民

の憲法制定権は、制定によっていわば消費し尽くされるのであり、いったんそれとして成立し終わった憲法は、その憲法に内在するルールに従ってのみ運用され変更されるべきであることが、強調される。……憲法制定権の観念は、憲法改正権の作用を限界づける静態的なものとして理解されるべきであり、『国民』の名において法的な制約を緩和することにつながる動態的なものとして理解されるべきではない。」(樋口 1998：384-385；強調―引用者：なお、同 2007：84 参照)

　このひとつ前に引用した 2013 年の著作で彼が「硬性憲法」の文脈で用いた「憲法の存在理由の核心」という表現は、この教科書における「立憲主義」と置き換え可能であることは明らかであろう。まさにそれらが指し示しているのはそれぞれ「権力の制限」と「権力からの自由」であり、後者は前者を前提して実現できるものだからである。ただ、15 年ほど以前の教科書にあっては表現が近著ほど露骨ではなかっただけである。

　だから、まさに彼にあって「立憲主義」とは、一貫して、反国民主権主義、反民主主義をその内容としていたのである。それは、近代国家にあって、「立憲主義」によって制限される権力を持つのは国民だからである。したがって、「国民主権の論理」を憲法改正に関して「独走」させない車止めとなることが「憲法の存在理由の核心」つまり「立憲主義」だということになる。この考え方は〈憲法主権主義〉あるいは、もっと言えば〈憲法絶対主義〉であるが、これほど当てにならない主義はない。実際には絶対でないものを絶対だと言い張り、それに指一本触れてはならない、と説いているだけだからである。それはあたかも宗教的禁忌の告知のようである。

　どうやら、このような発想に対しては、宗教を比喩として用いることも許されると思われる。すなわち、樋口にとって、憲法は憲法制定権者という〈神の子〉の言葉＝福音の綴られた聖書であり、彼自身はその福音を語り伝える司祭なのである。だから、国会や内閣、裁判所といった国家機関、すなわち世俗権力はもとより、国民さえもが、憲法という名の聖書の中の、それほど明示的に書かれているとは言いにくいありがたい福音に基づいた彼の教えの前にひれ伏さねばならないのである。国民は、一時神憑って〈神の子〉

つまり制定権者となり憲法という福音を残したのだが、その直後、憑依状態が解かれ、司祭の足もとにひれ伏す立場に置かれる、という物語が彼の頭の中に思い描かれているようである[6]。

このように、憲法の下での実際の国民はもはや〈神の子としての国民〉とは全く別の卑しい存在になり下ったのだが、それでもなお〈神の子としての国民〉というかつての栄光の看板は国民の物置の奥に置かれている、と彼は認識しているようだ。だから、誰かがそれを勝手に持ち出して、それを活用した策動をしかねないと危惧しているのだ。というのも、彼は、憲法改正に関する「法的な制約を緩和すること」も、この実際の国民が自らの意志にもとづく国民投票で決定することになっているにもかかわらず、そのことを「『国民』の名において云々」と表現しているからである。そこに言われている「国民」は実際の卑しい国民ではない。かつての〈神の子としての国民〉である。もしそうでないならば、「〜の名において」などと言うはずはない。あたかも、その「国民」は、イギリス議会における"Queen in Parliament"と同様に、単なる名目として使われるだけの存在のように描かれている。しかし、憲法改正における「国民」は、女王と違って、実際にそこにいるのである。

---

6) この樋口がその中心的な担い手の一人である通説的な「立憲主義」理解に対して、宗教的な比喩を用いて批判するのは筆者だけではない。長谷川史明が次のような批判を展開している。

彼によると、この通説的な理解にもとづく憲法改正否認論は、次のような三段論法になる。すなわち、「立憲主義的な意味における憲法を護持することが立憲主義の要請である」を大前提とし、「日本国憲法は立憲主義的な意味における憲法である」を小前提とすると、「日本国憲法を護持することが立憲主義の要請である」との結論が導かれる。「この論法を採用すれば、しばしば焦点とされてきた第9条はもちろん、96条の改正規定を含む日本国憲法のいかなる改正も、立憲主義の否定を意味することとなる。それは恰も**日本国憲法を聖書の如き神聖な文書として尊崇する**ようなものであ」り、「一旦成立したテクストそのものの改変は許されない」ことになる、と(長谷川史明 2014：141；強調—引用者)。

筆者は、長谷川のように、通説的立憲主義が憲法のいかなる改正も常に否定するものとは考えていないが、少なくとも第96条に関しては同意見である。そして、この立場が日本国憲法を「聖書の如き神聖な文書として尊崇」しているとの指摘は、正鵠を射ていると考える。

樋口のこの「立憲主義」の発想は長谷部や石川による憲法改正条項改正反対論に決定的に影響を与えていたわけである。そして、その「立憲主義」は、憲法改正に関して「国民主権の論理が独走」することを抑え込むための「論理操作」の賜物だ、ということを我々は知った。反対運動の中で「立憲主義」という言葉を「マジックワード」のように、あえて言えば、念仏のように唱えていたのも、よく了解できる。上に紹介したように詳細に定義し、それと国民主権との関係を詳らかにしてしまったならば、国民の反感を買い、運動がとん挫することになったからである。しかも、護憲運動を単に日本というローカルなレベルの闘いとして位置づけるのではなく、あたかもグローバルな、歴史的な崇高な理念をめぐる闘いであるかのように印象づけるのにも成功した。

第6項　佐藤幸治の「立憲主義」論

　前節までの論者と同じく改正限界論の立場に立つものの、彼らとは一線を画すのが佐藤幸治であるが、やはり「立憲主義」の立場に関しても、石川から樋口まで辿れる流れとはどうやら源流を異にしている。

　彼は「立憲主義」の立場に立ってはいるが、憲法改正限界問題との関係でそれに直接言及することはなかった。したがって、彼にとって「立憲主義」は憲法改正の制約原理ではなかったようだ。むしろ逆に、改正条項に基づく憲法改正そのものを「立憲主義」の現れと見ていたものと思われる。彼はこう述べている。

> 「**憲法改正などは、憲法自体が予定し、憲法所定の手続に従って行われるという意味で立憲的憲法変動と称しうる**」が、それに対し、「革命やクー・デターなど」による変動は、「非立憲的憲法変動」と称しうる（佐藤幸治 2011：34；強調―引用者。なお、同 1995：33-34 参照）。

　ここで「憲法改正など」と述べているのは、憲法改正以外に、「憲法典の意識的・形式的変更をともなわない無意識的ないし発生的(オーガニック)な憲法変動である憲法変遷」も「立憲的憲法変動」に含ませているからのようであるが（佐藤幸治 2011：34、44 参照；同 1995：33, 43 参照）。それ以前に書いたコンメンタ

ールにおける憲法改正に関する章では、「憲法変遷」を肯定するべきか否かについて、「硬性憲法下にあっては憲法条項の改廃はあくまで憲法所定の改正手続を通じて行われるべきで、憲法条項に違反・矛盾する実例が当該憲法条項に代わって憲法規範性を獲得することを認めることは、立憲主義の観点に立って硬性の憲法典を制定する趣旨と相容れない」、と述べているので（佐藤幸治 1988：1456-1457）、どうやら、とりわけ日本国憲法のような硬性憲法下では憲法改正条項に基づく憲法改正こそが「立憲主義」に適っていると考えていたようである。

　すでに見たように、彼は「改正手続規定の実質に触れる改正」は許されない、とするものの（63頁以下参照）、その理由として「立憲主義」を挙げることはなかった。むしろ逆に、改正条項に基づく改正こそが「立憲主義」に適うものと考えていたわけで、石川、長谷部、樋口などと同じ概念を用いていても、その意味するところは次元を異にしていることが分かる。

　そこで、その「立憲主義」を彼がどう定義しているかであるが、それはきわめて簡単である。すなわち、

　「憲法に基づいて政治を行うということ」（佐藤幸治 2011：5；同 1995：5参照；強調—引用者）、「人間が意識的に権力保持者による権力乱用を阻止し、権力名宛人の利益を守るべく、**政治権力を分割統制するルールによって国家を運営しようとする考え方**」である（佐藤幸治 2011：5；強調—原著者）。

　要するに、国民の利益保護のための、憲法による権力統制、ということになろう。しかし、このような定義にあっては、逆説的だが、もはや「立憲主義」という概念装置が無用だということが明らかになってしまう。権力統制という機能は憲法というものの本質に属しているからである。国家権力をどのような機関に担わせ、その権力行使の手続と制約等を定めていない憲法は憲法とは言えない。大日本帝国憲法も、少なくとも「宮務法」と区別された「政務法」の領域（宮沢俊義 1942：19-24参照）においては、という限定付きだが、立憲主義に基づいて制定された憲法であった。天皇機関説は実に当然のことを述べただけのものである。

だから、「立憲主義」という概念を憲法に置き換えても佐藤の上の言説はほぼ成り立つのである。例えば、「政治権力を分割統制するルールによって国家を運営しようとする」のが憲法である、というふうに。彼は、「立憲主義」は古代、中世から見られるとし、それを「古典的立憲主義」と名付け、さらにそれは、「近代立憲主義」、そして「現代立憲主義」へと「変容」してきたとして、その歴史をたどるが（佐藤幸治 2011：4-19；同 1995：4-13 参照）、それはそっくりそのまま憲法の歴史であり、国家の歴史でもある。「立憲主義」という概念を用いないでも説明できることである。彼は、2015 年に『立憲主義について』と題する著書（佐藤幸治 2015）を公刊した。その目次を一瞥すれば一目瞭然であるが、そこで彼は、「憲法」の後ろに（　）書きで「立憲主義」を付する表現を多用している。つまり、両者は彼にあって截然と区別されない概念、相互入れ換え可能な概念なのである。区別しなくても済むような区別をあえてして、その一方を唱名するのにはそれなりの意図、非学問的な意図があると考えて差し支えない。

　最後に、彼もやはり、「立憲主義」と国民主権は親和的でないこと、もっと言えば両者が対立的であることを認識している、という点を指摘しておきたい。彼は、「近代立憲主義は立憲民主主義であ」るとした上で、こう述べている。

　「近代立憲主義は国民大衆の積極的な政治参加に必ずしも好意的ではなかったという側面をもっていたことに注目する必要がある。」「1780 年のマサチューセッツ憲法」は「憲法制定に憲法制定会議と人民投票を採用した……が、それは国民主権を建前としてたてつつ議会の権力を抑え込もうとする巧妙な考案であった」し、「違憲立法審査制もかかる背景において生まれてくる。」1791 年のフランス憲法でも、「**人民大衆に対する警戒**から、意識的にルソー流の『人民主権』を避けて『委任』によってのみその主権を行使できるものとされた。……**代表者を拘束するような国民の意思の存在は忌避され**」た（佐藤幸治 2011：7；同 1995：6-7 参照；強調―引用者）。

　近代立憲主義と言うとフランス人権宣言の第 16 条が例として挙げられ、

そこに規定された人権保障と権力分立こそがその本質であり、それは人民を圧政から守ろうとするものであるかのように言われるのが常であるが、それは表向きのことにすぎず、近代立憲主義は、その始めから「人民大衆に対する警戒」心を緩めなかったということであろう。筆者は、このような反人民的ないし嫌人民的な出自を持った近代立憲主義を、その出自を隠しつつ、あたかも国民を権力の横暴から守るありがたい理念であるかのように国民に向かって唱える者たちの姿に、かつてわが国に闊歩したことのある〈前衛〉の忌まわしい姿を重ねてしまいそうである。

　以上、佐藤幸治における「立憲主義」を検討してきたが、「96条の会」にも「立憲デモクラシーの会」にも属さない彼の「立憲主義」は、それらの会の会員諸氏の場合と違って、第96条改正を抑制する機能を担わされてはおらず、むしろ、第96条の存在こそがその表れと理解されていることが確認できたが、それとともに、「立憲デモクラシー」などという名称自体が歴史的に民主主義に対する敵意、警戒心の直截な表現であったことが理解できたことが大きい。

第7項　芦部信喜の「立憲主義」論

　第2節第6項（65頁以下、特に69-71頁）で確認したように、わが戦後憲法学の巨星芦部信喜は、「96条の会」メンバーと改正限界論の立場を共有しつつも、第96条の改正については考え方が異なっており、「憲法改正案に関する議会の議決の要件」の改正は、「当然になしうる」と考えていた。その理由は、その改正は「改正権の権限と手続の基本に触れない」、ということであった（芦部1961：55参照）。したがって、彼の「立憲主義」論を本節で扱うのは、前項の佐藤幸治以上に不適切であるように思われるかもしれないが、石川から樋口までの「立憲主義」いや「立憲デモクラシー」が、彼らの第96条改正反対論そのものと同様に、いかに特異なものであるかを示すためには、どうしても触れておかねばならないのである。

　芦部は教科書でこう述べている。

　「立憲主義」とは「18世紀末の近代市民革命期に主張された、**専断的な**

権力を制限して広く国民の権利を保障する」という「思想」であり、その「思想」に基づく憲法が「立憲的意味の憲法」あるいは「近代的意味の憲法」であり、「自由主義に基づいて定められた国家の基礎法」である。そして、「立憲的憲法は、その形式の面では成文法であり、その性質においては**硬性**……であるのが普通である」が、それは、「近代自然法学の主張した自然権及び社会契約説の思想」の影響を受けて、「憲法は社会契約を具体化する根本契約であり、国民の不可侵の自然権を保障するものであるから、憲法によって作られた権力である立法権は根本法たる**憲法を改正する資格をもつことはできず**（それは**国民のみに許される**）、……**憲法の改正は特別の手続によって行わなければならない**、と考えられた」からである（芦部2011：5-7；強調―引用者）。

ここで解説されている「立憲主義」は、たしかに、わが日本国憲法のような超「硬性」の憲法にしか当てはまらない偏ったものである――つまり、わが憲法は、「憲法を改正する資格」すなわち改正権は「国民のみに」あるとし、その国民による国民投票という「特別の手続」が要件となっているとしているのだが、ドイツの憲法のような場合には、改正権は議会にあり、特別多数決ではあるが法律の形式によるとなっているから、この説明は全く当てはまらない――とはいえ（なお、佐藤幸治の所説：前出114-115頁参照）、それは、明らかに、近代（硬性）憲法の特徴を説明するための原理なのであって、石川、長谷部、樋口の場合の、第96条を改正させまいとして動員された「立憲主義」のような、第96条を不磨の玉条に祀り上げるイデオロギー的機能は担ってはいない。

「近代的意味の憲法」の特徴とされているから「国民の権利」の保障や「自由主義」に強い力点が置かれているが、「専断的な権力を制限」する「思想」とする点から見て、誰もが是認する一般的な定義だと言ってよいだろう。樋口以降がいかにこの「立憲主義」概念を政治的に、いや政策的に変質させていったか、がよく分かる。

さらに、この芦部の「立憲主義」が、樋口らの唱えるところの、民主主義と敵対関係に立つ「立憲デモクラシー」からいかに遠く隔たっているかも示

しておこう。

　芦部は別の機会にではあるが、こう述べていた。

　　「**立憲主義と国民主権（制憲権）との相互補完または目的・手段の関係**は、現代においても基本的には少しも変わらない。……民主的政治秩序においてのみ自由と平等は権力の濫用からみずからを防衛し、真の生存が確保されるからである。……人間人格の自由な発展と尊厳を犯す人権保障規定の変更、および人権の保障にとって必須の……**民主制の原則の変更を憲法改正権によって行うことは、法理上不可能**というほかなかろう。」（芦部1964a：249-250；強調—引用者）

「立憲主義」と「国民主権」あるいは「民主制の原則」は、敵対関係ではなく、「相互補完または目的・手段の関係」の関係にあるとされているのである。芦部は、その両者が敵対的な関係になりうることなど、しかも、自分が「立憲主義」の側に立って、有権者集団だけならまだしも民主主義に対して不信感を抱くことなど、ましてや国民主権を制約することを正当化することなど、露すらも考えていない文章である。ただ、「民主制の原則の変更」が「法理上不可能」かどうかは第4節第5項（179-180頁）で検討する。

第8項　清宮四郎の「立憲主義」論

　筆者は、この清宮四郎は「硬性憲法の軟性憲法への変更」およびその逆は認めないものの、それに至らない、今回の自民党案のような改正は認めるだろうとの判断から、彼が存命であったとして、樋口を筆頭とする「96条の会」には入会しないだろう、と想像したので（前述77頁参照）、本来なら、改正反対論の主要な論拠である「立憲主義」を論ずるこの節で彼を取り上げるのは不適切かもしれないとは思いつつ、やはり樋口以後の議論との違いを確認するうえで簡単に紹介しておきたい。

　ただ、彼の著作の中に「立憲主義」の語が登場することはほとんどなく、わずかに1961年の論文の中で「近代的意味の憲法」をごく普通に特徴づける際に用いられる程度である。その部分を要約的に再現すると次の通りである。

「立憲主義（constitutionalism）の**政治理想をかなりの程度にとりいれている憲法だけを憲法**ということがある。……近代立憲主義は、国民の自由のために、**君主の専制権力に制約を加え**、国民参政、基本権の保障、権力分立、法の支配などの原則を実現する国家体制を要請する。……**近代立憲主義の祖国といわれるイギリスは、成典憲法をもたない立憲国である**」（清宮 1961：9；強調―引用者）。

筆者のような高齢研究者はおおよそこのような古典的な「立憲主義」概念で育ってきたと言ってよい。国民の権利擁護のために「君主の専制権力」を制約するべく憲法を制定する、そして、その憲法には清宮が挙げたようなさまざまな制度が定められる。これが「立憲君主制」であって、筆者が「立憲主義」と聞いて即座に連想するものである。わが明治憲法はまさにそれだと 1966 年の清宮は述べる。すなわち、

　「近代の立憲君主制」は、「君主になお、かなり広大な権能を認めながらも、立法作用には、民選の議会を参与させ、君主の行政作用には大臣の協力を必要とし、司法作用は君主にかわって、独立の裁判所によって行われるものとするなどがその特色である。わが明治憲法もその仲間入りをした」（清宮 1966：141）。

象徴天皇制を採用した日本国憲法もまさにそのような意味での「立憲主義」に基づいた憲法である。筆者はこう理解してきたのである。だから、そのような「政治理想」に基づいてわが憲法が定められて存在している以上、その憲法を差し置いて「立憲主義」が、横暴な権力を掣肘すべきスローガンとして、憲法の頭越しに唱えられることに少なからぬ違和感を抱くのである。なぜ、国家権力に対して、「憲法を無視するな」と言わずに「立憲主義を無視するな」と言うのであろうか。清宮の言う通り、「立憲主義」は、「専制権力に制約を加え」る憲法を制定すべしとする「政治理想」なのであって、それ以上でもそれ以下でもない。だから清宮はその教科書で「立憲主義」という用語をこの文脈以外では使わないのだと思われる。樋口などの学者たちはこの「立憲主義」の目的外使用をしていると思わざるをえない。

そこで注意を喚起したいのが、清宮が「近代立憲主義の祖国」とされるイギリスを「成典憲法をもたない立憲国」としている点である。そのこと自体は我々にとって常識に属しているが、イギリスにあって「立憲主義」という概念が担う意味、果たす機能は、わが国のような「成典憲法」を持つ国の場合とは自ずと異なる、ということを再確認する必要を教えてくれているように思う。つまり、イギリスにあっては「成典憲法」がないわけだから、「立憲主義」は、「成典憲法」を持つ我々の場合のその憲法と同じ役割を、それも、文字に拘束されないが故にかなり融通の利く憲法の役割を果たしているのだろう。だから、「成典憲法」を持つ国にあって「立憲主義」をことさらに高唱するのは、単に屋上屋を重ねる愚を犯しているのではなく、何か特別な意図があるのではないかと思わざるをえない。もちろん政治的な意図のことである。

第9項　宮沢俊義の「立憲主義」論

最後に、わが国の戦後憲法学に多大な影響を与えた宮沢俊義が「立憲主義」をどのように定義し、どのような場面でその概念を使用したかを確認することにしよう。

この宮沢も、清宮同様、その学術的著作の中では、戦中戦後を通じて、「立憲政体」「立憲君主制」「立憲的意味の憲法」のように「立憲」を形容詞として用いることはあったものの、「立憲主義」という名詞での使用例はほとんどなかった。しかし、彼のいわゆる「八月革命説」との関わりで言及されることのある、その学説を唱える以前の、敗戦直後の毎日新聞への寄稿文においては、その論旨に関わる重要な概念として、彼は初めて定義を施したうえで多数回使用しているので、その寄稿文を中心に、彼の「立憲主義」論を振り返ってみよう。

この寄稿文は「憲法改正について　本来の民主性回復　"弾力性"の悪用に釘」と題され、1945年10月19日付の紙面に、それも一面に掲載された。ポツダム宣言受諾から2ヶ月ほど経過した時期で、政府が松本烝治国務大臣を主任とした「憲法問題調査委員会」を設置する1週間ほど前のものである。ここで必要なかぎりでこの寄稿文の要旨を示すと以下のとおりである。

「憲法改正」問題が俄かに現実化してきたが、その「主眼」は「憲法の民主化」に置かれると推測できる。その点につき、**わが憲法典〔大日本帝国憲法〕**が「元来民主的傾向と相容れぬものでない」こと、「**立憲主義に立脚するものである**」ことを理解する必要がある。「勿論憲法のこの立憲主義は必ずしも十分に実現せられなかつた。」その実現を妨げたのは「統帥権独立の原則」であり、五・一五事件以来の、「政党内閣は国体に反するといふやうな議論」などである。「憲法改正がポツダム宣言の線に沿うて行はれるとすれば、この目標はまづ右のやうな障碍を排除し、**わが憲法をしてその本来有する立憲主義を百パーセント回復せしむる**ことでなくてはならぬ。」これらの障碍の排除は、「**憲法の条項の改正を俟たずとも相当な範囲において可能だといふことを注意することを要する。**」改正すべきは「軍の解消に関連する各種の条項」、「議会制度に関する条項」である。憲法改正にあたっては、その「立憲主義」を、憲法制定の際の「御告文」にあるように、「『世局ノ進運ニ膺リ人文ノ発達ニ随ヒ』ますゝ〔ます〕発展せしむるであらうことを期待」する（宮沢俊義 1945b；強調―引用者）。

　つまりは、大日本帝国憲法は「立憲主義」に基づいて制定されたのだが、いくつかの憲法外の障碍があってその実現が妨げられてきただけだから、その障碍を取り除けばポツダム宣言による民主化の要求には応えられる。だから、何も抜本的に憲法を改正する必要はない、ということである。まさに「立憲主義」がここでの彼の憲法改正抑制論の中心的論拠とされているのである。では、その「立憲主義」を彼がどう定義しているかと言うと、以下の通りである。

　「立憲主義」とは、「消極的には人民の自由を不当な国家権力の干渉に対して擁護し、積極的には人民が直接間接に国政に参与する原則」、すなわち「**自由主義の原則**」と「**民主主義の原則**」を言うのであって、**帝国憲法は**「**立憲主義に立脚するものである**」から、それらの原則を「**承認**」している（宮沢 同前；強調―引用者）。

「自由主義」「民主主義」と密接に結びつくこの「立憲主義」概念が近代的な意味のものであることは明らかである。現在の我々にとって特に問題を含んだものではないと言えよう。その「自由主義」に関する部分は、樋口、長谷部、そして石川の唱える「立憲主義」と大きな違いはないように見える。しかし、「民主主義」に関する部分は彼らの「立憲主義」と真っ向から対立すると言ってよい。彼らの「立憲主義」は確信犯的に反民主主義であるのに対して、宮沢のそれは「民主主義」を承認しているからである。

ところで、この寄稿文の3日前に同じ新聞に掲載された彼の談話「憲法改正問題へ一石　憲法精神に反す内大臣府の審議　政府は一元事に当れ」(宮沢1945a) においては、このような「自由主義」や「民主主義」と結びつく内容的な定義とは別の「立憲主義」理解が表明されているのである。こちらは形式的な意味の「立憲主義」と言っていいかもしれない。彼のそのアイデアがよく現れている個所を引用しよう。

　「憲法の改正は政府の輔弼や責任と関係ない楽屋裏〔内大臣府〕でなすべきもののやうに解するのは、わが憲法の定むる立憲主義の大原則を無視するものである」。「**現在は憲法の条章は厳として存する。その改正は飽くまでそれに即して行はれねばならない**。憲法治下における改正に憲法以前の方法を用ひるのは決して立憲的でない」(宮沢1945a；強調—引用者)。

明らかなように、この談話における「立憲主義」は憲法改正手続の在りように関するものとして持ち出されている。彼の言いたいことは要するに、憲法があるのにそこに定められた手続に従わず、憲法を始めに制定したときと同じような方法をとるのは許されない、ということであろう。もしかすると内大臣府は、GHQの意向に応えるに、現憲法の細部を改正するという程度では不十分で、新しい憲法の制定しなおしと言ってよいほどの大規模かつ抜本的な改正が必要と判断したからそのような手続をとろうとしたのかもしれない。そうだとすると、この宮沢の談話はその判断に対する批判、つまり、国体の変更を伴わない通常の改正で対応できる、いやそう対応しなければならない、という意味のものなのかもしれない。

以上二つの新聞紙上での発言を総合すると、彼は、「立憲主義」に関して

樋口以降の「立憲主義」論者とも大筋合意のできる立場にいたかに見えるが、それは果たしてどうだろうか。筆者は、そうではないと見ている。彼はただ、大日本帝国憲法を——もちろん、彼の考える改正限界の範囲内でだが——部分的に改正するだけで、GHQからの憲法改正圧力をかわすことができる、そして、そうすることで国体を護持したい、と考え、GHQに受けのいい「立憲主義」概念をこれ見よがしに多用しながら、憲法の予定する改正手続に則って改正を行うことを正当化したのではないか。そうすれば、彼の憲法学者としての一貫性も保持できるからである、と筆者は推測している。「立憲主義」の連呼の異常さは際立っているが、それは彼の必死さの表れと見ることができよう。彼は決して、今我々が考えるような、あるいは樋口たちのような「立憲主義」者ではなかったが、概念の目的外使用という点では、現在の「立憲主義」者たちと底で繋がっている。

彼は「立憲主義」を学問的にではなく、自己保身的に使用した、と筆者は判断しているのだが、それというのも、敗戦直後になされたこれらの発言以前もそうだが、それ以後における彼の「立憲」使用例——それもすっかり鳴りを潜めている——から伺える「立憲主義」はそれとはかなり趣を異にしているからである。彼は決してそれを、敗戦直後のようには礼賛していないのである。

まず、敗戦前の諸論考を見てみよう。彼には、戦後に「立憲主義の原理」と改題され、論文集（宮沢1967）に収録された『立憲主義と三民主義・五権憲法の原理』という小著（宮沢1937）がある。しかし、そこでは、期待に反して、「立憲主義的思想系統」（宮沢1937：4）、「立憲主義的乃至議会主義的政治体制」（同前：5）、「立憲政治」（同前：27）といった語句を全く定義なしに使用しているだけで、立憲主義の何たるかを詳しく論じてはいないのであった。毎日新聞紙上でのあの熱き「立憲主義」論は、その萌芽すら見ることができない。論文集に収録された他の敗戦前の諸論考もほぼ同様だが、本項の文脈上言及しておくべき記述をいくつか摘記すれば、次のとおりである（以下、強調—引用者）。

「わが憲法は少なからぬ程度において『ドイツ型の立憲君主制』の諸憲

法の影響の下に立っている。……権力分立主義を採用しつつ、……『君主主義』の原理の支配を示している。」(宮沢1932：176)

「権力分立主義的立憲主義を一応承認しながら、**その範囲内においてなるべく行政権に広範な活動領域をみとめようとする意図**」は「実に当時〔ビスマルク憲法時代〕のドイツ的『立憲政』学説のもっとも大きな特色である」(宮沢1936：241)。

第1次「世界大戦前のヨーロッパで支配的だった憲法理論」には、「イギリス・フランス型」と「ドイツ型」があった。それらの間には「**議会主義と立憲主義あるいは民主主義と君主主義というような根本的な性格の相違があった**。」(宮沢1938：245)

ここには、毎日新聞紙上の「立憲主義」、それはすなわち芦部や佐藤幸治や樋口や長谷部や石川が唱える「立憲主義」なのだが、それとは全く相貌を異にする「立憲主義」が唱えられている。それはイギリスやフランスの「議会主義」・「民主主義」に対置されるドイツ的な「君主主義」にほかならない。つまり彼によると、「立憲主義」とは「議会主義」・「民主主義」と対置される立場なのである。この点は石川らと同じ理解である。

1942年に書かれた教科書（宮沢1942）では、その点がさらに詳しく説明されているので、それを見てみよう。

「絶対政が近代的な立憲政に移行するにあたつてはまづ民事・刑事の裁判権が絶対政府の手の中から離れた。政府の万能は破られ、その権力は一方においては衆民的な議会の、他方においては政府から独立な裁判所の制約を受けることになつた。……権力分立主義は、立法権の行政権からの独立を説くと共に行政権の立法権からの独立を説くことにおいて、すなはち、その**反議会的な点**において、および司法権の独立を説くと共に司法権の法による覊束を説くことにおいて、すなはち、その**反裁判所的な点**において、まさにかくの如き**守勢にある執行権の利益を擁護・弁明すること**において少からず役立った。ヨオロッパにおいて権力分立主義がとりわけドイツ的な『立憲君主制』の原理と考へられ、しばしば立憲主義即権力分立主義と考へられたのは、かうした歴史的事情にもとづく。」(宮沢1942：

301：強調—引用者）

　フランス人権宣言第16条は、まさに立憲主義が権力分立と人権保障を意味していることを示すときの典拠となるものであるが、宮沢によると、ドイツにあっては、それはその始めからタテマエ化されただけでなく、逆の目的に奉仕させられたということになる。立憲主義つまり権力分立主義は自由主義の要請から導かれているにもかかわらず、執行権つまり行政権、ひいては君主を擁護することに役立ったというわけだからである。そして、明治憲法はそのドイツの「立憲主義」の影響の下に制定されたと理解しているのである。ところが、このように「立憲主義」を「民主主義」と対置されるものと捉えていた宮沢が、この教科書から3年後の敗戦をきっかけに先に引用したような民主主義的な「立憲主義」の熱烈な論者に変身したのである。驚くべきことである。しかし、宮沢はもう一度変身を遂げ、敗戦前の自分に戻ったのである。1955年のコンメンタール（宮沢1955a）では、巻末の索引を信じれば、「立憲政体」という語が一度登場するだけで、「立憲主義」については一言も論じていないが、それから7年後の教科書には次のようにある。引用しよう。

　「ドイツ型立憲君主制の特色は、……民選議会をみとめるが、その範囲内では、できるだけ君主の権力を温存しようとすることにある。だから、……君主の民主的な議会からの独立を、権力分立主義の名において、つよく主張する。……**民主主義的勢力の攻勢の前に、君主の権力をできるだけ防衛することが、ドイツ型立憲君主制の何よりの狙いであった**。」（宮沢1962：11：強調—引用者）

　「**立憲的意味の憲法**」とは、「多かれ少なかれ**自由主義に立脚する憲法**」であり、日本にあっては、それは、「明治時代になってはじめて成立したというべきであろう。」（同前：13：強調—引用者）

　引用文の後半部分は、確かにあの毎日新聞への寄稿文と表面的には符合している。しかし、前半部分が、全くと言っていいほど、敗戦前の説明の繰り返しであるところから見て、後半部分は、新憲法に迎合しつつ、矛盾的なや

り方でさりげなく旧憲法の名誉を回復する意図の現れではないだろうか、と邪推せざるをえない。とにかく、敗戦直後の毎日新聞紙上で行った異常なほどの「立憲主義」の連呼は、そのことによって憲法改正を抑制し、国体を護持せんとする強い意図のもとになされた一過的な政治宣伝に他ならなかった、という筆者の見立ては、それほど的外れではないだろう。

第10項 小括

　以上、石川から宮沢まで、第96条改正反対論においてその中心的論拠となっていた「立憲主義」論を批判的に検証してきたが、どうやら樋口陽一が、敗戦直後の宮沢による一過的なその使用法に倣い、現憲法を改正させまいとする政治的な意味をそれに担わせるようになったこと、そして、その「立憲主義」の政治的意味が実は、それがもともと担っていた意味、すなわち反国民主権主義、反民主主義だったということが確認できたと思う。樋口らのそれによれば、憲法は神の如き絶対的身分を与えられ、我々国民はそれに無条件に拝跪しなければならない。その主張はあたかも、グスターフ・ラートブルフが不当にも法実証主義のスローガンだとした〈法律は法律だ！（だから従え！）〉と同質の権威主義に見える。つまり、彼らは、相手は違って国家機関に対してだが、〈憲法は憲法だ！（だから従え！）〉と、命じているのである。反法実証主義者である彼らにとっては実に皮肉なことになっている。

　ところが、その国家機関が、この至上命令を嘲るかのように、第96条の改正を断行しようとした。それに対して彼らは、それは「立憲主義」に反する、だから罷りならん、と主張したわけであるが、実はこの主張は奇妙なものである。というのも、「立憲主義」とは憲法によって権力を制限しようとする考え方であるから、制限される側の権力が「立憲主義」に反したり無視したりするように見えた、ということは、「立憲主義」が、事前抑止的な制限機能を十分に果たしえていないことをのみ意味しているのであって、無視した権力の側を論難するのは、それと気づかず「立憲主義」の敗北宣言をしているのと同じだからである。憲法によってであれ、権力を縛ろうとするのは、そうしなければ権力が暴走するからであろう。ところがその暴走を食い

止めるために我々人間が打てる手は憲法の制定くらいにすぎないのである。小さな子供にとっての閻魔様や雷様のようなものの手を借りるわけにはいかないのである。彼らは、メディアや国会議員たちや市民たちを大動員して、「立憲主義」なるものは権力側に無視され、踏みにじられうるものにすぎない、ということを自ら大声で言いふらしていたのである。我々には事後的な憲法の番人たる最高裁判所という制度があるのみなのである。それが日本国憲法における立憲主義なのである。

「立憲主義」のことを「マジックワード」と呼んだ井上武史もこう述べている。

> 「憲法学が統治者の行為を『立憲主義に違反する』と批判することにどのような意味があるのかはよくわからない。」「憲法学の役割は、統治者に立憲主義を守らせることではない。むしろ、憲法学が問題とすべきなのは、**憲法が統治者の行為を制限できているかどうかであろう**。……統治者が立憲主義を守るかどうかではなく、**日本国憲法が立憲主義を守らせる憲法であるかどうかこそが、学問としての憲法学の関心でなければならない。**」（井上武史 2014：12；強調—引用者）

まことにまっとうな見解である。このような正論が共有されない政治的台風シーズンは、ただ戸締りをして時の経つのを待つしかないのだろうか。筆者はそうしなかった。あえて雨戸を開けて強風を受ける——いや、完全に無視される——覚悟で、正直な発言をすることにした。それはまだ続く。

「立憲主義」を唱える彼らはどうして、憲法に反する（違憲である）、と言わないのだろうか。その理由は、その条文を改正させまいとする自分たちの政治的意図を本当は法学的学説に変換したいのだが、日本国憲法の特定の条文を根拠にした、当該改正＝「違憲」、という盤石の法的論理構成が残念ながらどうしてもできないからである、と想像する。それでもその強い信念に基づく政治的主張をなおかつ法学的な議論の体裁の下で表明するために、憲法ではないが、限りなくそれに近い憲法的なものとして、「立憲主義」という、ややあいまいであるが、それ故便利な概念を利用したのである。しかし、本人たちの気持ちの中ではそれは、違憲と言うときの「憲法」と同じ機

能を果たしているのである。つまり、その改正を「違憲」とは言えないが、それを阻止するために持ち出されたお呪い的な運動スローガンに相当するのが「立憲主義に反する」なのである。

最近（2015年7月）亡くなった哲学者鶴見俊輔は戦後間もない頃、「言葉のお守り的使用法について」（1946年）という啓発的な論文を書いているが、彼らの「立憲主義」はこの鶴見の言う「お守り言葉」なのではないか、と筆者には思われてならない。そのことを述べて本節を閉じることにしよう。鶴見は大略こう述べる。

　お守り的に用いられる言葉の例としては、戦前であれば、「国体」「日本的」「皇道」、戦後であれば、「民主」「自由」「デモクラシー」などが挙げられるが、これらは、言葉の「**擬似主張的使用法**の一種であり、意味が良く分からずに言葉を使う習慣の一」であって、「**見出し言葉の扇動的使用法**」の一つである。そして、これらの言葉のお守り的使用の盛況は、「**合理的施策の衰勢**」を意味する。さらに、「政治家が意見を徹底的に具体化して説明する事なく、**お守り言葉を程よく鏤めた美辞美文を以て人心を得**ようとし、民衆が内容を冷静に検討する事なく之等お守り言葉の使ひぶりのみを見て賛否を決定する――この旧習が続く限り、何年かの後に**高度の有耶無耶政治の復活すべき可能性**が残ってゐる」（以上、鶴見1946：16, 17, 19, 20；強調―引用者）。

第96条改正騒動において、「立憲主義」は、まさに鶴見がここで言っているように「扇動的」に使用されてきたと思う。石川らはその「擬似主張的」概念を「鏤めた」政治的「美文」で、まさに「人心を得ようとし」てきた、と言えよう。これを放置しておくならば、この先にどのようなことが待っているか。どのような「高度の有耶無耶」憲法学が待っているか。筆者は、鬼籍に入った鶴見とともに深く憂えるものである。

2015年9月、安倍自民党政権が野党の批判や街頭での多くの学生、市民の反対運動を押し切っていわゆる「安全保障関連法」を成立させた後、本稿での批判の対象者の一人長谷部恭男と政治理論を専門とする杉田敦が朝日新聞紙上で対談を行った（長谷部恭男・杉田敦2015a）。「安全保障関連法」問題

は本論考の対象外であるが、その反対論の中で「立憲主義」がまさに「お守り言葉」のように連呼されていたので、もちろん注目していた。そしてこの対談においてはその「お守り言葉」がバージョンアップされ、より「有耶無耶」性を高めていることを発見し、残念ながら我々の、つまり鶴見と筆者の憂慮が現実のものになりつつあることを確信せざるをえなかった。「立憲／非立憲」という杉田が用いた言葉がそれである。彼は与党の議会運営についてこう述べている。

「憲法は無視、議会の慣例も破壊する。これは、権力の暴走に歯止めをかけるという立憲主義の精神に反する『非立憲』です。『立憲』か『非立憲』か。これまで十分に可視化されていなかった日本社会の対立軸が、……見えてきました。」「『右／左』『保守／革新』というものさしでははかれなかった関係が、『立憲／非立憲』ですっきり整理される。」（長谷部・杉田2015a）

ここまでくると、言葉だけが独り歩きしている感が否めないが、「日本社会の対立軸」を「可視化」したという「立憲／非立憲」は、たしかに意匠は変わっているものの、中身は旧版の「護憲／改憲」とさして変わりはない。だが、注意すべき重要なポイントはそのことではなく、憲法そのものが巧妙に隠された、ということである。それは、現政権の反憲法的な暴走に歯止めをかけようと共同戦線を張った憲法学者たちは護憲派ばかりではなく、改憲派もいたからであり、さらに、護憲派の中でも、日米安全保障条約や自衛隊法につき、憲法第9条との関係でどこまでが合憲でどこからが違憲かという、憲法解釈論上かなりコトロヴァーシャルな問題につき意見が一致していなかったからである。現政権との持久戦を勝利に導くためには、それらの小異を「立憲」という共通の「お守り言葉」のほんやりした羽衣で隠す必要があったのだ、と筆者は邪推している。政治の世界ではいくらでもあることだが、学問の世界では厳に戒めなければならないごまかしである。

だからか、長谷部は慎重にもこの表現を使ってはいない。しかし、その概念使用に憲法学者として何の異論も懸念も表明せずに対談を続けているわけだから、この概念の「お守り」効果に力を貸していると言われても仕方ない

だろう。

第4節　憲法改正限界論批判

第1項　石川健治の改正限界論

　前節では、自民党による憲法第96条先行改正論に反対の論陣を張った学者たちの最大の論拠であった「立憲主義」なるものの政治的性格、反民主主義的性格、あるいは、そこに隠された、憲法学者としての退路を確保するための布石的性格を炙り出すことに努めてきた。本節では、その成果を踏まえつつ、第96条問題に限らない彼らのより包括的な改正限界論を対象として、それらを憲法解釈論として批判するとともに、それがやはり本質的に政治的なスローガンにすぎないこと、しかも、そこにわが国の戦後憲法学が抱えてきた大きな問題性がその露頭を現わしていることを指摘しようと思う。第96条改正反対論は、表面的には極めて時事的な議論にすぎなかったが、その問題性の核心を追及していくと、やはりこの学問的議論のレベルに至らざるをえなかったし、憲法の法的本質に関する彼らの根源的な疑問、不安こそが、その源にあることも見えてきたのである。

　では、これまでの本稿の論述方法にしたがって、まず石川健治の改正限界論を俎上に載せようと思うのだが、筆者の管見のかぎりでは、それに関する彼自身の議論の全面的な展開は確認できていないのである。したがって、彼の改正限界論の本格的な検討と批判は後日を期する以外にないようである。とはいえ、彼の改正限界論の大まかな特徴はこれまでのところで垣間見えてはいる。

　すでに第2節第1項（39頁以下参照）と第3節第1項（81頁以下参照）で見たように、彼は第96条という改正条項の改正については限界論、というよりも論理的不能論とも言うべきものを説く一方で、この改正条項の改正に関する議論と、「憲法のアイデンティティーに関わる重要規定を改正」することには「憲法上、おのずから内容的・実質的な限定があるのではないか」という「限界論義」とは、「次元が異なっている」から「混同」してはならないとして（石川2013c：11）、あたかも後者の「内容的・実質的な」「限界

論議」は、自分がいま関わっている改正条項の改正に関する論議とは別物であるかのように述べている。しかし、何の次元がどのように異なっているのかについての説明はそこでは一切なされていない。ただ、改正条項の改正を「革命」だとするその議論の中で示していたところの、前提的な憲法観は、彼の改正限界論の基底にも当然据えられているものと推測されうるものであって、それから判断するならば、両「限界論議」は統一的に理解できるものである。

　その前提的な憲法観とは、「憲法典」を「『根本規範』＞『憲法改正規範』＞『普通の憲法規範』の階層構造」（石川 2013b：2）と捉える清宮流のそれである（前述76頁参照）。例えばわが「憲法典」の前文及び第1条から第103条までのテキストがこの3グループに分けられ、各グループが憲法典内で段階構造を為している、というものである。ここで言う「根本規範」とは、彼が新聞寄稿論文において「憲法改正条項に先行する存在」だとしたもので、改正条項の改正は、それを打倒しようとする「革命」だとしたもの（石川 2013a：6段、本書81-86頁参照）である。ここで強調しておかなければならないのは、この「根本規範」は憲法典以前にその上位に存在している何かではない、ということである。実定的な憲法典の中のいくつかの規定のことなのである。

　そして彼は、「憲法制定権」はこの「根本規範によって授権された」としているのだが（石川 2013b：2）、これが筆者にはどうしても理解できない。憲法典を制定したはずの「憲法制定権」が、その憲法典の一部である「根本規範」に授権される、というのは一体どういうことなのか。ミュンヒハウゼン的な話として聞き流しておくべきなのかもしれないが、学者の言説である以上、そういうわけにはいかない。このおかしさに気づいていないとすると、大きな問題である。しかし、果たして、このように憲法の各条文を不可視の階層的な位置関係に置き、辻褄の合わない論理を展開するのは憲法学の世界では常識的なことなのだろうか。石川の言い回しから察するに、どうやらそのように見えてしまうが、もしそうだとすると、わが憲法学の現状はかなり憂慮すべき状態だと言わざるをえない。

　改めて断るまでもないことだと思うが、この「根本規範」は、ケルゼンの

言う根本規範とは、名称を同じくしているだけで、全くの別物である。この「根本規範」とは、彼の別の表現を使えば、「憲法のアイデンティティーに関わる重要規定」のことであるが、果たしてそれは「憲法典」の中の何条のどの部分のことを言っているのか。彼はこの点を全く明らかにしていない。「革命」などという刺激的な表現を用いて対手を批判しているのに、何に対する「革命」なのかを明示しないですむ、と思っていることに若さを感じる。もしかすると、全く逆に、長谷部などと同様、老獪な強かさをもってこの「革命」を唱名しているのかもしれないが、それについては長谷部の項（後出143-145頁）で述べる。これから教科書を書くのだろうが、どうかこの点、紙数を割いて詳細に論じてほしいと思う。想像しても仕方ないことであるが、たぶん彼の頭の中には、日本国憲法の三大原則として、我々が子供の頃から教え込まれて来たものがあるのだろう。

　しかし、この想像は否定されてもかまわない。問題は、何でもよい、「革命」の対象である何らかの原則が示されている条文、ないしは条文の一部が「根本規範」だとして、どうしてそれが、しかも、どうしてそれだけが「根本規範」で、「憲法改正規範」や「普通の憲法規範」と区別されて、その上位に位置するのか、そして、どうして「憲法制定権」を授権できたり、「憲法改正規範」と共に、「普通の憲法規範」にはない不可侵性を付与されたりするのか。どうか、反証可能性のある仕方で、いや、学生にも解るように説明してほしい。そうでないと、〈修行の足らない皆さんにはまだ見えないでしょうが、神様はいらっしゃるんですよ〉という類いの胡散臭い言辞と同列になってしまうことに気づくべきである。

第2項　長谷部恭男の改正限界論

　長谷部の改正限界論はすでに第2節第3項（37-39頁参照）において、第96条改正反対論との関連である程度検討しているので、詳しくはそちらの方の参照を請うとしても、ここで最小限の繰り返しをすることは寛恕願わねばならない。

　彼は、芦部や清宮のような、「憲法制定権」や「根本規範」を想定する改正限界論を批判しており、その上で、それと異なる彼自身の、それほど分か

りやすいとは言えない改正限界論を展開していることは上述した。ここでは
その議論を少々詳しく検討するのだが、まず、彼が、「憲法改正権」や「根
本規範」を想定する考え方を批判する理由から振り返ってみよう。

　ただ、その前に次のことは述べておこうと思う。それは、彼がこの議論の
中で大いに苦しんでいる、ということである。もっとも、彼自身そのことを
自覚的に対象化しているわけではないが。何に苦しんでいるのかと言うと、
**憲法は本当に憲法と言えるのか、いや、法と言えるのか、規範と言えるの
か**、という、法に携わる者にとって実にラディカルでヴァイタルな憲法の規
範性に関する問題に対する答えを出すことに、である。憲法というものは本
当は憲法だと言えないのではないか、法だと言えないのではないか、規範だ
とすら言えないのではないか、という根源的な不安を抱えているからであ
る。しかし、この不安自体は至極まっとうなものである。法に関わる者は普
くこの不安に何らかの対処をしなければならないのである。

　とりわけ、明文の改正禁止条項が憲法には存在していないにもかかわら
ず、憲法の改正にはそもそも踏み越えてはならない限界があるのだ、と主張
する以上は、必ずこの問題に正面から立ち向かい何らかの答えを出しておか
ねばならないのである。その答えの中で最も簡単で最も支持者が多いと思わ
れるのは、実定憲法の上に、その改正をも統御する何らかの規範（的なも
の）が存在するとする答えである。この答えを選ぶということは当然、自然
法論の陣営に入ることを意味するのだが、それを選んだ者たちの誰もがそこ
まで腹を括っているようには見えない。

　その思いきれなさには様々な理由があるものと思われる。例えば、実定憲
法の上の自然法の位置に置かれるその規範（的なもの）の内容を曖昧なまま
にしておくことができず、具体的に特定し、それと憲法の各条文との間の整
合性を付けなければならなくなってしまう。あるいは、その規範（的なも
の）が実定憲法の上に君臨していることをはっきり認めてしまうと、憲法は
最高法規ではないことを認めなければならなくなってしまう。あるいは、何
らかの規範を正面切って自然法だと認めてしまうと、法実証主義者ケルゼン
がかつて行った徹底した自然法論批判、たとえば、その自然法に従っている
と、なぜこの憲法は憲法だと言えるのか、つまり、その自然法はどうして法

だと言えるのか、学問として答えてみよ、答えられまい、という批判と対峙しなければならなくなってしまう。等々。

だから、多くの学者たちはこの問題を最後まで詰めることなく有耶無耶にしてきたのである。だが、筆者に言わせるならば、憲法に関するこの根源的不安を抱かずこの問題に真剣に悩みもしない法学者、とりわけ憲法学者を信用するわけにはいかない。その意味で長谷部はまだ信用できるのである。ただ、残念なことに、彼は苦しんだ末に、芦部や清宮流の「憲法制定権力」や「根本規範」への退路を自ら断ったのはよいのだが、それらに代わって、日本国憲法が憲法である可能性を導くための説明として選んだ別の道もやはり実に怪しげなものだったのである。

彼は、このコンテクストで言うと大変興味深いタイトルの『憲法の境界』（2009年）という著書を著わしているが、その第1章で、「われら日本国民は、国会における代表者を通じて行動し、この憲法を確定する」と要約できる日本国憲法前文の一節を素材に、**憲法の妥当性および正当性**（長谷部2009：3；強調―引用者）という難問に取り組んでいる。この難問こそ、まさに「憲法は本当に憲法だと言えるか」という問題そのものである。彼はこの問題に対して確信の持てる答えを探した結果、学界の大先輩である芦部や清宮が出した「憲法制定権力」や「根本規範」という答えにノーを突き付けたのである。その理由として彼が挙げたのは、「憲法制定権力」は「形なくして形作る者」であって「神秘的」である（同前：9）ということ、「根本規範」は「具体的な憲法典の内容を定めるにはあまりにも抽象的である」（同前：14）ということ、である。

だが、実はその理由はそれだけではなかった。いや、それ以上の理由があった。すなわち、彼にとって「憲法制定権力」という概念は、その「意思は、憲法と並び、憲法の上に、依然として存続する」という、あの忌まわしきナチズムの桂冠法学者カール・シュミットの言葉を想起させるものであったらしいのである（同前：18）。歴史が証明しているように、必ずやその「意思」を騙る権力者が登場してくる。だから、その危険性を元から絶たなければならない、と考えたのであろう。彼はこう述べている。

「人民が主権者として「常駐」することをやめ、憲法によって限定された権限を受け取り、それを行使する**機関へと変貌したとき、はじめてそこに……『国家』が出現し、「憲法」が立ち現れる。**そのとき、……憲法制定権力の保持者としての人民について語ることは、もはや意味をなさない。」（同前：19-20；強調—引用者）「樋口陽一」は「憲法制定権力の『凍結』について語る」。しかし、もしそうだとすると、「凍結されるべき憲法制定権力の存在を措定する必要がそもそもあるのか」（同前：注25）。

彼は、主権者人民とそのプロダクトである憲法が同時に存在していると、つまり生産者がその憲法の下に「常駐」していると碌なことはない、と考えているわけである。その点は樋口と同じなのである。違うのは「憲法制定権力」という怪しげで危険な概念を使うかどうかだけである。彼は、樋口のように結局は「凍結」させるくらいなら、そのようなものは、はじめから想定する必要はない、なくても構わない、いや、むしろない方がよいと考えたわけである。

しかし、それらの概念に頼ることなく憲法を根拠づけ、根源的不安を解消するのは決して容易なことではない。容易なことであるならば、もうとっくに誰かがやっていて、皆に受け入れられているはずである。では、彼がそれらに代わるものとして見つけ出した憲法の根拠はどのようなものか。それは、憲法が「憲法として果たすべき役割を果たしている」という事実、「実践されているという事実」である。彼はこう述べる。

「誰が起草したかは二の次の問題である。／現に実践される憲法は、**実践されることによって存立し、かつ、その存在が正当化される。**」（同前：16；強調—引用者）

不適切な比喩かもしれないが、芦部や清宮の論法は、ナザレの大工ヨセフとその妻マリアの間の倅イエスが神の子であると主張する際、イエスは、ヨセフの子ではなく、父なる神がマリアに処女受胎させた子なのだ、と説明するのと同じであるのに対し、長谷部の論法は、このイエスには、彼を救世主たる神の子と信じ彼に仕える12人の使徒がおり、多くの民もそう信じ振る

舞っているからなのだ、と主張するのと同じであるように見える。別な比喩を用いれば、ある王が王であるのはその王権が神授されたからだ、と説くのに対して、臣下や民がその者を王として崇め彼に服従しているからだ、と説くのと同じように見える。つまり、長谷部は、憲法を不可視の上方から吊り下がったものとして正当化するのではなく、可視的な事実によって下支えされているものとして正当化するわけである。

では、その下支えに当る「実践される」とはどのような事態のことか、それが問題である。彼はこのような「実践」による正当化を、法実証主義者とされるジョセフ・ラズに倣って、「**憲法の自働正当化**」（同前：15；強調—引用者）と名づけているのだが、これは、芦部や清宮の「根本規範」や「憲法制定権力」のような自然法論的正当化ではなく、実存的正当化とも言うべきものであるが、その検討を始める前に注意しなければならないことがある。それは、彼がこの著作の第1章で扱うはずだった問題「憲法の妥当性および正当性」のうち「妥当性」の方がどこかに消えてしまった、ということである。

もともと彼は、「妥当性」と「正当性」とを別のもののように並列させてはいるものの、自然法論者と同様、両概念を厳格には区別していなかったようなのである。最も極端な法実証主義者との呼び名にふさわしく法の正当性の問題には全くコミットしないケルゼンが、憲法の「妥当性」の根拠を辿って、歴史的に最初の憲法にまで至ったあの論理的道程のことを、彼は「**法的正当化の連鎖**」（同前：10；強調—引用者）などと誤って表現しているにもかかわらず、そのことに気づかないほどである。ケルゼンは「**法的正当化**」など一度も自ら追究すべき問題としたことはない。いや、学問上は金輪際その問題には関わらない、という覚悟が彼の法実証主義なのである。だから、長谷部によると「憲法の自働正当化」などを論じたとされるラズが果たして法実証主義者と言えるかどうか、も極めて疑わしいことになると筆者は思っている。

このように、彼は「妥当性」の問題を——意図的かどうかは別にして——視野の外に追い出してしまったようだが、それはおそらく、上記の根源的不安はたしかに解消したいのだが、憲法の「妥当性」を学理的に徹底的に論究

していくと、憲法学者としての自分の身を滅ぼす危険性があると察知したからではないだろうか。

　実定法の妥当性――すなわち、その実定法が法であること――の実定法的最終根拠は憲法であるが、その憲法自身の妥当性の実定法的根拠なるものは、論理矛盾を犯しでもしないかぎり存在しえない。その憲法と繋がりうる歴史的に最初の憲法があるならば、さらにそこまでの遡行は可能だが、必ずそこで立ち止まらざるをえない。そこから先は革命かクー・デターか征服か戦争といった力の世界か、それとも自然法論的神話の世界か、である。要するに法の世界はそこで終わる。逆に言えば、そこから急に始まる。つまり、そこまで繋がっていた妥当性の糸はそこで切れているわけである。そのようなことはない、自然法の世界に繋がっているのだ、と考える人もいるだろうが、そう考えたとしても安心できるわけではない。百歩譲って、何らかの自然法までは仮に繋がったとしても、その自然法の妥当性の根拠については、結局、学問と縁を切り、「私は、根拠があると信じる」という哀れな信仰告白で終わる以外にないからである。

　歴史は我々に多数の憲法が革命やクー・デターや戦争といった非法的事態から生み出されてきたことを教えている。要するに力の世界で勝った者が憲法を制定してきたのである。いかに法の世界にとって不都合であろうと、これが真実であることを誰も否定できまい。上とは別の比喩を用いれば、憲法を含め実定法に法としての生命すなわち妥当性を与える血液を運んでいると考えられた血管の大本は実力や政治といった黒く濁った海中に開いていて、そこから汚れた海水を取り込んでいるようなのだが、その先端部分あたりの状況はよく見えない。しかし、憲法よりこちら側の血管の中は間違いなく妥当性を含んだ真っ赤な血液が流れている。どうしてそうなるのか、その仕組みが我々には分からないのである。

　この辺の事情をJ. L. オースチン流の行為遂行的発話で説明できるならば苦労はないのだが、そうは問屋が卸さないことは長谷部も知っての通りである（同前：3参照）。「ここにこの憲法を確定する」と宣言するだけで自称憲法が客観的にも憲法になるのならば、筆者も宣言してみたい。だが、その宣言が滑稽千万であるのは言うまでもない。その宣言が質の悪い冗談として周

りの人々の冷笑の的にならないためには、あるいは、その宣言が強大で粗暴な実力を背景にしている場合に、人々に、だからやむをえず大人しくしているだけである、などと言われないためには、その宣言を授権する何らかのルールが先存していなければならない。しかし、そのようなルールは存在しない。そして、それが存在しない、ということはこの事態の不条理のみを帰結する。だからといって、存在する、と主張することは単純な嘘になる。だから、ケルゼンに限らず誰もが、憲法の、ひいては実定法総体の妥当性は最終的には根拠づけられないのである。しかし長谷部は、この漆黒の闇を前にして、不安に耐えられず、「妥当性」を「正当性」にすり替えることによって、そこから逃亡したのである。だが、ケルゼンは逃げなかったのだ。このことは肝に銘じておくべきである。

　前置きがずいぶん長くなってしまったが、このことを確認した上で、長谷部の「実践」による「正当化」を検討しよう。結論から言ってしまえば、これは法秩序の実効性による正当化であって、妥当性論における実効性説の一つである。実効的であるが故に正当性を持ち、憲法として存在する、との見方である。彼がこの説を選択したのは、上で述べたように、憲法がどこか上から吊り下がっている、ということを確認するのは絶望的であるにもかかわらず、憲法以下の法秩序が地に落ちていないという、常識的には理解できない不思議な現実をなんとか見かけ上不条理でないように説明するためである。しかし、もともと不条理な現実を不条理でないように説明することは、「憲法制定権力」や（ケルゼンの場合のような仮説でも擬制でもない）「根本規範」を想定するのと同じ嘘になるしかないのである。

　では、彼が述べる「実践」とは何か。第1にそれは、憲法が「人々の社会活動の調整を達成している」ことであり、「人々の行動の指針となっている」ことであり、「大多数の人々がそれを尊重する」ことである（同前：15-16）、とされる。これはつまり、国民が大体においてそれを自分たちの憲法として受け入れ服従している、ということであろう。そして第2には、「法の解釈・運用に携わる公務員による受容と実践」である（同前）、とされる。つまり、国家機関がそれを憲法として受け入れそのように扱っていること、というふうに言い換えることが可能であろう。これらの実践があるならばその

憲法は正当性を持った憲法だと言うわけである。この正当性を妥当性に読み替えれば、まさに実効性説である。

しかし、これは実効性説すべてに当てはまることだが、その根拠とされている事態は何ら証明されえない事態にすぎない。彼は、いったい何を根拠にして、わが憲法が人々の行動の「調整を達成している」と言い切れたのか。人々の行動のどこを見て、わが憲法が「指針になっている」と判断しえたのか。人々が「尊重している」、も同じである。彼は大多数の人々に聞いて確認したのだろうか。このような言明は総じて決めつけ以外ではありえない。確かめたわけでも確かめようとしたわけでもない恣意的な想定である。そして、そのように勝手に想定されただけの「実践」に憲法を憲法たらしめる力があることにしよう、と言うのである。今回の第96条先行改正論が如実に示したように、現実にはその大多数の人々が、彼や彼の係累の制止にもかかわらず、その憲法を改正しようとする勢力を支持しているのに、である。彼が説明しようとしているのは、憲法以下の法秩序が地に落ちていない、つまり宙に浮いている、という合理的に説明することのできない現実であった。だから、どのような説明であっても、たとえそれが嘘であっても構わないのである。それは我々が説明できようができまいがとにかく落ちないのだから。

ただ、法学者として許されないことは、それで説明できたように思いこむことと、そして、そのように人に語ることである。だが、彼は、このような説明がハートの「認定のルールを中心とする第二次的規範」のアイデアに基づいているとして、こう述べてしまった。

「我々は、〔ケルゼンやシュミットのような、〕権限ある機関による定立という観念によることなく、規範の成立について論ずることができる。」
（同前：16注18）

上の「二の次の問題」発言（前出136頁）にも現れているが、彼は妥当性の問題から逃亡する時、わが憲法が誰かの手によって定立されたという否定しがたい事実自体からも目を背けたようだ。その事実に捕われていると、それを定立する権限つまり憲法制定権の問題から妥当性の問題を切り離すこと

ができないと考えたからであろう。だが、彼はこうすることで、憲法というものはもしかすると憲法ではないかもしれない、というあの根源的不安を本当に解消することができたのだろうか。大いに疑問である。彼はそのために、法が定立という事実と必然的関係にない不文憲法（慣習憲法）の国、コモン・ロー（慣習法）の国であるイギリスの法学者ハートの議論を持ち出したわけであるが、周知のとおり、ケルゼンもシュミットもそして我々も成文法の国の住民であり、何よりも、問題のわが憲法は成文憲法である。英国憲法は確かに定立されることなく慣習的に「実践されることによって存立し、かつ、その存在が正当化される」と言っていいだろう。しかし、わが憲法は、慣習によってではなく定立によって成立したのである。その決定的違いに注意を払うことなく、このような異なる法文化の学説を無条件に論拠として用いることは不適切と言わざるをえない。

　彼の改正限界論はこの疑問に満ちた前提から導かれている。彼は述べる。

　「筆者自身は、改正の限界は事実として存在しうると考えているが、それは**改正行為に関与する人々の実務慣行**として存在しうるのであ」る。「そうした限界が正当化されるか否かは、やはり**実質的な政治道徳に関わる問題である。**」（同前：19-20；強調—引用者）

　同旨の主張についてはすでに第2節第3項（51-53頁参照）で一応の批判をしているので、ここではこれまで検討を加えてきた彼の「実践」による「正当化」論と強調部分とのずれに焦点を当てて批判を行うことにする。彼は、憲法は「実践されることによって存立し、かつ、その存在が正当化される」として、憲法に関する「実践」こそが正当性の根拠だとしていた（前出136頁参照）。そうだとすれば、改正限界も、その「実践」の一端を担っているところの「改正行為に関与する人々の実務慣行として存在しうる」とすることは、そのような「実務慣行」をどのようにして確認するのか、という問題を措くとすればの話だが、成り立つ論理ではある。しかし、その「実務慣行として存在しうる」改正限界は、もっぱらそれだけの理由で「正当化」されるのではなかったか。そうでないと論理的一貫性が保てないはずである。ところが、ここで彼は、その「実務慣行」上の改正限界も「実質的な政治道

徳」の観点から「正当化」されることもされないこともあるかのように述べている。だから、「実践」による「正当化」論は貫徹されていないわけである。

　ではその改正限界の最終的決定者たる「政治道徳」とは一体何か。彼は、同じこの著作の第1章において、清宮や芦部の主張した根本規範を「**超実定的政治道徳**」とした上で、それを「憲法典の道徳的正当性」と言い換えている（同前：11；強調—引用者）。だから、この「超実定的政治道徳」は、改正限界を正当化する、上の引用文中の「実質的な政治道徳」と同じものと見ていいだろう。つまり、清宮や芦部の言う「根本規範」からその名称を外して中身だけを使用しているものと想像しても構わないはずである。しかし、彼の議論にとってこれほど重要な概念であるにもかかわらず、彼はこの「実質的な政治道徳」の具体的内容を積極的に詳らかにする努力をしていない。したがって、一体何を具体的な改正限界として彼が観念しているのかが全く不明のまま、雲を掴むような話が展開されている。だから、彼は上記した根源的不安を抱えたまま逃げ場を失って、しぶしぶにではあるが、結局「根本規範」論に、つまり自然法論に戻ってきたのではないかとか、ラズやハートを引き合いに出した「実践」による「正当化」論も、妥当性の根拠を求めて遭遇してしまったあの漆黒の闇の前からとにかく逃れるためのその場しのぎの方便にすぎなかったのではないか、とかと邪推されても仕方あるまい。

　ところが、すでに一部引用したところであるが（前出51-52頁参照）、彼はこの著作の2年後の教科書において、憲法改正の限界の有無は「憲法に関与しうる人々」が「実際になんらかの限界を受け入れているか否か」の問題であると、2年前と同様の考えを繰り返した後、意外にも次のようなことを述べているのである。

　　「日本国憲法という憲法典が改正の限界について何事かを語っているか、あるいは、**普遍的妥当性を有する政治道徳の原則が憲法の背景に存在するかという問題への答えは、改正の限界の有無を直接には導かない。**」（長谷部 2011：35-36；強調—引用者）

　筆者が強調を施した部分が、2年前の著作における叙述と整合しないこと

は明らかである。彼は改説したのであろうか。いや、そうではない。おそらく、ここで言う「普遍的妥当性を有する政治道徳の原則」は文脈上、清宮や芦部の主張する「根本規範」のことを指しているのだが、このように抽象的に表現してしまったことで生ずる不整合に気づいていないだけであろう、と思われる。彼にとって、憲法の正当性の最終的根拠はやはり「実質的な政治道徳」なのである。彼は、「憲法の根底的な正当性」を「実質論」として扱う議論は「聞き手を愚弄している」と批判するシュミットに対して、「**私は愚弄していない**」と応えたことがあったが（長谷部2009：4, 21；強調―原著者）、聞き手を愚弄しようにも、それ以前の問題として、議論そのものが成り立っていない、というのが筆者の意見である。

なお、この引用部分の前半では、改正限界論とは憲法典の条項にどう書かれているか、とは直接関係ない政治的議論であるとする、樋口の考え（前出57頁参照）と同様の考えが述べられている点も指摘しておこう。改正限界論は長谷部にあっても法解釈論ではなかったのである。第96条以外の改正限界を示してもいない。改正限界論者の彼は、ただ、改正限界論との間で政治的闘いを遂行しているだけである。もちろん、この闘いは負けることもある。そのとき彼はどう振る舞うのだろうか。それが法解釈論上の議論であるならば、裁判所の違憲審査権に期待を掛けるであろう。これこそが立憲主義に基づいた振る舞い方であると筆者は思う。しかし、彼の頭にはそのような振る舞いの選択肢はない。そもそも彼は憲法典の条項を根拠にした法的な主張をしていたわけではないからである。彼にとって、彼が主張する限界を超えた改正が実際になされるということは、政治的敗北に他ならないのである。彼はこう述べる。

　改正限界論者も、「限界を超える改正が事実として起こりえないと考えるわけではな」い。ただ、それは、「『**改正**』ではなく『**革命**』である」。そして、「革命的変動がその後長期にわたって定着し、変動後の憲法体制が当該社会の法運用者によって、そして最終的には社会の大部分のメンバーによって広く受け入れられたとすると、このとき、**革命は完成**」する（長谷部2011：37；強調―引用者）。

この淡々とした語り口が示しているように、彼の「憲法の自働正当化」の考え方によれば、「革命」の「完成」は「自働的正当化」に他ならないのだろう。しかし、結局こう結論するのならば、そもそも改正限界論を声高に唱える意味は一体どこにあったのか、という疑問を禁じえない。結果的には無限界論と変わらないと思われるからである。彼が改正限界論を唱えているのも、おそらく樋口と同様、護憲という政治的立場から、権力の暴走を抑える「事前の予防効果」（前出62頁参照）を狙ってのことであり、そのかぎりでのことなのだろう。それが功を奏さなかった場合には、当然、次の手を用意しておかなければならない。しかし、それは「革命」によって覆された旧憲法に忠義立てをして、それを復活させることなのではない。

その手とは、何よりもまず、自分が批判し反対し続けた革命によって打ち立てられた新憲法の下でも、自分がそれまで通り憲法学者であり続けることのできる論理の構築である。彼と違って法解釈論としての改正限界論を唱える者からするなら、その改正限界を超えて改正されて成立した新憲法を憲法と認めるわけにはいくまい。それは、言ってみれば「違憲の憲法」である。したがって、自分が憲法学者であり続けようとするなら、八方手を尽くして違憲訴訟の提起を準備し、自ら提起することもあるだろう。しかし、残念ながらその努力むなしく「革命」が「完成」してしまった、と判断した場合には、潔く旧憲法の〈死〉を認め〈殉死〉しなければ——すなわち、法学部教員を、少なくとも憲法担当教員を辞さなければ——ならないはずである。まさか、違憲の憲法と考え、そう批判してきたものを憲法として学生に講ずることも、その教科書を書くこともできないだろう。

だが、彼の言う「革命」はその〈殉死〉を彼に命ずるものではない。むしろ逆に、自分が「革命」後も憲法担当教員として生きながらえるための護符として機能する。「自働的正当化」論がそもそもそういうものなのだと筆者には思われてならない。自分は、改正してはならないと言い続けてきたが、国民はそれに耳を貸さず、とうとう改正してしまった。しかし、その改正が「実践」によって「自働的に正当化」されるなら、それを憲法と認めないわけにはいかないではないか、というわけである。そして、その新憲法に関しても学説としては一貫して改正限界論を展開するのだろう。「論理的に不可

能」などの「論理」も説くのであろう。実にドライな態度である。彼の他にも改正限界を越える改正を「革命」などと論じた石川や高見もいるが（前出27頁、41-42頁注5参照）、同様と見ていいと思う。限界を無視する改正の動きに対して激烈な弾劾をしていたように見えるのだが、それは、たしかに一方では「予防」のキャンペインであったが、それと同時に、他方ではこの戦いの敗北時のための安全な退路の確保でもあった、と言って差し支えない。彼らは皆、そもそも殉教するつもりのない日本国憲法教徒、〈護憲〉教徒なのである。

第3項　樋口陽一の改正限界論

　樋口の改正限界論については、彼の第96条改正反対論を批判する際に、その必要上、かなり詳細に検討したので、ここでは、なるべく重複を避けつつ、彼の有名な「批判的峻別論」なるものとの関連での批判を行うこととしたい。

　彼の改正限界論が、その始めから、憲法解釈論として展開されていたのではなかったこと、つまり、彼はそれを、「限界を踏み越えるような憲法変更に対して、事前の予防効果を持つにとどま」るもの（樋口2007：81-82；なお、同1998：381参照）と自覚しつつ展開していたのだ、ということはすでに指摘した（前出62頁参照）。つまり彼は、少なくとも憲法改正の問題については、憲法学の教科書の中で——つまり、法学的議論の体裁の下で——自分が定めた「限界」線を越えようとする政治勢力の動きを押しとどめるための政治的アジテーションを意図的にしていたわけである。いや、今も精力的にそうしている。しかし、法学者の発言としては耳を疑うようなことをこのように堂々と述べ続ける彼の思想的根拠は何であろうか。それは、どうやら彼が唱える、看板に偽りあり的な「批判的峻別論」と深いかかわりがあると思われる。

　この、実質的には〈峻別否定論〉にほかならないと言って構わない「批判的峻別論」については、菅野喜八郎（菅野1988：215-263）や山下威士（例えば山下1987参照）など、とりわけ菅野の正鵠を射た徹底的かつ執念深い批判が展開されてきており、また、樋口からも何度か反論（例えば樋口1986参

照）も出され、憲法学に関係する者ならば誰ひとりとして知らぬ者なしの有名な論争となっているので、ここではそれを辿り直さなくてもかまわないだろう。ただ、「批判的峻別論」などという、人を煙に巻くような議論の正体だと筆者が判断したものだけはここに述べておかねばならない。

彼の「批判的峻別論」は、彼が東北大学から東京大学に移った翌年の1981年に「法・法学とイデオロギー」という統一テーマの下で開催されたわが日本法哲学会学術大会での報告において発表されたものである。そしてそれは、翌年、同学会の年報に掲載され、学界に一方ならぬ波紋を投じた。

この報告は、要するに宮沢俊義のいわゆる「八月革命説」を「1930年代に宮沢憲法学が提示していたイデオロギー批判の手法をあざやかに適用したもの」（樋口1982：4）であると弁護するとともに、その弁護を正当化するために「批判的峻別論」なるものを持ち出し、それを自らの立場としても展開するものであった。宮沢のこのいわゆる「八月革命説」は、後述の第7項（193頁以下）で詳しく批判するので、樋口によるその擁護論もそこで併せて批判する。したがって、ここではあくまでも彼の憲法改正限界論との関連で「批判的峻別論」をめぐる分かりにくい議論の核心に焦点を当てた限定的な批判を試みたい。

さて、「批判的峻別論」とは、彼によれば、次のような学問的態度のことである。

「**認識行為**にはそれとして徹するが、**それとは別に**、その人にとって好ましくないと思われるような付随的効果の発生が予測される場合には、それを抑制するための**評価ないし実践的態度の表明を行う**」態度（同前：9；強調—引用者）。

この定義から判断すると、樋口はその憲法学において、常に、「認識行為」を行うのだが、それに伴って生じる「好ましくないと思われるような付随的効果」が予測される場合は、「**それとは別に**」、「**実践的態度の表明**」も行っている、ということになる。だが、筆者は少なくとも前節までに検証してきた、憲法改正に関する、「批判的峻別論」発表以後の彼の議論の中に、彼の言う「認識行為」と、その「付随的効果の発生」を「抑制するために」に行

われたと判断される「実践的態度の表明」を二つながら発見することはできなかった。少なくとも、彼はそのように明示してはいない。筆者には1種類の一貫した主張しか見いだせなかった。ということは、憲法改正に関する、そこにおける彼の主張は、すべて彼の主観にあっては「認識行為」——客観的には到底そう思えない政治的なものだったが——の結果であり、それがもたらす「付随的効果」も彼にとっては「好ましくない」ものではなかったのであろう、と想像するしかない。しかし、筆者が指摘してきたように、彼の「認識行為」に基づく学説にはあまりにも不合理なものが多く、あまつさえ、改正限界論は予防効果を狙ったものだと、その政治的意図をあからさまに開陳すらしていた。予防効果を狙った「認識行為」などありうるはずがない。これは件の「実践的態度の表明」だったのだろうか。だとすると、それによってその「付随的効果」を抑制すべき「認識行為」の結果の表明がどこかにあってしかるべきだが、それが見当たらない。しかし、その問題は後（後出154頁以下）で詳しく取り扱うことにして、ここでは、「批判的峻別論」そのものにもう少し立ち入って検討しよう。

　この議論にあって大事なのは「認識行為」と「実践的態度の表明」との対比である。彼は、それを「認識と評価」、「科学と思想」、そして、宮沢に倣って、「科学学説と解釈学説」の対比と等置することで説明を試みているが（同前：1）、そもそもこれがよく分からない。その説明の中でいくつかの具体例を引き合いに出しているが、それも問題である。その一つを見てみよう。

　「例えばある**憲法構造**が議会統治制でなく議院内閣制であると確定することは、たしかに科学学説の問題でありえますが、普通は、そうなると、今度は、その憲法が議院内閣制をとっているという見方に基いて、**諸条項の解釈学説が組み立てられる**、という関連になります。／そういう事情の下で、……**科学学説の場面での認識行為をそれとして貫くが**、そこから得られた科学学説——たとえば、ある憲法が議会統治制をとっている、という学説——とはあえてちがった**解釈学説**——たとえば、その憲法は議院内閣制をとっている、と説く解釈学説——**を主張する**立場、すなわち批判的峻別論」云々（同前：13；強調—引用者）。

注意深い読者は、この引用を読んで、筆者が樋口の議論のうち、「……」の後の部分で「議会統治制」と「議院内閣制」を取り違えて表記している、との疑念を抱いたのではないかと想像されるが、筆者は正確に引用している。どうか原文を確認してほしい。混乱を招くこの例示の仕方は、おそらくは樋口の不注意によるものだろうが、筆者には、彼の「科学学説」と「解釈学説」の区別がそれほど熟慮されたものではないということがこの例の入れ替えに端無くも現れてしまったのだ、と思えてならない。

　それはともかく、ある場面では、この憲法は議会統治制を採っている、との（科学）学説を唱えるが、別の場面では、同じ憲法が議院内閣制を採っている、との（解釈）学説を唱える、という立場が自分の採用する「批判的峻別論」だと言うのであるから、耳を疑いたくなる。高名な学者が権威ある学会で報告する内容ではない。到底人に聞かれていい話ではない。だが、彼自身もそれは分かっていたのだ。すぐその後にこう述べている。

　　この立場は、「認識の問題としてはこの憲法はＡの制度をとっているのだが、解釈の問題としてはそれをＢの制度として解釈する、と自ら公言するわけですから、この解釈に対しては、**ゆるされる解釈のワクをはみ出した解釈**、清宮教授の端的な表現をかりるなら**『にせ解釈』**…という非難が向けられるでしょう」（同前；強調—引用者）。

　普通の学者ならば、自分の学説が「にせ解釈」だと「非難」された場合、激怒して当然であろう。しかし彼は自ら想定したこの「非難」にいっさい反論しなかった。だから、自分が「批判的峻別論」に基づいて唱える学説が「にせ解釈」であることを、つまり、それが本当は間違った学説であることを認めているのである。そして、それを承知しながら、「科学学説」の「予想される付随効果」のことを考慮して、「解釈学説」の「にせ」性を明示せずに、なお平然と「科学ではないにしても学問の名」（同前：15）において公表し続けるという態度、これこそが樋口の「批判的峻別論」の紛れもない正体なのである。だから、彼の憲法学説はすべて「にせ解釈」である可能性を否定できないわけである。

　しかし、彼の所説の「にせ」性はそれだけではない。「批判的峻別論」そ

のものがトータルに「にせ」学説だと言っても構わないものなのである。そもそも彼が上の例で「科学学説」としたものがおかしい。なぜなら、憲法の「諸条項」を「解釈」することもなく、ある「憲法構造」が議会統治制を採っているという「科学学説」を唱えることなど、可能であるはずがない。「科学」ならばエヴィデンスが、「認識」ならばその対象が必要なはずである。「諸条項」の解釈結果がそれのはずである。それなくしても可能だと主張しているとすると、もはやその学説は「科学」とは言えない。単なる思い込みか意図的なデマである。憲法学者である彼が当該憲法の「諸条項」を読まずにその憲法がある制度を採っているなどと言明するわけはない。だから、当然ながら、読んだ上でそう言っているのである。したがって、「科学学説」としてその憲法が「議院内閣制」であると確定した後に、「今度は、その憲法が議院内閣制をとっているという見方に基いて、諸条項の解釈学説が組み立てられる、という関連になります」という、二つ前の引用文の前半で述べている両学説の前後関係の設定は嘘であると言わざるをえない。しかし、それを認めてしまうと、「科学学説」と彼が称するものも実は「解釈学説」に他ならないことになり、「科学学説」と「解釈学説」が本質的に異なるものとする対比が成り立たなくなる。ということは、「批判的峻別論」そのものが成り立たなくなる。その事情をカモフラージュするために、彼は「科学学説」の対象に関しては、「諸条項」ではなく、「憲法構造」なる、指示対象をぼやかす概念を用いたのだと思うが、どうか。

　まだある。彼は、「私は、『科学学説』と『解釈学説』……とは、密接な関連はあるがつまるところ峻別されるべきだと考えております」と宣言し（同前：2）、以下、その「批判的峻別論」を展開しているはずなのに、その中で次のような、どう考えてもそれと相矛盾するのではないか、と思われることを述べている（強調—引用者）。

「法的概念ないしそれを用いた命題が、科学学説の場面と同時に解釈学説の場面でもはたらきを演ずるという、いわば両面機能性」云々（同前：6）。

　宮沢の「八月革命」説はまさにこの「両面機能性をもっていたのではな

いでしょうか。〔しかし、〕そのことを、みずから十分には明示していなかったために、《実践的意欲によって科学上の認識をゆがめた》ことはなかったにしても、**実践的提言としての意味をもつところのものを、認識の名において、「科学学説」として人にうけとらせる結果になったのではないか**」。「この点は、およそ解釈学説の提唱をおこなおうとする場合には、**免れることがきわめてむずかしい問題点でもあります。**」(同前：7)

このいわば「学説の両面機能性」論についても、菅野の鋭い批判(菅野 1988：165-213)があるので、詳しくはそちらの参照を願うことにして、ここでは、この議論が少なくとも彼の「峻別論」と矛盾することだけを指摘しておきたい。一つの命題が「科学学説」としても「解釈学説」としても玉虫色に輝くことを認めてしまったならば、しかも、「両面機能性」を十分に明示しないまま「実践的提言」を「『科学学説』として人にうけとらせ」たことを容認してしまったならば、「峻別」する意味などなくなってしまうだろう。しかし、それをしも「峻別論」として無理矢理に正当化しようというのが「批判的峻別論」なのである。そうまでして宮沢の「八月革命説」は擁護されなければならないものだ、と彼は考えていたわけであるが、まやかし以外の何物でもない。どうしてあれほどまでに見苦しい学説を擁護しなければならないのか。そのためにはこれほどまでに、さらに見苦しい理屈をこねなければならないことになるのに。それは、彼が憲法学者として、「八月革命説」を唱えなければならなかった宮沢と同じ思いを共有していたからであろう。その点については、宮沢の項(201-202頁)で述べる。

筆者は今、宮沢のみならず樋口の学説に対しても「見苦しい」という表現を使ったが、決して彼に対して礼を失しているとは思わない。恩師の清宮から自分に向けられるだろうと想像した、「にせ解釈」という実に辛辣な批判に対して、何も反論しなかったではないか。いや、できなかったではないか。それは、その当時まだその恩師がまだ存命であったから反論を遠慮した、ということだけが理由ではないだろう。彼は間接的にはその批判を肯定した、と言って構わないと思う。しかし彼は、正面からそれを肯定しはしなかった。一つの命題の「両面機能性」などを認めることで、明らかに「峻

別」を無意味化してしまっているにもかかわらず、あくまでもこれまで通り「峻別論」側に立っているかのように装っている。どこから見ても美しいとは言えない。この見苦しさは彼が行った峻別論の次のような分類の中に集約的に現れている。

彼は、「峻別論が追求する、認識の客観性の確保という主要目的を共通にしながらも、付随的効果への対処という点で、三つのちがった態度がありえ」るだろうとして、彼の採る「批判的峻別論」の他に、「一切の付随効果を無視して認識行為（結果の伝達を含めて）に携わる」「単純峻別論」と、「予想される付随的効果に対する実践的評価に基づいて、……たとえば、研究の中断とか研究結果を発表しないという決断をする」「認識と評価の**自覚的結合論**」を挙げている（樋口1982：9-10；強調―引用者）。そのうち、本来の「峻別論」と言ってよい「単純峻別論」には問題はないが、最後に挙げた「**自覚的結合論**」は大きな問題を孕んでいる。

どうしてこれが「峻別論」の１種になるのか、全く理解できない。認識と評価を、峻別するのではなく「結合」する態度だとしているからである。それも「自覚的」にである。とはいえ、この「自覚的結合論」は結果的には沈黙するのであるから、外から気づかれることはない。だから学問の土俵の上の問題ではない。それでも、彼にはそれを「峻別論」の一角に置いておく必要があった。彼の「批判的峻別論」の「反」峻別論的特徴を薄めるための布石だからである。

彼はこの沈黙するはずの「自覚的結合論」を次のように全く別様にも定義しているが、実はそれこそがこの「結合論」の真の姿、そして樋口自身の立場と言えるのである。すなわち、

　「自覚的結合論」とは、「あくまで自分の奉ずる価値に基いて実践的評価を行うが、その説得効果をあげるうえで必要なら、**自覚的に事実認識を実践的評価と結びつけるかたちでの議論の仕方をするのもあえて辞さない**、という立場」（同前：12；強調―引用者）である。

「議論」する、というのであるから、「研究の中断とか研究結果を発表しないという決断をする」という、上述の殊勝な態度とは全く異なる立場である

ことは明らかであろう。このような「自覚的に事実認識を実践的評価と結びつけるかたちでの議論の仕方をする」立場からの発言が「両面機能性」を持つわけであり、まさに「にせ解釈」なのである。だから、彼はこう言って憚らない。

> 「解釈学説を主張する解釈者としての主体的責任の自覚という点では、**批判的峻別論と、自覚的な結合論は、共通のものをもっております。**……実際にも、解釈学説とのかかわりでいうかぎり、**批判的峻別論は、解釈学説としての効果への顧慮をする以上は、峻別論の立場をなかなか首尾一貫することができず、自覚的な結合論にいわば限りなく近づいてゆくと申せるでしょう。**」（同前：14；強調—引用者）

もはや贅言を費やす必要もなかろう。彼は、自分が「にせ解釈」を行う「自覚的結合論」の立場に立つことを「峻別論」の体裁の下で宣言しているのである（同旨：菅野 1988：233 参照）。聴衆や読者を欺いている、と言う他ない。しかし、実を言うと筆者は、さらに一歩進めて、彼の真の立場は、彼がはじめから考察の対象外とした立場、すなわち「歪曲された直結論」になってしまっているのではないか、と強く疑っていることを告白しておこう。その直結論は、彼によると、「実践的意欲のゆえに認識内容を意識的にゆがめる立場」（樋口 1982：11）、「事実によりかかって——ということは自己の責任を棚上げしつつ——評価をする」立場（同前：12）である。この立場と、沈黙せずに議論する方の「自覚的結合論」の間にどれほどの違いがあるのか。学問的営為の中で行っていることは要するに同じではないか、と筆者には思われてならない。いずれにせよ、見苦しいどころではない。もはや罪深いと言わざるをえない。

峻別とは、異なっているにもかかわらず、意識的にせよ無意識的にせよ、混同されてきたもの同士を厳しく区別することである。当然のごとく、厳しく区別しないことの対立概念である。そして、「峻別論」とは、認識と評価を区別せず、認識の名のもとに評価を行う学問的傾向に対する批判、つまりイデオロギー批判なのである。彼は、「認識と評価が異質の人間行動であるということがいえたとしても、**方法二元論の立場に立つ限り、**……そのよう

な認識命題から、『だから両者を峻別すべきだ』という価値命題が自動的に出てくることはないはずだ」、などと言うが（同前：7；強調─引用者）、「峻別論」とは、そもそもがまさにその価値命題のことなのである。

　そして彼は、「認識と評価が異質の人間行動である」という「認識命題」からはこの価値命題が自動的に出てこない、との主張の論拠として「方法二元論」を持ち出しているが、これは、この「価値命題」の方に「付随的効果」に関する条件を付けようとする自分が、それでもなお峻別論側に立っているように見せかけるための、かなりチープな変装道具である。「方法二元論」は彼の言う「認識命題」を唱える立場である。それは言うまでもなく、存在と当為の二元論のことである。ただ、こう言いなおすとあたかも実体的な二元論のように見えてしまうが、そうではない。あくまでも「方法」の二元論なのである。

　それがどのようなものか、この立場に立つケルゼンに聞いてみよう。彼によれば、「存在［Sein］」と「当為［Sollen］」とは、「言明［Aussage］」または「文［Satz］」の二つの「形式［Form］」または「叙法［Modus］」に他ならないのである。つまり、任意の何かXについて、「Xは（非）Aである（ist = sein）」と言明する「叙法」と、「Xは（非）Aであるべきである（soll = sollen）」と言明する「叙法」との間には越えがたい溝がある、ということなのであって、「当為は、それに一致したり一致しなかったりする存在には全く左右されえない。」つまり、「当為は存在に、存在は当為に還元されない」のである。このことを彼は、「存在と当為の溶けない［unauflösbar］二元論」と名づけているのである（以上、vgl. Kelsen 1979：44-45）。

　簡単に言ってしまえば、(1)「XはAであるべきである」と(2)「Xは非Aであるべきである」という相反する二つの当為命題と、(3)「XはAである」と(4)「Xは非Aである」という相反する二つの認識命題との間では、(1)と(3)、(1)と(4)、(2)と(3)、(2)と(4)のどの組み合わせも成り立ちうる、ということである。つまり、存在命題と当為命題は相互無関連である、ということがこの二元論の意味なのである。それが彼の批判的峻別論を正当化するとは到底考えられない。菅野は、この点を捉えて、樋口は峻別論を二元論における当為命題と「誤認」している、としているが（菅野

1988：217)、筆者はそうは思わない。樋口は意図的に論点をずらしているのである。

　人間とは愚かなものであって、「あばたもえくぼ」、「坊主憎けりゃ袈裟まで憎い」等々、評価が認識を曇らす過ちからなかなか逃れられない類の生き物であるが、イデオロギーを意図的にまき散らす罪からも容易に身を引き離すことができない存在でもあることを思い知らされる。

　さて、「批判的峻別論」の正体解明とその批判に大分時間が取られてしまったが、いよいよこれから、その「批判的峻別論」とのかかわりで樋口の憲法改正限界論を批判することにしよう。その視点は、果たして彼はその議論の中で、「認識行為にはそれとして徹するが、それとは別に、その人にとって好ましくないと思われるような付随的効果の発生が予測される場合には、それを抑制するための評価ないし実践的態度の表明を行う」態度であるところの「批判的峻別論」（樋口1982：9）を実践しているだろうか、というものである。それがはなはだ疑問なのである。

　彼の改正限界論は、彼自身が認めていたように、日本国憲法に関する「解釈学説」ではない、ということをもう一度ここで確認しておこう。筆者は、学生の頃から、改正限界論と無限界論の対立は憲法解釈上の学説の対立だと思い込んでいたのだが、どうやらそれは誤解だったことになる。すでに述べたように、彼によれば、どちらの学説も、改正内容を限定する規定があろうとなかろうと成立し対立し合う考え方だったからである（前出57頁参照）。規定の存否が自説の論拠にもならず、対手に対する批判の論拠にもならない議論を「解釈学説」とするわけにはいくまい。ケルゼンや筆者は、もちろん静態理論的視点から、つまり違憲立法審査を行う裁判官の視点からであるが、憲法の条文解釈の問題として改正限界の有無を考えていた。しかし樋口の改正限界論は、個々具体的な憲法ではなく、憲法なるもの一般に対する一つの考え方なのである。

　では、彼の改正限界論は、「批判的峻別論」で言うところの「解釈学説」でないとすると、もう一方の「科学学説」ということになるのだろうか。言い換えれば、彼は改正限界論を何かの「認識」の所産だと主張しているのだ

ろうか。無限界論との間でその「認識」について、どちらが正しいかを争っているのだろうか。仮にそうだとして、一体それは何を「認識」した結果なのだろうか。科学の対象となるような何かを「認識」した結果として、彼は改正限界論を説いているのだろうか。断じて、否と言わなければならない。

というのも、彼は、2007年の教科書においては、ある「観点」から見ると、「憲法改正限界論を採ることが**有益であろう**」などと述べているからである。つまり、彼は限界論を、科学学説として正しい、と考えているから唱えているのではないのである。何かにとって「有益」だからという理由を明示して唱えられている「科学学説」などというものは自称「科学学説」にすぎないのであって、その学説は、自ら真実ではないことを、いや真実を歪めていることを自白しているのと同じだからである。もう少し詳しく引用しよう。彼は、改正限界論、無限界論の立場をある意味公平に解説し、「憲法制定権」を認めるか否かで両論が分かれるとした上で、次のように述べているのである。

　　限界論も、「限界をふみこえるような憲法変更」が「実際におこなわれてしまった」場合は、「それを旧憲法の改正としてでなく、**新しい憲法の制定としてうけとることになる**」ので、「それぞれの憲法の**自己同定性**(アイデンティティ)**を明らかにしつつ考察を進めようとする観点**」からは、「憲法制定権」を想定する限界論を採ることが「**有益であろう**」(樋口2007：81-82参照；強調―引用者)。

「憲法制定権」の問題は後で論ずるとして、まずは、他でもない、彼が唱える「限界をふみこえるような憲法変更」があった場合を想定して、その対応について述べていることに目を向けよう。彼は、「憲法改正限界論と無限界論」と題された2頁弱の項の最後の数行でこのようなことを述べているのであるのであるが、その項では、限界論の正当化も、無限界論の批判もなされないまま、この結論に至っているのである。ということは、彼が限界論を採る唯一の理由は、それが設定した「限界をふみこえる憲法変更」がなされること、つまり、限界論の主張が敗北したことを想定した、この「自己同定性(アイデンティティ)」論である、というおかしなことになる。

しかも、まさに、殉教するつもりのない日本国憲法教徒、〈護憲〉教徒の面目躍如といったところであるが、彼の改正限界論はそのような「憲法変更」を、改正ではなく、「新しい憲法」の制定として「うけと」ってしまう、つまり、それを妥当する憲法と認めてしまうわけだから、結論的には無限界論と何ら別するところがなくなってしまうことになると考えたが故に、このような内容の判然としない理由を持ち出したのではないか、と想像できる。ましてや、その「観点」からは限界論が理論的に正しい、としているのではなく、「有益であろう」と、いわば政治的に、それもやや腰くだけ的な形で選択しているだけなのである。憲法学の態度として果たしていかがなものか、と筆者は憂える。もっとも、このような態度を取ることも、すでに引用したように（前出62頁）、彼は、そもそも改正限界論は「事前の予防効果をもつにとどま」るということを認めている（樋口同前：82）のだから当然の成り行きではあるのだが。

もしかすると、この「有益」発言は、「批判的峻別論」の立場から、自らの「認識行為」のもたらす「付随的効果」を慮っての「実践的態度」の表明なのだろうか。ただ、そうだとしても、何らかの「付随効果」をもたらす彼の「認識行為」とは何だったのか、そして、どのような「付随効果」なのか、それが分からない。もしかすると、限界論と無限界論は甲乙付けがたい、ということが「認識行為」の正直な結果だということかもしれないが、それならばそれでそうはっきり述べるべきである。

では、限界論を採ることは何にとって「有益」だろうと判断したのか、というと、「憲法の自己同定性（アイデンティティ）を明らかにしつつ考察を進めようとする観点」にとって、であるが、その「自己同定性」とは具体的に何を意味しているのか。意外なことに彼はその定義をしていないのである。だが、限界論は次のような考え方をする、との彼の教科書的な説明のなかにそれにあたるものが見いだせる。

憲法の基礎をなしその根本原理（日本国憲法でいえば、**国民主権主義、基本的人権尊重主義、平和主義を定めた規定**——または、論者によってはその一部）を定める規定を憲法上の改正権によって変更することは、いわば**憲法**

の自殺を意味するものであり、法論理上の不能をおかすことにほかならない（同前：80-81；強調―引用者）。

彼の言う日本憲法の「自己同定性（アイデンティティ）」、つまり日本国憲法を日本国憲法たらしめているその本質、独自性の核とは、いわゆる三大原則のことなのである。すでに触れたように、「憲法のアイデンティティーに関わる重要規定」の改正には内容的・実質的に限定があるとした石川が想定していたものとおそらく同様だと思われる（前出131-133頁参照）。だから同じことをここでも言わねばならない。どうして、他でもないその三つの原則を、そしてそれらだけをわが日本国憲法のアイデンティティとするのか、そして、それらを定めた規定を他の諸規定とは異なる特権的な地位を与えるのか、憲法典の認識に基づいた理由を見いだすことが筆者にはできない。そもそも、それら同士の間でも、他の諸原則との間でも、大小は程度問題にすぎず、質的な問題ではないはずである。独断だと言ってもかまわないように思う。

例えば、国民主権に関する規定とは、前文を別にすれば、第1章天皇第1条のみであるが、その条文は、改めて引用するまでもないが、「天皇は、日本国の象徴であり日本国民統合の象徴であつて、この地位は、主権の存する日本国民の総意に基く」となっている。たしかに、そこでは、わが憲法が国民主権主義を採用していることが明記されている。しかし、この条文をわが憲法の「根本原理を定めた規定」とするなら、どうして、その前半に記された象徴天皇制を根本原理として挙げないのか。もしかすると、前文には国民主権主義が格調高く宣明されているが、天皇のことは一言も触れられていないからである、との反論が返ってくるかもしれないが、それほど前文の内容がこの問題に関して決定的だとするなら、同じく大原則の一つである基本的人権の尊重は前文において明記されていないことをどう説明するのか。そして、その第1条は他でもない憲法冒頭の天皇章の冒頭に配されているということをどう説明するのか。他にも、議院内閣制や違憲立法審査制などの特徴を持った三権分立制はどうしてわが憲法のアイデンティティに関わらないのか、等々、疑問は尽きない。

筆者も小学生の頃から、樋口の言う新憲法の三大原則を教え込まれてきた

一人である。しかし、長じてよく考えてみたとき、その三つの原則を、他から区別する客観的な法的根拠など存在しないことに気づいた。実は恣意的なセレクションの結果にすぎない。とはいえ、もはやかなり間主観的になっていることは認める。しかし、平和主義という原則について言うならば、たしかにそれは前文においても高らかに謳われているが、憲法制定後にわが国を取り巻く国際情勢の深刻な変動の中で生まれてきた日米安全保障条約や自衛隊がこの憲法の下で容認されるかどうかという、その答え次第で平和主義の意味内容が全く異なってしまうような重大な論点については、護憲陣営の中ですら対立があるではないか[7]。

　それはともかくとしても、三大原則とされるものだけが特権的な地位を与えられる客観的な法的根拠があるわけではない。どのような意図に基づくかは別にして、多くの学者たちがたまたま口を揃えてそう主張してきたものにすぎない。それを変更することは「憲法の自殺」を意味する、などという彼の言辞は、憲法が自殺できるわけはない、という指摘が可能なことは措いておくにしても、主観を客観と取り違えた妄言に他ならない。要するに、こういうことであろう。すなわち、自分たちにとっての〈在るべき憲法〉とは、この三原則を定めている憲法である。現憲法は、それらを採用しているから、たとえその出自に若干の問題があるとしても、まさに理想的な憲法なの

---

7) この点に関して、序でながら苦言を呈しておきたいことが最近生じた。集団的自衛権問題に関してだが、樋口の弟子筋にあたる長谷部が、この行使を認めない、ということについて、あたかも「『法律家共同体』のコンセンサス」が存在しているかのようなことを述べ、「国民には、法律家共同体のコンセンサスを受け入れるか受け入れないか、二者択一してもらうしかない」（長谷部・杉田 2015b；強調―引用者）などと、ひどく高圧的な態度をとったからである。筆者もその「共同体」の端くれであるはずだから言わせてもらうが、そもそもこのようなコンセンサスなど笑止千万な妄想に他ならない。百歩譲って、かりにそれがあったとしても、国民にこのように居丈高に振る舞うなど、法律家の風上にもおけない、もってのほかのことである。長谷部自身は日米安保や自衛隊の存在は合憲であると考えているのだろうが、そのことについても「法律家共同体」内に集団的自衛権同様のコンセンサスがあるとでも思っているのだろうか。どちらも第9条違反だと考えている護憲派もいることくらい知っているだろう。どちらの解釈も、あの第9条の玉虫色的な規定の仕方からするならば、可能な選択肢なのである。どれほど支持者が多かろうと、その一方の主観的な選択が客観的な意味を持つようになるわけではない。勘違いされては困る。

である。もし改正によってそれらのうち一つでも失うことがあれば、この憲法はもはや〈在るべき憲法〉ではなくなる。だから、変えてはならない、と。下世話な表現で言い換えると、自分たちはこの三原則を採っているが故にこの憲法に惚れ込んだのだから、いつまでもそのままであってほしい、という切なる願いなのである。それはどう考えても「科学学説」などではなく、紛れもなく「実践的態度」の表明である。

　しかし、すでに見たように、樋口は、この憲法が自殺してしまったらしまったで、生まれ変わった別の憲法にも惚れます、とあらかじめ宣言しているのであるから、その願いもどこまで切実なのかは疑わしいかぎりであるが、それにしても、「憲法の自殺」という表現はかなり強いものである。何故彼はそう言わなければならなかったのか。それは、上に述べた〈在るべき憲法〉を暗黙裏に実定憲法の上位に想定することによって、かろうじてやっと、その実定憲法の規範性に関してなんとなく安心できると考えていたからである、と筆者は推測している。実定憲法は本当に憲法なのか、そもそも法なのか、規範なのか、という、長谷部が立ち向かったが結局その前から逃亡したこの難問を、その師の一人はこのようなしかたでごまかそうとしたのである。ところで、この師は、限界を踏み越えた変更は新しい憲法の制定とうけとる、としたが、その新しい憲法の上位には、一体どのような三大原則を想定するのだろうか。そうなってみなければ解らない、ということなのだろうか。

　この憲法の規範性と密接に関わるものと彼が明示しているものが「憲法制定権」の想定である。しかし、この「憲法制定権」論は彼の「批判的峻別論」における「科学学説」なのであろうか。彼のこの概念使用に関してはすでに第2節第4項でかなり踏み込んで批判しているので（前出58-62頁参照）、重複を避けなければならないが、この議論の学問的身分の問題はどうしてもやはりはっきりさせておかなければならない。彼はこう述べる。

　　憲法改正限界論は、憲法改正権の上位に**憲法制定権を想定する**ことによって、改正権の行使に内容的限界を課すものであり、そのようなものとして、**憲法の規範性の強化**を志向する（樋口2007：82；強調―引用者）。

はじめに断っておかなければならないことがある。ここで彼は「憲法の規範性」の「強化」と言っているが、正確には規範性の創出である。これも第2節第4項（59頁）で指摘したことだが、「憲法の規範性」は、あるのだが弱い、というものではない。あると言えるかどうかが分からない、いや、あるということを証明できない、というものなのである。彼はごまかしている。いや、ごまかしてなどいない、と彼は反論するだろうが、その場合には、「憲法制定権」を想定する前に、「憲法の規範性」は、たとえ弱いとはいえ、たしかに存在している、ということを読者に対して証明しなければならない。彼にそれができるだろうか。1は2倍すれば2になるが、0は何倍しても0であって、永遠に強化できない。もっとも、「憲法制定権」を想定することで、その規範性を強化しうる、ということ自体が要証明命題であるが、彼はそれも行っていない。

ところで彼は、「憲法制定権」を想定することと改正権に限界を課すことが必然的関係にあるかのような言い方をしているが、両者は果たしてそのような関係にあるだろうか。仮に、「憲法制定権」を想定し、その権限を実行して憲法が制定されたのだと理解したとしても、改正無限界論に立つことは可能であろう、と思われるからである。わが憲法にように、「制定権」者が、改正手続を定めた規定の他に、特に改正内容を限定する規定を設けなかった場合、改正権者には、その手続規定に従ってさえいれば、どのように改正することも授権されている、と理解することは理論的に不可能ではない。「憲法制定権」の想定と改正限界論をセットのように捉えることはできないのである。彼は、自分の改正限界論を基礎づけるために「憲法制定権」を必要としただけである。彼の「制定権」は無色ではない。始めから三大原則を体現した〈あるべき憲法〉の制定を授権された「制定権」なのである。だから彼は、その三大原則を否定するような改正にノーと言えるわけである。ということは、「制定権」よりも三大原則の方が上にあるということになろう。彼は根本規範と言わずに「憲法の基礎」とか「根本原理」、あるいは「憲法の自己同定性(アイデンティティ)」という表現を用いているが、この三大原則は、芦部や清宮の言う根本規範と同じ機能を営んでいるわけである。

さて、「憲法制定権」なるものが無色であろうと有色であろうと、そのよ

主章　日本国憲法第96条先行改正反対論批判　161

うな権限を想定するということは、同時にその権限を授権する法とそれを制定した主体を想定していなければならない、ということも第2節第4項（61頁）で述べた。「憲法制定権」論が「科学学説」であるならば、何はともあれ、その授権法と授権主体について言及することは必須の要件であろう。彼がそう明言したわけではないが、彼がその授権法にあたるものとして、三大原則を考えている、と推測できることは上で分かったが、その三大原則という「法」を制定した主体は一体誰なのか。その点について彼は一切語らない。ということは、彼の憲法学にとっては三大原則も「憲法制定権」もアプリオリな前提となっているのである。法的に説明できないそれらの概念を、そうと知りつつ、そのことに触れずに、あたかも法的概念であるかのように装って、そして、あたかも授権主体の問題など存在しないかのように装って、自分の改正限界論をそれらの概念の学的なコロラリーであるかのようにして組み立てている。罪深い。

　だから、彼の「憲法制定権」論は「認識行為」に徹した結果唱えられた「科学学説」であるなどとは断じて言えないのである。科学はこのような証明不能な概念を不用意に用いることはない。もしかすると彼は、「憲法制定権」を授権した主体として具体的人間は考えていないのかもしれない。法哲学においては、人間によって制定されていない法のことを自然法と言うのであるが、彼にあって三大原則はこの自然法なのかもしれない。では、この自然法を我々に与えた、人間以外の主体は一体誰なのか。結局は、トータルにその自然を生み出したと信じられている神だということになるだろう。だから、彼の議論は中世の王権神授説と同類であるとの批判が可能になる。いや、王権神授説の方が罪は軽い。彼は主体について口をつぐんでいるのに対して、この王権正統化論は、ともあれ正直に神という主体を挙げているからである。

　では、彼はなぜ「憲法制定権」授権主体について語らないのか。それは、彼はこの「制定権」概念を、自分の改正限界論を基礎づけるためだけに必要に迫られて動員したにすぎないからである。つまり、憲法の規範性如何という、憲法学、いや法律学全体にとって極めてヴァイタルな問題に正面から取り組んで熟慮した結果使用している概念ではないからである。第2節第4項

(61-62頁）でも述べたが、憲法の諸規定の中で「憲法の根本原理を定めた規定」と「憲法改正権を根拠づける規定」だけが「憲法制定権自身の所産」である（樋口 2007：81）、などとする目を疑うような恥ずかしい妄言を教科書に載せて平然としていられるのも、そのためであると思われる。したがって、断じてこの「憲法制定権」論は「科学学説」ではない。

　しかし、そうだとすると、彼がまだその「批判的峻別論」を放棄していないかぎりでのことだが、これは自身の改正限界論という「評価ないし実践的提言」の論拠として持ち出されたのか、ということになる。しかし、そうとも言いにくいのである。というのも、それに対応する「科学学説」が容易に発見できないからである。どのような「科学学説」のどのような「付随的効果」の発生を抑制しようとして改正限界論を唱えているのか、不明なのである。「批判的峻別論」者であることを宣言した彼は、そのことを明示すべきなのではないか。それを明示せずにその憲法学を展開しているとすると、彼の議論は彼自身の言う「歪曲された直結論」（樋口 1982：12）だと指弾されたとしても（前出152頁参照）、言い訳はできまい。

　筆者は、この辺の事情を次のように推測しているのだが、これはあながち曲解とは言えないのではないか、と思っている。彼はこう考えていたのではないか。すなわち、「認識行為」に徹するかぎり、つまり学問として見るかぎり改正限界論と無限界論のどちらが正しいとは言えないが、そのことを正直述べてしまったならば、憲法を台無しにするような改正を食い止められなくなる、という自分の切なる望みに反する不都合な「付随的効果」が生じてしまう、だから、両論を客観的に併記した上で、「憲法の自己同定性」なる概念を用いて、それを守るためには改正限界論が「有益」だと唱えることによって、その「付随的効果」を抑制しよう、と。そのような事情から、彼は改正無限界論を批判しなかったし、改正限界論の正当性を理論的に証明しようともしていないのであろう。

　しかし、改正限界論の根拠として「憲法制定権」なるものを引っ張り出すことは危険な可能性に道を開くことでもあった。それは、その観念が、「憲法のたえざる変更可能性を強調する方向に作用する場合もある」からである（樋口 2007：82）。国民が憲法に関する最高の権限を持っているとするのだか

主章　日本国憲法第96条先行改正反対論批判　163

ら、その国民の胸板三寸で憲法はどのようにでも変えることができることになってしまうわけである。そこで、彼は、すでに批判したように、「国民の『憲法制定権』そのものは、制定によっていわば消費しつくされる」（同前：84）という苦肉の理屈によって、懸命にその火消しに努めるのだが、今度は、憲法改正権を持つ国民が、憲法制定当時の国民によって永遠に拘束されて、手も足も出なくなる、という非合理を真顔で説くという喜劇を演じなければならなくなったわけである。

　どうして彼はそのような喜劇を演じなければならないのか。それはやはり憲法の規範性の問題に関わる。彼は憲法の規範性に内属していなければ、つまり、それを是認しなければ、憲法について語ることはできない、つまり憲法学はできない、と思っているのだろう。この憲法は「憲法制定権」によって制定された、というアイデアはこの思いにとっては、溺れる者にとっての藁のようなものだったに違いない。しかし、そのアイデアによって規範性を完璧に是認することができるかどうかについて多少の疑念を抱くほどには平常心を持っていた。そこで彼は、すでに指摘してきたような論理を用いて、無理を承知でそれを是認できたことにしているのである。だから、当然それは穴だらけだったのである。それなのに、このような彼の議論が批判を受けないでここまで来てしまったのは、彼の周りの者たちも樋口と同様の状態だったからであろう。樋口に対する批判はやまびこのようにすぐさま自分に返ってくることが分かっていたからである。

　しかし、彼は、ケルゼンや筆者のように、憲法の規範性は多分我々人間には永遠に証明できない、というところまで深く絶望しておく必要があったのである。絶望していても、憲法について語ることも憲法学もできる。解釈学説を唱えることさえできる。というのは、自分が憲法に関わろうが関わるまいが、憲法を頂点とした法秩序という言語ゲームが現に成立しているからである。学者が頭を捻ってその規範性を調達してやらなくても、憲法は憲法としてちゃんと機能しているのである。集団的自衛権の行使容認を閣議決定し、いわゆる「安全保障関連法」の成立に向けて猛進したあの内閣総理大臣も、日本国憲法第9条など知ったことではない、とは言っていなかったであろう。どんなに厚顔無恥な屁理屈であろうが、憲法との整合性を、つまり合

憲性を主張したではないか。その意味で憲法は機能しているのである。言語ゲームが成立している、というのはそういうことである。

しかし、彼は絶望できなかった。絶望してしまったら憲法学を続けることはできないと感じたのであろう。だから、「憲法制定権」という非科学的な概念に縋り付いた。見かけ上でもいい、憲法の規範性の根拠が欲しかったのである。その思いと、三大原則を体現したわが現憲法の永遠の命を願う思い、すなわち改正限界論が、それも、改正禁止規定の有無に関わらない普遍的な改正限界論がシンクロしたわけである。すなわち、三大原則という「憲法の自己同定性(アイデンティティ)」を守ろうとする改正限界論を唱えることによって、同時に、「憲法の規範性」を「強化」、いや正確には、創出できる、と考えたわけである。そもそも彼には、「認識行為にはそれとして徹する」覚悟がない。批判的と形容しようが、「峻別論」の看板を掲げる資格などはない、と言っていいだろう。

第4項　佐藤幸治の改正限界論

佐藤幸治は、改正無限界論の大石義雄の門下生であるにもかかわらず、改正限界論に立つ。しかも、その内容は、生粋の改正限界論者のそれと相似、いや合同と言っていいだろう。したがって、筆者が加える批判も特に異なるものではないが、やはり、繰り返しでもしないわけにはいかない。

彼も、樋口と同様、法的概念としての憲法制定権概念を自らの議論の前提に据えている。しかし、それが学問的に成立しうる概念か否か、ということについて全く疑念を抱いていない。正確に言うと、彼は憲法制定権ではなく「憲法制定権力」という表現を用いているのだが、彼が、それと「憲法改正権」とは「憲法規範の創設という点では共通しているのではないか」、と述べている（佐藤幸治 2011：38；強調―引用者）ところから判断するかぎり、意味している内容は同じと考えてよい。つまり、彼の議論にあってはどちらも法的権限なのである。だから、「改正権はいわば"法制度化された憲法制定権力"と解すべきである」（同前：39）と言えるわけである。

彼は、改正限界論、無限界論をいくつかに分類し簡単に検討した上で、「憲法典中の規定はすべて同一の形式的効力を有しており、憲法が改正を認

める以上、改正可能なものと不可能なものとの区別はありえない」とする無限界論や、「法は元来人間の社会生活に奉仕する手段であり、かつ社会は変転」するのだから、「憲法改正に限界ありとするのは法の本質に反する」とする無限界論が「妥当かということになるかもしれない」としたにもかかわらず、何の脈絡もなく、「むしろ次のように考えるべきであろう」として、次の3種類の改正について限界論を主張する（以下、同前：39-41）。彼もやはり、現憲法に惚れているのである。その限界論は理屈ではないのである。

① 憲法典を支える最終的権威たる憲法制定権力を変更する改正
② もとの憲法との同一性を失わせるような、「自然権」的発想を否定する改正
③ 改正手続の実質に触れる改正や第11条のような改正禁止規定の改正

最終の③のうち、改正手続規定に関する彼の議論はすでに第2節第5項（前出63-65頁参照）で触れているので、ここでは、それ以外を俎上に載せよう。

まず①の改正について。彼は、「憲法制定権力の担い手の変更」は「ありえない」とするのだが、「憲法の法的連続性の切断を意味する」ということがその理由である。明治憲法から日本国憲法への変動がまさにこのケースである、とも言う。だから、「ありえない」というのは、現実に起こらない、ということではない。現実に「憲法の法的連続性」は切断されたことがあると認識しているのである。しかし彼は、明治憲法との「法的連続性」が切断された日本国憲法を、それでも憲法と認めている。つまり、日本国憲法がそれ自身だけで法としての資格を持っていることを認めているのである。では、その理由は何か。日本国憲法はその憲法としての資格を、明治憲法以外のどこから獲得したと言うのか。もしその点を上首尾に説明することができるならば、そもそも改正限界論を唱えることとの整合性はないことになるのだが、この最も大事な点について彼はここでは一言も語らない。比喩的に言えば、彼は、日本国憲法はいわば明治憲法の腹から生まれたけれども、その母体とは臍の緒で繋がっていたわけではない、と言っているのである。だか

ら、それではわが憲法はその命の源を母以外のどこから調達したのか、という疑問に対して彼は答える責任があるのだが、その責任を果たしていない。

2015年に至って彼は、「1945年8月15日と日本国憲法」と題された論文の中で「日本国憲法の妥当性について」次のようなことを語っているのだが（佐藤幸治 2015：10-11）、その責任を果たしたとは到底言えない。妥当性の存在証明をしたわけではないからである。すなわち、第1に、「政党や団体・個人の憲法改正案などが公表されるというような状況の中で、憲法改正作業が進められたこと」や、その当時の「有権者率」が「49％弱に達していること」、第2に、「人類の立憲主義の確立に向けた長い歩みの到達点というべきもの（現代の憲法のグローバルスタンダードといってもよい）を具現しているということ」、第3に、「国民が憲法制定権力として、『われらとわれらの子孫のために』日本国憲法を制定し、その後70年近くにわたって支持し続けてきたということ」である。

これらの発言は、いわゆる「八月革命」説とは違った形で、日本国憲法がどこからその妥当性を調達したのかという、法学者として逃げることの許されない問題に関して答えようとしたものであるが、彼は答えをはぐらかしている、と言う他ない。彼が挙げた第1点は、わが憲法は必ずしも押し付けられたわけではないし、実質的には民主的に選択された、ということを状況証拠に基づいて示そうというものであって、憲法の妥当性の根拠の直接証拠ではない。第2点は、憲法の内容に関するある視点からの正当化論にすぎず、妥当性の説明になっていない。もしこれが妥当性の説明だと主張するなら、言うところの「グローバルスタンダード」を具現していない憲法に変更された場合は、決してそれを憲法と認めてはならないことになるが、憲法学者としてその結論を受け容れるとはどうしても思われない。第3点は、国民が「憲法制定権力」だった、ということに尽きる。その後国民によって支持され続けた——これすら、何を根拠に言っているのか怪しいかぎりだが——ということは、制定そのものが妥当であったか、ということとは関係がない。しかし、もし国民が「制定権者」だったことが日本国憲法の独立した妥当性根拠だと言うなら、天皇が「憲法制定権力」だった明治憲法はそもそも憲法ではなかったことになってしまうが、やはり、その結論を彼が受け容れると

主章　日本国憲法第96条先行改正反対論批判　167

も思われない。要するに、これらは（日本国）憲法の妥当性の説明にはなっていないのである。
　先走りして言えば、同様のことは②と③の改正についても言える。彼はこう述べているからである。

　　これらの「限界」を越えた行為は改正ではなく、もとの憲法典の立場からは**無効**ということになるが、新憲法の制定として**完全な効力をもって実施される**ということは十分ありうる（佐藤幸治 同前：41；強調—引用者）。

　①から③のどの限界であれ、それを踏みにじった改正も、新憲法として完全に有効でありうる、ということである。しかし、どうして完全に有効になりうるのか、という極めて重要な点について、彼は説明の必要性を感じてすらいないように見受けられる。断っておくが、筆者は、自分なら説明できる、と言っているのではない。逆に、誰にもできるはずはない、と思っているのである。筆者が問題にしているのは、できないにもかかわらず、あたかもその答えは自明であるが故に黙しているかのように振る舞っていることである。結局、この限界論が明らかにしているのは、彼が主観的に国民主権主義にコミットしている、ということだけなのである。
　次に②について。彼は、「もとの憲法との同一性を失わせるようなものは、法的な改正行為としては不可能と解される」としている。要するに、そのような改正は、たとえ改正手続に則っていても改正ではなく「無効」だ、ということであろう。しかし、どのような改正であろうと、現行憲法の変更なのだから、それがなされれば、多かれ少なかれ憲法の「同一性」は失われるわけで、彼が「同一性」という概念をそのような意味で使っていないことは明らかである。この概念は、樋口の言う「憲法の自己同定性（アイデンティティ）」（前出155-157頁参照）と同じものであろうと推測できる。しかし、それを失わせる、と彼が考えた改正はどうして「不可能」なのか、「無効」なのか、その理由を彼は述べない。だからこの主張は、そのような改正をしてはならない、という彼の思いに学問的外装を施したものにすぎない。そして彼は、その「同一性」の重要な例として「『自然権』的発想」を挙げているが、神や「自然法」を前提とすることなく「自然権」を語れるとしていることへの疑問は措いてお

くとして、どうして他でもないその「発想」が憲法の「同一性」に関わると判断したのか、しかも、「発想」なる漠然としたものがそうなのか、一切説明がない。やはり、独断と言わざるをえない。

　最後に③について。彼は、改正禁止規定は「その憲法の立場からは改正対象になりえないと考えるべき」だとし、憲法第11条を「この種の規定と解する余地がある」、としている。しかし、その条文がなぜ改正禁止規定と解せるのか、その理由の説明がない。おそらく、そこで（そして第97条でも）基本的人権が「侵すことのできない永久の権利」とされているからであろうが、理由としては弱すぎよう。というのも、「侵すことのできない永久の」は、「権利」を修飾しているのであるから、この憲法は基本的人権を自然権として国民に保障する、という宣言を意味しているにすぎないのであって、改正禁止規定と解する余地などない。ましてや、憲法の改正権者の権限を制約する、という極めて重大な事柄を、「解する余地がある」程度の不明確な規定で制憲者が行ったと考えるのはあまりにも無理があろう。改正を禁止するとの明文規定がなければ、改正権者を抑えることはできないし、抑えられなかった結果その改正がなされてしまい、その合憲性を争う憲法訴訟が起こされた場合、そこで、裁判官に、主権者国民の決定に対して否を突きつけるための押しも押されない確実な根拠を提供することもできない。やはりこれも、彼の、それだけは改正してほしくない、という主観的な思いの別表現にすぎないのである。

　以上、彼の改正限界論が学問的主張とは言えないものであることを示せたと思う。

第5項　芦部信喜の改正限界論

　芦部信喜は、その教科書では、その改正限界論を力を込めて論じていないので、本項でも、かなり古いが1964年の「憲法改正の限界」論文を主たる対象として批判を行うことにする。

　彼はそこで、二つの無限界説を批判する形で自己の改正限界説を展開している。その一方が「法実証主義的無限界説」で、他方が「主権全能論的無限界説」である。この名称だけでも明らかであるが、彼の改正限界説は反法実

証主義的な、すなわち自然法論的な、それも、主権者すら制約するいわば自然法全能論的な学説である。だが、改正限界を逸脱する改正が実際に行われてしまったケース──日本国憲法の制定がまさにそのケースだとしているが──を前にして、彼は実に煮え切らない態度を示す。そのような改正がなされて生まれた新しい憲法については、彼が主権の上に想定する全能の自然法の視点からは、一点の曇りもなくその無効が力強く宣言されねばならないはずだが、彼はそうすることができなかった。果たしてそのような憲法を無効だとしているのか有効だとしているのか、一見しただけでは判然としないのである。その点については後で（後出 181-183 頁）詳しく触れる。

　このような態度は実定法を対象としている憲法学者としてはある意味理解できなくはないのであるが、明文の根拠の怪しい改正限界論を唱える以上、もう少し踏み込んで考えるべきであった。筆者には、彼が法実証主義のスタンスを、それもケルゼンの法実証主義のそれをもう少しきちんと理解していれば防げた事態だと思えてならない。樋口もそうだったが、彼は憲法の正当性にコミットしていないと憲法を憲法だと言えないと思い込んでいたのである。妥当性ではなく正当性が頼みの綱なのである。だから、彼の信念である改正限界論はその思いと共鳴しあったのだが、そのアポリアが、あろうことか、自分が設定した改正限界を逸脱する改正が実際に行われてしまったケースなのである。その処理方法に窮しているのである。そもそも、素直にわが憲法の場合は改正に限界はない、としていれば、そのようなアポリアに悩まなくてすむのだが、そうしてしまうと、今度は、憲法が法である、という確信を持てなくなる、と思い込んでいたのである。その結果、どちらなのか判然としない言い方になってしまった、と筆者は見ている。したがって、本項では、彼の議論を批判的に検討する中で、併せてケルゼンの法実証主義は彼の考えているような無限界論ではないことを、そして、それが、芦部を苦しめたところの限界逸脱の改正のケースをどのように捉えるか、をも示そうと思う。

　まず、「法実証主義的無限界説」について。だいたい、法実証主義が改正無限界論を採るなどということを、何を根拠に言っているのか。それが問題

であるが、まずは、彼の言い分を聞いてみよう。彼は、そもそも法実証主義そのものをきちんと定義しておらず、ただ「法実証主義の憲法理論」とは次のような考え方をするものと述べているだけなのである（芦部 1964a：90-94；強調―引用者）。

① 「**権利主体としての国家**」を「**あらゆる法の淵源**」だと考え、「国家または憲法以前に存在し、憲法改正権と区別される**憲法制定権力（制憲権）の観念**」を「**否認**」し、それは「**法的属性を全く欠くもの**」だとする。

② 「**憲法の実質的概念を軽視**」し、「**憲法と法律の『等級的のみならず質的な』相違を否定した**」ため、「憲法の価値と意味内容の問題」を「自然法的」または「政治的」として、課題領域から「放逐」した。したがって、「**憲法規範に上下の価値序列を認め**」ず、「**形式的合法性のみに満足し『合法化された不正』に対して法学を無力に導いた**」。

法実証主義（legal positivism）とは、実定法（positive law）主義にほかならないから、①にあるように、実定法によって根拠づけられないところの、それ故「法的属性」を欠いている、すなわち、実定法的観念ではなく自然法を前提とする観念である「憲法制定権力」なるものを「否認」するのは当然である。ただ、法実証主義が国家を「権利主体」と見ているとするのは、誤りである。理由は明らかであろう。そう言うためには国家に「権利」を与える法や機関を想定しなければならないからである。そのようなものは「憲法制定権力」と同様、現実には存在しない、とするのが法実証主義である。

②の特徴づけははるかに問題である。法実証主義に対する異常なほどの敵意を感じる。法実証主義が「憲法規範に上下の価値序列を認め」ないのはそのとおりである。そのような序列には実定法上の根拠がないからである。しかし、そのことが「憲法の実質的概念を軽視」したことと関連していることは認めるとしても、彼の言うように「憲法と法律の等級的のみならず質的な相違を否定した」ことの結果であるとするのは明らかな間違いである。憲法と法律の「質的な相違」という表現でどのようなことを意味しているのか分

からないが、そもそも法実証主義は憲法と法律の等級的相違は認めている。例えばケルゼンは、周知のとおり、上位規範、下位規範という表現を用いて法秩序の段階構造を表しているではないか。それを知らなかったとは言わせない。要するに、彼の特徴づけは、法実証主義は自然法論ではない、としているにすぎず、後は言いがかりのようなものである。

　最後の「『合法化された不正』に対して法学を無力に導いた」との発言もそうである。これは、第２次世界大戦直後のラートブルフによる法実証主義批判の受け売りなのだろうが、ナチズムが、法実証主義よりも、自由法論など、（実定）法の支配に敵対する広い意味での自然法論と親近性があったことは今や常識に属している。総統の意思はナチが政権を掌握する以前に制定された過去の法の上位のみならず、政権掌握後に自ら生み出した法の上位にすら君臨していたからである。そこでは法ではなく人が支配していたのである。法実証主義は、ワイマール共和国元司法大臣ラートブルフによって、ナチ時代も裁判官職に留まり活動した者たちを免罪するために、無理矢理〈科負い小姓〉にされたのである。裁判官たちが悪いのではない、──本当は自分がナチの全権掌握の前年に公刊した教科書を通じて、ワイマール体制を護持すべく、彼らを洗脳していた可能性があるにもかかわらず──自分ではなく法実証主義が〈法律は法律だ〉という法的安定性至上主義的なスローガンで彼らを洗脳していたから彼らは自由を奪われていたのだ、と（この点については、大塚1993：292-295を参照のこと。）。ただ、1964年当時の芦部がそこまで知らなくても責められないが。

　さて、以上のように捉えられた法実証主義的憲法理論は必然的に改正無限界論を採るとするのだが、その論理は示されていない。「憲法制定権力論」を否認しても、「憲法規範に上下の価値序列を認め」なくても、法実証主義が憲法の改正に限界ありとすることはある。ケルゼンや筆者がその例である。それは明文の改正禁止規定がある場合である。しかも、その禁止規定が列挙する規定の中に自分自身も含めていれば、その限界は完全なものであると言えよう。それにもかかわらず、それを改正してしまったときには、法実証主義も、何らかの事件性を条件としてではあろうが、違憲訴訟を提起する訴状を書くことはできる。そして勝訴する可能性もある。そのときの法実証

主義は静態理論的視点——違憲立法審査権を持った裁判官をシミュレートしている視点——に立っているからである（前出23-24頁参照）。だが、わが憲法のように、そのような規定が設けられていなければ、改正に限界はない。実に当たり前な理屈である。ことさらなところはどこにもない。明文禁止規定があろうがなかろうが、改正には限界がある、とするためにこそ、ことさらな、理屈にならない理屈が必要なのである。

だが、彼は、法実証主義は無限界論だと決めつけている。なぜか。法実証主義は、改正禁止規定があってもそれを改正することは不可能ではないと考えている、と見ているからである（芦部1964a：99参照）。改正禁止規定が自身の改正をも禁止している場合でも、法実証主義が解釈論として、改正に限界はないと主張しているとしているならば、そう言われても仕方がないが、まっとうな法実証主義は決してそのようなことは主張しない。しかし芦部は、「法実証主義を徹底すれば、それ〔改正禁止規定〕すら排除することも理論上許されることになろう」（同前：93）と疑っているのである。

たしかに、その疑いは全く根も葉もないというわけではない。というのも、法実証主義は、どんなに厳格な改正禁止規定があったとしても、それを無視して、あるいはそれを廃止した上で、改正が強行された場合、その改正憲法が妥当することを認めることがありうるからである。とはいえ、芦部の——とは限らないが——改正限界論も、結局は、そのような改正憲法の妥当性を認めるのだから、そのこと自体は批判される筋合いではないのだが、問題は、法実証主義が改正に限界ありとする解釈論を展開するときの視点と、限界を逸脱して改正された憲法の妥当性を認めるときの視点がどのようなものか、ということである。

法実証主義、とりわけケルゼンと筆者の場合、それらの視点は異なっているのである。改正限界論という解釈論を主張している視点は静態理論的視点であり、妥当性問題を考察する視点は動態理論的視点である。簡単に言ってしまえば、前者は法の創設適用に関する権限を持った法的機関、とりわけ裁判官をシミュレートした視点であり、後者は、職業上、法に強い関心は持っているものの、裁判官のような権限を持っていないリアル世界の法学者の視点である（この両視点についての詳しい議論は、大塚2003：316-318；同2014：

78-120 を参照のこと。）。

　これら両視点からの言説は表見的には相互に矛盾することがある。というのも、解釈論としては、改正禁止規定があるから改正には限界がある、つまり、一定の改正はしてはならない、としているのに、その一方で、その限界を破った改正が行われてしまった場合、そうやって改正された憲法を妥当する憲法として見ることもあり、さらにその結果として、その改正憲法の適用を行う機関の視点に立って解釈論を展開することもあるからである。矛盾と映って当然である。ただ、しつこいようだが、わが憲法のように改正禁止規定を持っていない憲法の場合は、法実証主義は、改正には何の限界もない、との解釈学説を唱えるわけであるから、この表見的矛盾は免れる、ということを付言しておく。しかし、この表見的矛盾は真の矛盾ではない。

　それは、憲法の実定法的根拠に基づいた改正限界論と法秩序の妥当性承認は次元の異なった視点からなされているからである。もし両言説が同一次元においてなされていたならば、それは実際に矛盾している。だが、芦部らは憲法を語る視点が複数あることなど思いもよらず、その都度二つのうちのどちらかの視点に立って学説を主張しているにもかかわらず、自分が立っている視点の反省など一切しないために、いや、自分がどちらかの視点に立って物言いをしていることすら自覚せずに発言しているから、どちらも彼らにとっては正しいと思われた両言説も、同一平面に並べてみると矛盾しているように思えてしまい、その矛盾を解消できずに困惑しているのである。

　そのような場合は、自分の議論の前提にまで遡って洗い直しの作業をするのが学問としての義務だが、彼らはそれをしなかった。憲法を憲法と言えなくなってしまうことを恐れたのだ。だから、その表見的な矛盾点を隠すために、ただ革命という言葉だけで片付けるか（長谷部）（前出 143 頁参照）、なぜ新しい憲法が妥当するのか、その理由について沈黙するか（樋口・佐藤幸治）（前出 159、165-167 頁参照）、読者を煙に巻くか（芦部）（後出 177-183 頁参照）、のいずれかになってしまうのである。どの選択肢も学者として誠実な態度とは思われない。法的世界は、まさに法の存在によって、否応なく、法的権限を持つ者たちと持たない者たちという、次元の異なる二つの小世界に裂かれているのである。そのことに気づくべきであった。

私事にわたるが、筆者は、ケルゼンの純粋法学に接することでその世界の姿を現前させることができた。そのような出会いを可能にしたのは、筆者が学生の頃から、一つの解決不能の問題を抱えていたからである。筆者は当時、憲法第9条は非武装平和主義を定めているから自衛隊は憲法違反だと確信していた。しかし、現実に存在している自衛隊、そして、その法的根拠である自衛隊法その他の法令をどう説明するのか、という問題に苦悶していた。違憲であるなら、存在すべきではない。しかし厳然と存在している。では、それは果たして法的事態なのか、それともそれを仮装した非法的事態にすぎないのか、違憲だとの若き筆者の判断は間違いで正しくは合憲なのか。筆者には答えが出せなかった。だから、自衛隊は違憲である、と何の迷いも持たずに叫んでいる者たちの列から次第に離れていった。

　その悶々たる思いに解決を与えてくれたのが偶然出会ったケルゼンの純粋法学だった。自衛隊は違憲である、というのは静態理論的視点に立ったときの判断、つまり、自分が裁判官で、自衛隊違憲訴訟担当の裁判官になったならば第9条や前文の解釈に基づいて下そうと思っている判決の理由なのであって、自衛隊という存在の客観的属性ではない。雪にとっての、白いという属性とは全く違う。自分の解釈が正しいと思っていると、往々にしてそう勘違いしそうであるが、自分はそう判断する、自分がもし裁判官だったならばそう判決する、ということに他ならないのである。意識せずに裁判官をシミュレートしてそう判断しているのである。ところが、現実には自分は裁判官ではなく一介の国民にすぎない。判決など下せるわけはない。その判断はただの意見なのである。

　国会は自衛隊法等を、憲法との整合性に問題なしと判断して制定し、政府も同様に判断して防衛庁（現防衛省）を設け、自衛隊を設置し、自衛隊員を多数雇用し、毎年多額の国家予算（税金）を消費している。関連訴訟において最高裁は未だはっきりした判断はしていないが、判断しない、ということは現状を容認しているのと同じ結果をもたらす。簡単に言ってしまえば、国家機関はこぞって自衛隊を──積極的にせよ消極的にせよ──合憲と判断して生み出し維持しているわけである。自分には許しがたい謬説に基づいていると思われるが、彼ら国家機関には、たとえ国民からは誤っているように見

えようが、そう判断して法的事実を創設変更する権限がある。そのような権限のない我々国民にとっては、どんなに悔しくても、彼らが合憲としたものは、誰かが起こした訴訟で最高裁が違憲と判断するか、国会がやはり違憲だったと思い直してすべてを廃止するまでは、現実の法的世界においては否応無しに合憲なのだ。我々国民がどんなに地団駄を踏んでもそうなのである。だから、この国民の視点——これが動態理論的視点である——からは、筆者が違憲と考えていた自衛隊法等も、筆者が非武装平和主義を宣言していると考えていた第9条を擁する日本国憲法を頂点とする法秩序の一員として、その妥当性を日本国憲法から供給されていると考えるほかないのである。

したがって、憲法の解釈として自衛隊（法）を違憲だと結論づけることと、それが現実には法として妥当している、と語ることは、同じ視点からそれらがなされていたならば矛盾と言わざるをえないが、それぞれ次元の異なる視点からなされているから矛盾しないのである。——これがケルゼンの純粋法学が筆者に教えてくれたことである。

改正限界の問題も基本的には同じである。芦部——のみならず、佐藤幸治も樋口も長谷部もそうだが——は、わが憲法の場合には改正限界がある、と考えている。筆者はそう考えないが、それは問わないとして、それは静態理論的視点からなされた解釈学説である。しかし、憲法の改正に関与できる国家機関である現実の国会や国民が彼とその学説を共有するとは限らない。彼が、踏み越えてはならない、とした改正限界を国会が土足で踏み越えて発議し、国民が承認してしまうことはありうる。そして、その改正に伴い、関連諸法令が改廃され、また、新たに制定されるなどして、それが定着していくこともありうる。この現実を法として受け止めるよう強いられている、一国民としての自分の視点こそが、そのことに気づいていようといなかろうと、動態理論的視点である。解釈論を展開している視点とは違うのである。

この動態理論的視点からすると、この一連の出来事は、憲法の下位に位置する機関によってその改正憲法が適用された、ということであり、そのことによって、限界を逸脱して改正されたと彼が考える改正憲法も実効性を持ったと言えるので、その動態理論的視点に立っているはずの彼が、その憲法に妥当性ありとし、改正前の憲法はそのかぎりで妥当性を失うとしてよい条件

が整った、ということである。ただ、妥当性の条件が整っただけで、実効性を持つと自動的に妥当性も持つというわけではないが、この条件を踏まえて、改正限界を逸脱して改正された憲法の妥当性を法実証主義が認めることはありうるわけだが、それは、芦部が疑うように、解釈論として改正無限界論になるということを意味しているのではない。彼（ら）は、憲法、いや実定法全般を考察する視点は一つしかない、と思いなしているから、そう考えざるをえず、自分も苦しむことになるのである。

　だから、改正に反対していた憲法学者は、そう望むならば、何の矛盾もなく、新憲法の下でも、これまで通り憲法学を続けられる。そもそも、彼らが憲法解釈学を行っていた静態理論的視点というものは、法学者が国家機関をシミュレート（思考実験）している視点なのだから当然である。国家機関は、法秩序の頂点に位置する憲法が法であることを否定することが、すなわち自己を否定することになってしまう、という意味で法秩序に内属している。したがって、その国家機関をシミュレートして法解釈論を展開するということは、憲法が本当に法であることを理論的に証明することはできないが、そのことを棚上げして、それは法なのだということにして、法的問題を考察することにしよう、という黙契を法学者の間で結ぶこと——皆暗黙のうちにそうしているということ——を意味するわけである。旧憲法に関してもこの黙契を結んでいたのであるから、新憲法に関しても同様の黙契を結ぶだけのことである。

　この黙契は、憲法の正当性にコミットすることとは違う。芦部は、その正当性にコミットしないと、憲法の妥当性を認めることはできないと思いなしているために、そして、それ故に日本国憲法の正当性にコミットしているために、その正当性に関わる改正限界を越えて改正された憲法の妥当性を認めることに迷いを感じてしまうのである。しかし、すぐ後に述べるように、その正当性にコミットして憲法制定権力とそれを拘束する根本規範を持ち出しても、その根本規範が憲法の最終的妥当根拠であることを学問的に証明したことにはならないことを知るべきであった。それは信仰にすぎないからである。とすると、我々は憲法の最終的妥当根拠が見いだせないわけだが、そのことを承認することと、憲法解釈を行うこととは両立可能なのである。法的

主章　日本国憲法第96条先行改正反対論批判　177

世界の存在構造の把握に基づいて、法考察には二つの次元の異なる視点があることを自覚するかぎりのことであるが。

さて、芦部はこの視点問題に思いを致すことができなかったが故に、法実証主義的憲法理論を批判するのだが、批判になっていないのである。それを確認しよう。まず、法実証主義が否認した「憲法制定権力」について。

　　制憲権は、「**法的にその本質を探求することが可能であ**」る。「それが**憲法以前に——実定法規範の外に——**存在するということは、……**その法的探求が不可能**だという意味をもつものではない」（芦部1964a：96；強調—引用者）。

法実証主義の制憲権否認論に対して、反証の「可能性」がある、と言っているのだが、その論証は迫力に欠ける。その「可能性」らしきものを以下、縷々述べるのだが、その論旨が不鮮明なのである。それもそのはず、実定法秩序の頂点に位置する憲法より「以前に」、その「外」に存在している、としている制憲権の本質を、「法的」に「探求」できる、などというのは通常成り立たない論理である、ということに実は気づいているからである。しかし、彼は、上の引用文に続けて、「ただし、」という接続詞を付して、次のような手品のごとき論理でその探求があたかもできたかのような装いを凝らす。

　　「合法性の原理を一つの支柱とする近代法治国家においては、一般に制憲権は、最初の制憲行為自体に（ママ）みずからを**憲法の中に組織化**し、**自然状態から法的形式に準拠する権力へと転化**してゆく」。「この憲法の中に組織化され制度化された制憲権が、改正権である。」（同前：96-97；強調—引用者）

この引用文は、明らかなように、制憲権の本質を「法的」に「探求」したものではなく、改正権の本質を述べたものである。論理的には先存している制憲権が憲法内在化し、法的形式化し、すなわち改正権化するということが語られているのであって、そもそもの制憲権のルーツに関する「法的探求」はなされていない。しかし、この引用文は直前の引用文のまさに直後に続い

ているのである。だから誰もがこの引用文の後に、本題であるその「法的探求」の道程が明確に示されると期待するのだが、彼はその期待を裏切る。「法的探求」はすでに完了したかのように、制憲権はもう憲法に内在化されているのだから、ことさらそのルーツを探るまでもなく「法的」なのだと言わんばかりに、次のように自らの改正限界論を展開する。すなわち、

　「制度化された制憲権」たる改正権は、「その主体がともに国民である場合においても」、「始原的制憲権の意思に従属する」。「制憲権―改正権―立法権という段階構造が認められなければならない。」改正権の「根柢である**憲法制定権そのもののよってもって立っている根本の建前**（国民主権主義――引用者〔この「　」内の文章は宮沢俊義のもので、それを芦部が引用しているので、この引用者は芦部である。〕註）を変改」することは「許されない」（同前：97；強調―引用者）。

　ここで最も問題なのは、「憲法制定権そのもののよってもって立っている根本の建前」という、強調を施した最後の一節である。この「建前」は、すぐその後に出てくる「**近代憲法の実質的中核（すなわち根本規範）**」（同前；強調―引用者）と同じものだと思われるが、この「根本規範」こそが、彼の言うように「実定法規範の外に」探求されたとされる――実は探求などはしておらず決めつけただけだが――「法的」な「本質」なのではないだろうか。だから、先ほどの段階構造のさらに上部には、「国民主権主義」を内容とした「根本規範」なるものが鎮座していると彼は考えているのである。もちろん、彼自身がここでそう明言しているわけではないので推測の域を出ない。しかし、その推測が外れているとしても、それは、最も大事なこの点を明言せずにこの概念を使用している方の責任である。彼は自然法論の立場に立っているのだから、そう考えたとして何ら不思議ではない。ただ、そのような内容を持った根本規範がある、ということを「法的」に説明する義務からは逃れられない。つまり、その根本規範が法であることを証明しなければならない。いや、少なくともその試みだけはしなければならない。そうしなければ、憲法が法であることも疎明すらできないからである。しかし、彼のこの説明の仕方は、彼がその義務の存在を承知の上で逃げていることを明らかに

示している[8]。

　ところで、彼の「根本規範」は国民主権主義だけを内容としているわけではない。もう少し内容が豊富なのである。

　　「近代憲法は……人間の自然権を保障する永続的な規範に国家権力を服せしめるために制定された」のだから、「近代憲法の根本規範」は「**基本的人権を最高の法価値とする**」。だから、その根本規範は、「**実定化された超実定法**」として、「制憲権の活動を拘束する**内在的な**制約原理である」。そうだとすれば、「**人権保障の規定**」やその保障にとって必須の「**民主制の原則**」を変更することは「法理上不可能というほかなかろう。」（同前：100-101；強調—原著者）

　近代憲法が国家権力を制約するために制定されたという理解に間違いはないだろう。だが、そう理解された歴史が、彼言うところの「根本規範」を「永続的な規範」とか「実定化された超実定法」とかと断定する根拠にはならない。それを証明することこそが、自分が「可能」だとした「法的探求」のはずである。その証明ができなければ、制憲権なるものを否定した法実証主義には反論できなかったことになるのだが、彼は、結局それをすることなく、自分が主観的に「最高の法価値」だとした基本的人権と、その保障のために必須であると信じた「民主制」を「根本規範」に祭り上げ、今度はそれを勝手に「実定化」し、未証明のままの制憲権の「内在的な制約原理」にして、その改正は「法理上不可能」だとして、鍵を掛けてしまったのである。ナザレの大工ヨセフの女房が産んだ倅を「神の御子」にし神格を与えた宗教

8）二つ前の引用文中、筆者が（ママ）を付した一節は、おそらく〈最初の制憲行為自体によってみずからを憲法の中に組織化し〉となるべきところの校正ミスだと思われる。この部分は彼自身の1961年の論文の引用なのであるが、その原論文が再掲された著書の該当箇所（芦部1961：45）も同様ミスのままであり、それを自己引用した1964年論文（本稿で用いたもの）の原論文における該当箇所（『憲法講座4』245頁）もそうなっている。彼のような周到な研究者が、再引用時や再録時に何度もこの校正ミスを修正するチャンスがあったにもかかわらず、修正しなかったのはなぜか。無論邪推であるが、それでなくても自信のない説明が偶然の校正ミスで意味が一層取りにくくなった。それは放置しておいた方がよいだろうという気持ちが意識下で働いていたのだと筆者は思っている。

と何ら別するところがない。根本規範の変更は「法理上不可能」だとするのは、要するにそのような類いの宗教的な話にすぎないのである。神の存在が疑われたならば、神の子など信じようがないのと同じで、「基本的人権」が彼の言う「根本規範」であることが証明できなかったら、彼の改正限界論はすべて全く成り立たず、基本的人権規定であっても、改正可能になってしまうのである。

彼への批判はまだ続く。改正限界論者の彼が槍玉に挙げる無限界説にはもう一つあった。それは「主権全能論的無限界説」である。彼によると、それは、「改正権と制憲権の同視および制憲権に対する法的拘束の否定というシェーマを前提として、『憲法改正に法的限界はなく、国民の政治意思にかかわる限界があるにすぎない』と考える説」である（同前：103）。それに対する彼の批判の要点は、制憲権も根本規範によって拘束されているから、根本規範は改正不能だ、という点に尽きる。すぐ後で見るように彼はそのことを認めたがらないが、これは完全な自然法論的発想である。制憲者すなわち主権者も実は主権者ではない、ということである。根本規範（自然法）全能論である。

これまでのところで、彼が改正権を「憲法の中に組織化され制度化された制憲権」と定義していたことと（同前：97）、そして、自分の信じる「根本規範」という「超実定法」を勝手に「実定化」し、未証明のままの制憲権の「内在的な制約原理」にしてしまったこと（同前：101参照）を我々はすでに確認した。彼は、その上で、次のように結論する。

「私は、……人権の憲法的保障と不即不離の関係において主張された国民の制憲権の思想の意義、制憲権と「制度化された制憲権」としての改正権との連関を明らかにするとともに、何よりも憲法の意味内容・価値内容を歴史的に、かつ論理的に確かめつつ、制憲権をも拘束する**超実定法的実定法としての根本規範の概念を構成し、この面から改正権の限界（それは自然法によって外から加えられる制約というよりも、内在的制約である）**を

論証することによって、不完全ながら、はじめて右の〔二つの無限界論などの克服という〕課題に答えることができるのではなかろうかと考える」（同前：109；強調—引用者）。

未証明の超実定法としての根本規範を「**超実定法的実定法**」に仕立て上げる手法の胡散臭さはすでに指摘したとおりであるが、それは、彼が自然法論の立場に立っているにもかかわらず、そのことに対する批判をかわそうとの考慮のなせるわざだったのである。根本規範（自然法）全能論をあくまでも実定法解釈論のように見せかけるためだったのである。

しかし、その根本規範という名の実定憲法規範を改正してはならないという「限界を逸脱した改正の効果を法的にどう考えるか」という問題に関する以下の「素朴な私見」なるものは、その名に反して他の学者の見解を切り貼りした部分が多く、さらに、二転三転する実に分かりづらいものである。

　そのような改正は、「制憲権の発動というよりあらわな事実力による破壊であって、そこから生まれた憲法は正当性を主張することはできないから、この不正の憲法秩序に規範的拘束性すなわち妥当性（Gültigkeit）を認めることは、理論上不可能だと解すべきであろう。」（同前：113）

これは、彼の改正限界論、いや憲法理解からするならば、当然の判断である。ところが、彼はこの判断を貫徹できない。

　いかに「不正な法」とはいえ……法の実効性（Wirksamkeit）は否定できないし、**法の効力**をこの実効性と区別された妥当性の領域でのみ考えるべきではないから、……法の世界では、新しい体制を「**与えられた法として受けとるよりほかに仕方がない**」という結果にならざるをえない（同前：113-114；強調—引用者）。

妥当性は認めないが、それでも実効性があれば、それを「法として受けとる」ということである。つまり、憲法が法であるためには妥当性は不要で、実効性さえあればよい、ということであるが、この考えは、先に筆者がケルゼンに依拠しつつ動態理論的視点について述べたところで（前出 175-176 頁

参照)、実効性を持つに至った憲法についてのみ妥当性が問題になる、つまり、実効性は妥当性の条件だとしたことと同じなのかもしれないが、舌足らずすぎる。旧憲法から妥当性は引き継がないが、実効的になることによって新たに妥当性を獲得する、ということを言いたいのではないだろうか。だが芦部は、「法の効力」は妥当性の領域のみにあるのではないかのように述べてしまっている。では、妥当性とは区別されるその「法の効力」とは一体何か。おそらく、法であること、という言い換えができるものと思われるが、「受けとるよりほかに仕方がない」という表現が示しているように、理論的には辻褄が合わないので認めたくないが、認めないわけにはいかない、という判断がそのような他の概念との異同が不明確な概念を使わせたのであろう。なぜ認めないわけにはいかなかったのか、と言うと、それは新憲法の下でも憲法学者でいたいがためであると思われる。

　それはともかく、法哲学の世界では厳しく区別して使用されるべき、正当性、妥当性、実効性、効力、有効性といった概念のこの目眩しのような使用がなされているために、彼の考えはますます掴みづらくなる。

　　「正当性を欠く憲法は、……『究極的な妥当性(ゲルトゥング)を獲得することはできない』……と評することが許される、と私は考える。」(同前：114)

　ここで言う「妥当性(ゲルトゥング)」は二つ前の引用文における「妥当性(Gültigkeit)」と別なものなのだろうか。おそらくは同じく「規範的拘束性」(同前：113)を意味する概念であろう。しかし、一つ前の引用ではその妥当性と縁を切って、実効性に依拠したのに、ここではまた、やはり獲得しなければならないものと観念しているようだから、実に一貫しない。学者として決して褒められたことではない。それはそうとして、彼は、正当性を欠く憲法でも「与えられた法として受けとるよりほかに仕方がない」と言ったではないか。「法として受けと」っているにもかかわらず、「規範的拘束性」を意味する「究極的妥当性」を否定するというのはどういうことか。正当性を欠く憲法は法なのか、そうではないのか、彼の結論は極めて分かりにくい。

　ただ、一つだけ明確なことがある。改正憲法の妥当性問題の中でとりわけシヴィアでセンシティブなのが日本国憲法の妥当性問題であるが、この問題

に関して彼が述べていることは極めて分かりやすい。おそらく彼は主観的にはこの考えを述べたくて、それを論証する意図で様々なことを述べてきたのだろうが、論証できずに、ただ不可解な霧に包んだだけに終わった。

「新憲法の内容は、国民の制憲行為の所産にふさわしい正当性の要件を充足するものである」から、「八月革命という事実と、この正当性および一般国民の憲法に対する規範意識をあわせ考えると、現行憲法が妥当性（有効性）をもつものだとみるべきことは、疑いをいれない。」（同前：115）

要するに、日本国憲法は、大日本帝国憲法の改正限界を越えて制定されたものだが、民定にふさわしい内容を持っているから正当性を持ち、「妥当性（有効性）」を持つ、つまり、法である、ということである。天皇による公布、上諭はよいとして、GHQによる厳しい言論統制の下で、男女平等の普通選挙で選ばれた議員で構成された衆議院だけでなく、どう言い繕っても国民の代表とは言えない枢密顧問の諮詢や貴族院の議決を経て制定された憲法を、何の留保も付けずに「国民の制憲行為の所産」などと言える憲法学者を筆者は信じることができないが、それは措いておこう。彼がある憲法を妥当している（有効である）とすることにとって決定的な基準は、憲法の正当な内容と国民の規範意識である。だから、どう制定されたか、という点は決定的ではない、ということになろう。しかし、そうだとすると、その内容を欠いた憲法に改正されてしまったならば、その新憲法は永遠に妥当しないことになるが、どうか。結局、議論の出発点に戻る。国民の規範意識が彼の言う実効性と密接に関係しているとすると、そちらの方が決定的で、内容は二の次になるのか。国民は憲法制定権力を持っているわけだから、国民の意識次第、ということは、彼が批判した「主権全能論的無限界論」に帰着することにならないか。彼の言いたいことは分からない。

第6項　清宮四郎の改正限界論

清宮四郎の改正限界論は、次項で扱う宮沢俊義のそれとともに、本章でも取り上げた者たちを含め、戦後の多くの憲法学者によって継受されてきたと言っていいが、何と言ってもその核心はその根本規範論と憲法典内段階構造

論にある。彼は純粋法学者ケルゼンにも師事した研究者であり、これらの学説には純粋法学の色濃い影響を見て取れるはずなのだが、それが全く異なるので、ここではその異同もはっきりさせておきたいと思う。

また、彼は、やはり宮沢とともに、戦前、大学において大日本帝国憲法を講じ、それに関するいくつか論者を公にし、改正限界論を展開しているので、それと戦後のものとを比較して、新憲法の成立を経た学説上の変化の有無を確認し、そのことを通じてわが国の戦後憲法学における改正限界論が孕む問題性を検討したい。

彼は、「憲法の法的特質」と題した戦後の論文において、ケルゼンの理論と対比させながら、自身の根本規範論と憲法典内段階構造論を展開し、その前提から改正限界論を導いている。その理路を辿ろう。

> 「憲法……は何にもとづいて存立し、適用するものであろうか。」「**憲法の法的根拠**」、つまり「憲法を制定する行為を根拠づける**法規範を認めること**」は、「法論理的に**可能であり、また、実際に必要である**」。「憲法制定者の憲法制定行為」を「法的に根拠づけ、制約するものとして、憲法制定者に憲法制定権を授権し、その憲法制定行為を制限する法規範、すなわち……**根本規範を想定することは、必要でもあるし、可能でもある。**」(清宮 1961：29-30；強調―引用者)

まずは、ここまでのところで指摘すべき重要な問題点があるので、それを確認しておきたい。彼は、憲法の妥当性に関して、ケルゼンの薫陶を受けた者として極めてまっとうな疑問を立てている。そして、その疑問に対する解答として、「憲法の法的根拠」たる「法規範」を「認める」ことは「可能」かつ「必要」だとした。しかし、それが問題なのである。そこに言う「認める」とはどのようなことを意味しているのか、不明朗である。そのような「法規範」が存在していることを証明する、ということではない。できるわけがない。それを「**法規範**」と呼ぶ以上、彼の用いる「法」の定義を満たすものでなければならないからである。だから、その表現は、証明せずに、存在しているということにする、という意味が込められていると見るべきである。そうでなければ、そのことが「必要」でもある、などと、しかも「根

本規範」を「想定する」することが必要だ、などとは言わないはずである。ケルゼンの根本規範論を受け容れているなら、そう表現してもよいのだが、彼は、後で述べるように、ケルゼンの理論を否定しているからである。それでも「可能」という表現をあえて付加しているのは、多分、成り立たない自分の理屈をカモフラージュするためである。だが、その存在を証明する可能性のないものを存在していることにする、というこの姑息な試みは、当然のごとく、たちどころに馬脚を現す。

「**根本規範も、歴史的意志行為にもとづいて定立されているもの**であり、現に**各国の憲法について現存しており**、……日本国憲法における国民主権の原理のごときはそれに当たるものである」ので、「根本規範は、……『**実定的**』に定立された法規範とみなすのが**妥当である**。」この「**根本規範については、さらにその法的根拠を求めることは不可能であり、断念しなければならない**。」「根本規範は、**性質上は、憲法の基礎**をなすものであるが、国法体系においては、特別の法形式は与えられないで、**憲法の中にその席をしめている**。」(同前：30-31；強調—引用者)

筆者は、もし、彼の言うとおり、「各国の憲法について」、「歴史的意志行為にもとづいて定立され」た「根本規範」が「現存して」いるのならば、ぜひともそれを見せてもらいたい、と一瞬思った。しかし、その望みが叶えられることはないことに、すぐに気づいた。なぜなら彼は、「根本規範」は、わが憲法の国民主権の原理がそうであるように、「憲法の中にその席をしめている」としているからである。「各国の憲法について」としたのは、〈各国の憲法の中に〉と書くべきところを書き間違ったのだということにしておこう。我々は、論理的に言うと憲法制定行為以前に存在していて、「憲法を制定する行為を根拠づける法規範」たる「根本規範」そのものには、お目にかかれない、というわけである。だから実際は、「実定」憲法の中で、彼が「性質上は、憲法の基礎」であるところの「根本規範」だと理解することが「妥当」だと思った規範が「根本規範」だ、ということだったのである。

要するに、彼の「根本規範」は、「憲法の基礎」であるはずなのに、その「基礎」の上に作られたという憲法の中にしかその姿を確認できない怪しげ

なもの、いや正確には、彼の主観の中にしか存在しない蜃気楼であるにもかかわらず、あたかも現実世界に存在しているかのように印象づけられているものなのである。彼はそのことを十分承知しているが故に、「さらにその法的根拠を求めることは不可能」だなどと逃げを打つわけである。それが不可能ならば、そもそも「根本規範」を「法規範」と定義することはできないことくらい分かっていないとおかしい。

彼のこの逃げ口上は、ケルゼンの根本規範論から借用している。だが、彼はその根本規範論を否定しているのである。それにもかかわらず、ご都合主義的にその表現だけを借用するのは、学問として感心しない。そもそも「根本規範」という語自体がそうなのである。その内容は全く異なる、というより、ケルゼンのオリジナルに反するものである。すぐ後（187-188頁）に述べるように、ケルゼンの根本規範は、彼が勝手にそこに持ち込んだような内容は全く持っていない形式的なものなのである。この概念の意図的誤使用がその後の憲法学者のみならず、多くの法学者に、真の根本規範理解を、つまり純粋法学理解を長い間妨げてきた、という意味で、ケルゼンに師事したことのある彼の罪は宮沢よりはるかに大きく深いと言わざるをえない。内容が全く異なるのならば、別な表現を考えるべきであった。

清宮は、上で引用した文章のまさに直前で、次のようにケルゼンの理論を簡単に要約している。

> ケルゼンの場合、Grundnorm は、それ自身実定法ではなく、法論理の上で、仮設的に、実定法の前提として認められるものであって、**実定的に定立された**（gesetzte）**規範ではなく、思惟の上で前提された**（vorausgesetzte）**規範**であった（同前：30；強調―引用者）。

一点を除いて、後は概ね正確な要約だと思われる。しかし、その一点が問題である。それはすなわち、根本規範は一体誰の「思惟」の上で仮設的に前提されたものか、という点に全く言及がないことである。すでに述べたが（前出172-175頁参照）、純粋法学は、法実証主義が裁判官の視点をシミュレートして適用すべき法を記述する法の静態理論と、法創設適用権限のない法学者（国民）の視点から法や法的機関の法創設適用活動を観察し記述する法

の動態理論からなっている。そして、根本規範というものは、後者の動態理論的視点において持ち出された架空の規範である。彼もたしかにその架空性は理解している。だが、なぜそのような架空の規範をケルゼンが持ち出したか、に思いを馳せることはなかったのであろう。

ケルゼンは1928年に公刊されたある論文でこう言っていたのである。すなわち、

> 「**すべての法学者が対象の把握において自然法を排除し**」、「憲法の父が神からその権威を授かったと想定」せず、しかも「認識されるべきものを力という事実としてではなく、法として、……規範として理解……するような場合に、**法学者が**──無意識的にではあるが──行うところを、根本規範は意識の面にまで高めたのである」。その、法学者が行うところとは、「**歴史的に最初の憲法**」が「『**憲法**』**という意味を持つこと**」を「**前提**」することである（ケルゼン 1973：12-14：強調─引用者）。

師ケルゼンが1925年に公刊した『一般国家学』を翻訳した（初版1936年）彼が、この「自然法論と法実証主義の哲学的基礎」論文を読んでいなかったはずはない。根本規範を「前提」する必要のあるのは、法創設適用の権限を持たないが、法について強い関心と職業的利益を持っている法学者なのであって、それ以外ではない。国家機関にも、国民にもこのようなものは不要である。品のない言い方をするが、法実証主義であるか自然法論であるか、それ以外であるかは問わず、あまねく法学者にとっては、憲法が法でないと商売上がったりだから必要なのである。自分が属している法秩序の頂点に位置する憲法が法である、という証明──これが法の動態理論の大問題である実定法の妥当性の根拠の探求であるが──はできないが、そのままだと極めて不安──法学者の根源的不安──であるので、皆、いわば本能的に、この憲法は法だということにして、それ以下の方に視野を限定して、様々な法的議論を繰り広げてきたのである。純粋法学は、法学者たちのこの実に止むに止まれぬ黙契のことを根本規範と呼んだだけである。だから、この根本規範は価値的には無内容で、それ故普遍的なのである。どの法体制の下の法学者であっても同じ黙契を結んでいるからである。清宮のように、わが憲法にはわ

が憲法の「根本規範」がある、とするのは、この概念の意図的な誤用と言うほかない。そう言われても仕方ないであろう。何しろ彼はケルゼンの薫陶を受けているのだから。

ケルゼンは 1960 年に、根本規範をこう解説している。

「根本規範の機能は、人間の意志行為によって設定された、概して実効的な強制秩序である実定法秩序の客観的効力を基礎づけるところにある。」その根本規範は次のように定式化される。「人は、憲法の命ずるように、憲法制定という意志行為の主観的意味に適合するように、憲法立法者の命令に従って、行動すべきである」、と（ケルゼン 2014：195 参照）。

「特定の法秩序の理論ではな」く、「法の一般理論」たる純粋法学（ケルゼン同前：2）の概念であるから当然のことであるが、国民主権とか基本的人権の尊重とか、特定の内容などは持っていない。要するに、一定の実効性獲得を条件として、単なる憲法制定者を遡って憲法制定権者だったことにする、つまり、自称憲法だったものを客観的な憲法だということにする、という機能しか持っていないのである。そういうものとして、法学者たちの間で暗黙裏に「前提」されているものであって、どこか現実世界に存在している規範ではない。したがって、その法的根拠を問うということは、事柄の性質上ありえないのである。そもそも憲法の法的根拠が確認できなくて、それでは困る、ということで、それをあることにしよう、という黙契を、ありもしない規範の形に偽装したのだから、それを問うことは自己矛盾である。

しかし、清宮は、ケルゼンの根本規範がこのように、憲法の法的根拠は確認できないということを逆説的に表現したものであることを全く理解せず、それとは全く別の「根本規範」に関して、すなわち、「憲法の法的根拠の問題を断念してしまうのは早計である」（清宮 1961：30）としてその根拠に仕立て上げた独自の「根本規範」に関して、それにもかかわらず、「さらにその法的根拠を求めることは不可能」（同前：31）であるという、ケルゼンのこの論理を逃げ口上として適用したのである。学者的良心を疑う。さらに、清宮は師のこの発言を無視して、こう述べる。

日本国憲法における**根本規範**の内容として、どのようなものが考えられるか。**国民主権主義、基本的人権尊重主義及び永久平和主義**の三つの原理がそれに該当するものであろう（清宮 1961：31-32；強調—引用者）。

もはや何も言う必要はないだろう。彼の学説とケルゼンのそれは何の関係もない。単に自分の、外形的には日本国憲法護教的に見える信念を吐露しているだけである。信念と言ったのは、芦部や樋口の場合もそうであったが、この「三つの原理」、すなわちいわゆる三大原則が「根本規範」に該当し、その他は該当しないとする合理的根拠を示していないからである。たしかに、国民主権主義に関しては、前文をその根拠として挙げている。しかし、仮に前文が各本条と同じ規範的拘束力を持っていることを認めたとしても、それが彼の言う「根本規範、憲法の憲法」であることの証明になっているわけではない（同前：33参照）。それなのに、ケルゼンの用語を形だけ借用している点が罪深い。そして、このように勝手に描き出した「根本規範」を聖別し、憲法内で神聖にして不可侵な特権的地位を与えるのである。

「憲法改正に関する規定は、根本規範にもとづく規定であ」り、「**改正作用によって生み出される普通の憲法規範は、直接に改正規定にもとづき、間接に根本規範にもとづく規範である。**」こうして、「**根本規範—憲法改正規範—普通の憲法規範、という、憲法における段階構造がみられる。**」……「改正の内容について、**憲法に特別の規定がない場合でも、根本規範にふれることは、一切許されない**ものと解すべきである。」（同前：32, 33；強調—引用者）

はたしてどこから批判すべきだろうか。――まず、ケルゼンの名誉のために、清宮の「憲法における段階構造」論は、ケルゼンの唱えた「法秩序の段階構造」論（ケルゼン 2014：214以下）とは、似て非なるものであることを確認しておこう。誰もが知っているように、ケルゼンのものは「法秩序」に関するものであって、同一法典の中のものなどではない。

次に、これはすでに若干触れたところであるが（前出76頁）、彼が言うその憲法典の中の「段階構造」の最下層に位置する「普通の憲法規範」が「改

正作用によって生み出される」という主張は（法）論理的に明白な不合理である。何をもって「普通の憲法規範」としているのか不明だが、例えば第65条「行政権は、内閣に属する」は、「改正作用によって生み出され」た、と言うのであろうか。その「改正」はいつ行われたと言うのか。わが憲法のすべての条文は1946年11月3日に、天皇によって一斉に「公布せしめ」られたのである。その後現在に至るまで、改正はなされていない。だから、清宮流に言えば、それも「根本規範にもとづく規定」でないとおかしい。この不合理は、ケルゼンの、法の創設授権連関としての段階構造論を無理矢理一法典内に持ち込もうとしたことによって生じたものと思われる。

　最後に、この怪しげな段階構造論にもとづいて、最上位に内在化させた自分の「根本規範」を改正不能なものに仕立て上げているが、それに学問的根拠などあるはずもない。その「根本規範」なるものに学問的根拠がないのだから、その改正不能性についてそれがないのは当然である。こうしてみると彼は、「根本規範」が収められていると称するありがたい厨子を押し頂いて、憲法という社の内奥に運び入れ、それを御神体として祭り上げ、その前に不可視の結界を設け、たとえ「立入り禁止」の立札がなくても決して入ってはならぬと命令していることになる。学問として度しがたい。親がこのとおりだったのだから、その子孫を責めたのは酷だったかもしれないと思ってしまうほどである。

　さて、とても日本国憲法に関する説明とは思えないほど宗教臭のする議論を見てきたが、どうやらそれは、戦後の清宮が、大日本帝国憲法（明治憲法）の時代の自分の学説を、ほぼそのまま現憲法に平行移動させただけだったために起こったことだと思われる。言うまでもなく、明治憲法は天皇主権制をとるのに対し、日本国憲法は国民主権制をとる。清宮はこの二つの憲法の下で、一貫して改正限界論の立場に立っている。その意味では彼は一貫している。しかし、憲法改正に関する制度が両者では大きく異なっている、ということを指摘しておきたい。

　ここでは、次の1点だけ挙げておく。すなわち、明治憲法において唯一憲法改正に関する条文である第73条は、帝国議会を改正権者とし（第2項）、その帝国議会への発議権は天皇にあるとしている（第1項）が、現憲法にお

いてやはり唯一憲法改正に関する条文である第96条は、国民投票によって憲法改正を承認するかどうかを決する国民を改正権者とし、その国民への発議権は国会にあるとしている（第1項）。つまり、明治憲法にあって改正権者は主権者ではないが、現憲法にあっては、改正権者が同時に主権者なのである。このかなり本質的な違いがあるにもかかわらず、彼は旧憲法用の学説をそのまま新憲法に適用したのである。

そのことが引き起こした不適応症状の一つが、すでにその現憲法上の問題点を取り上げた（前出73-75頁参照）彼の「憲法制定権と憲法改正権の混淆」論である。ここでは、彼がそのようなおかしな議論をするに至った事情を明らかにしようと思う。再引用になる部分もあるが、まずこの「混淆」論を要約的に振り返っておこう。彼はその有名な憲法教科書でこう述べていた。

　「改正規定は、**憲法制定権にもとづくのであって**、……改正権者による改正規定の自由な改正を認めることは、**憲法制定権と憲法改正権との混淆**となり、**憲法制定権の意義を失わしめる結果となる**」（清宮1966：325-326；強調―引用者）。

上で確認したように、そもそも現憲法に関しては、憲法制定権も憲法改正権も国民に属しているから、始めから両権力は、「混淆」しているどころか、同一なのである。とすると、そのことを改正規定の改正に関してのみ否定の論拠として持ち出すのは疑問とせざるをえない、という趣旨のことはすでに述べたが、彼がその論拠を持ち出すのは、「憲法改正作用」と題する明治憲法時代の論文（清宮1938）における彼の次のような学説をほぼ機械的に現憲法に当てはめた結果である。

　「**憲法制定・改正規範**」は、「根本規範と普通の憲法規範との中間に位」する。「この種の規範を定立する作用を憲法制定・改正作用といえば、それは**直接に根本規範によって設定せられた主権者によって行なわれる作用**で、**この作用を規律するものは根本規範のみである**。」（清宮1938：160-161；強調―引用者）

「根本規範」を頂点とする憲法典内段階構造論もすでにこの時期にあった

わけだが、ここで特に注意しておきたいのは、彼が、単なる「憲法改正規範」ではなく「憲法制定・改正規範」という表現を用いていることである。この論文の他の箇所ではほぼ単純に前者の表現を用いているが、「憲法改正規範の改正」と題されたこの節の中でだけ、何回かこのように表現している。これでは、自分自身が例の「混淆」を遂行しているのではないか、との疑念が生じるが、どうやらそうではない。根本規範と同様、明治憲法第73条を「普通の憲法規範」の上位におき、それを「変更しえず、との結論」（同前：166）を導くために、憲法の制定と改正の同質性を印象づけるためにその表現を用いたのだと思われる。

　この学説の底意は、そうすることによって、改正権者である帝国議会を牽制することである。帝国憲法第1条が「宣示表明」しているように、「大日本帝国ハ万世一系ノ天皇之ヲ統治ス」が「根本規範」であるから、本来ならば「主権者」である天皇の権能なのだ。努々勘違いしてはならない。分を弁えるべし。畏れ多くも天皇陛下の発議なしに改正できるように変更することなど、以ての外である、と（同前：160参照）。帝国議会にまさに「混淆」を戒めていたのである。

　しかし、この学説は、表面的には、両権力の担い手が誰か、という問題からは超越したもっぱら理論的な学説のように作られている。だから彼は、新憲法になってもこの学説を維持しようと考えたのであろう。ところが、すでに述べたように、制度が本質的に変わり、主権者（天皇→国民）は制定権とともに改正権を担うことになったのである。ここで主張されていたことの核心部分が意味のないものになったのである。さらに、その主張を正当化するために動員されている紛い物の論理——第73条だけが「直接に根本規範によって設定せられた主権者によって」「定立」された、としているが、そうだとすると、彼の言う「普通の憲法規範」は誰によって定立されたのか、という当然の疑問にも答えられない程度の論理——も、その使命を終えるはずだったが、彼はそれを改廃せず維持し、彼の弟子たちもそれに従ったために、おかしなことになったのである。

　清宮はわが国の戦後憲法学に多大な影響力を及ぼしたが、残念ながら、その中に確実に負の影響もかなりあったことが分かった。それは次の宮沢俊義

も同じである。

第7項　宮沢俊義の改正限界論

いよいよ最後の宮沢俊義の改正限界論を検討する段階に至った。

彼が戦前戦後を通じて、いや本章の趣旨に沿って言えば、大日本帝国憲法の下でも日本国憲法の下でも、本質的に同じ改正限界論の立場に立ち続けたことはすでに確認したところである（前出77-80頁参照）。再引用になるが、確認しておくと、彼は、明治憲法の下では、「わが国家における固有にして普遍的な統治体制原理の変更」は「許されぬ」と（宮沢1942：245）、すなわち「国体」に関わる規定の改正はできない、としていた。そして、戦後になって、現憲法の下では、「憲法改正権のよって立つ基礎たる原理――国民主権の原理――だけ」が改正限界だとしたのである（宮沢1955a：789）。いずれの場合も、当該憲法の自己否定になるような改正は罷りならぬ、としているわけである。このような限界論に対する批判は、すでに同種のものに対して十分に行っているので、ここでは繰り返さない。

改正限界論というものは、それも、特定の条文につき改正を禁止する明文規定がないにもかかわらず唱えられる限界論というものは、その非学問的、護教的姿勢を指弾されることが多いが、彼の限界論はまさにそのようなものだと言ってよい。どちらの憲法にも明文の禁止規定はないし、明治憲法においては、「万世一系ノ天皇」が「統治権ヲ総覧」するという天皇主権制＝「国体」が「統治体制原理」であるように、現憲法においては「国民主権の原理」が、あえて言えばその「国体」に当たる「統治体制原理」であって、彼の学説は、どちらの体制にあっても、それぞれの「統治体制原理」にコミットしているからである。つまり彼は、その意味で、憲法というものに対してそれがどのようなものであれ、つねに護教的なのである。

しかし、勘違いしてはならないのは、彼は、その「原理」の中身である国民主権主義にも、天皇主権主義にも、思想的コミットなどしてはいない、ということである。彼は、皇道派憲法学者から民主派憲法学者に転向したかのように見えるが、そうではない。言ってみれば、彼は変わることなく「統治体制原理」派憲法学者だったのである。ただ、第2次世界大戦を挟んで、彼

がコミットするその「原理」の中身が天皇主権から国民主権に「革命」的に変わっただけのことである。だから、これは推測にすぎないが、もしその国民主権がまた何らかの「革命」を経て何か別な「統治体制原理」に変更されたとしても、その新しい「原理」にコミットし続けることだろう。天皇主権主義に対してそうしたのと同じように、国民主権主義にも何の未練も感じず、義理立てすることもなく、教壇に立ち新しい憲法を講じ続けるだろう。やはりその正当性にコミットした改正限界論を唱えながら。

　この点、本稿で取り上げた他の憲法学者たちも皆同じだと筆者は見ている。彼らは皆、これまで確認してきたように、殉教するつもりのない日本国憲法教徒だからである。つまり彼らは、憲法の正当性なるものにコミットした改正限界論を採ることによってはじめて、憲法が憲法であることを確信することができ、したがって憲法学者でいられると思っているはずだからである。

　そして、このように自信を持って割り切りのよい態度を取ることを可能にしたのが、宮沢の「八月革命」というアイデアである。彼らにとってそれは福音だったに違いない。詳細な検討にとても耐えられない、思いつきと言ってもいいこの荒っぽいアイデアが、ごく限られた一部の例外を除いて、多くの憲法学者たちによって、積極的、消極的に支持されてきたのは、そのためだと思われる。本項はこのような「八月革命」説を批判し、それを必然化する改正限界論を批判することを目的とする。

　そこで、まずは宮沢の「八月革命」説の要点を確認しなければならないが、その前に、彼がこの説を唱えるに至る経緯を見ておこう。すでに詳しく指摘したところではあるが、彼は、わが国の政府がポツダム宣言を受諾して、敗戦となってから後、少なくともそれから約2ヶ月後までは、すなわち、明治憲法の改正が問題になり、政府内に松本烝治を委員長とし、彼も一委員として加わった「憲法問題調査委員会」が発足する直前（1945年10月）辺りまでは、次のように考えていた。すなわち、明治憲法はもともと民主主義と密接に結びつく立憲主義に立脚しているから、それをほんの一部分改正することで――もちろん彼が唱える改正限界の範囲内で、だが――、GHQからの改正圧力をかわし、ポツダム宣言を履行することができる、と（前出

122-123 頁参照)。

　しかし、それからの数ヶ月、その考えを揺るがす様々なことが起こった。1946 年元旦に天皇が人間宣言を発表。その後も、松本委員会が作成した微温的な改正案が GHQ によって峻拒され、それに代わってマッカーサーの指示によって急遽 GHQ が作成した草案をベースに、GHQ と政府の間での何度かのキャッチボールを経て合意に達した「憲法改正草案」が、枢密院での審議の後、帝国議会に提出された（1946 年 3 月）。この事態の推移を見て、どうやら彼は、明治憲法の大前提も崩れ、それとはその「統治体制原理」を全く異にするが故に、連続性のない新しい憲法の成立も時間の問題となり、もはや万事休す、と観念したのであろう。同年 5 月になって、慌てて、「八月革命」説を月刊雑誌『世界文化』に発表したのである。

　その理由は、筆者にとっては明らかである。すなわち、原理を異にする新憲法の下でも自分が大学で憲法を講じ続けるためである。敗戦するまでは全く想定外のことだったに違いないが、自分が主張してきた改正限界を越えて明治憲法が現実に改正されて、早晩新しい憲法が成立する見通しとなってしまった。とすると、これまでの自分の学説のコロラリーに従って、そのような憲法は憲法ではないと言い放ってしまえば、自分は憲法学教授の職を抛たなければならないことになる。だから、いかに雑なものであろうと、今のうちに、それをしも憲法だと言える理屈を作っておかなければならない、と 47 歳の彼は考えたのだと、つまり、「八月革命」説はその意味での自己保身のために唱えられたのだと、筆者は確信している。その後の改正限界論者たちが口にする「革命」も同じ機能を与えられているはずである。

　では、そのような彼の「八月革命」説そのものをここに再現するが、まずはその前半、政府の改正案が明治憲法の「論理的自殺」を意味する、との説明を要約しよう。

　「政府の憲法改正草案」が「去る 3 月 6 日に発表せられた」が、「さなきだに保守的であり、反動的であると評された幣原内閣がその憲法改正草案において国民主権主義を真正面に掲げようとは、おそらく誰もが夢にも考へおよばなかつたところであらう。」「日本における在来の君主主義といふ

建前をくづさずにそのままにしておいてその上に民主政治を建設しようといふのが多くの人の考へであつたやうである。」(宮沢1946：64-65)

「政府案がその〔日本の政治の〕根本建前として承認しようとしてゐる国民主権主義は……それまでの日本の政治の根本建前とは全く性格を異にするものと考へなくてはならぬ。……在来の……根本建前は、……政治的権威は終局的には神に由来するとするものであった。これを神権主義と呼ぶことができよう。「天皇の権威」は「天孫降臨の神勅がその根拠だとせられた。」だから、「国民主権主義が在来の……根本建前たる神権主義と論理的に相容れないものであることは明らか」であるから、「さういふ変革を通常の『憲法改正』の形で行ふことが許されることか」というと、「憲法そのものの前提ともなり根柢ともなつている根本建前といふものは、さうした改正手続によつて改正せられ得るかぎりでない。……論理的にいつても不能とせられざるを得」ず、「その根本建前を変更するといふのは**論理的な自殺を意味し、法律的不能**」である（同前：66-67；強調—引用者）。

この引用の第1段落は、おそらく、彼自身が政府案に対して感じたことを第三者に仮託して語っているのであろう。そして、第2段落は彼の改正限界論から政府案を判断した結論である。国民主権主義の政府案が成立するなら、彼が立憲主義を連呼して延命を図った神権主義の明治憲法は完全に息の根を止められる、という認識である。しかし、彼はその認識に従った殉死の道を選ばなかった。次のような実に不可解なことを述べてから「八月革命」説を唱えて、自らの延命を図る。

「私は政府案がかやうな変更を定めようとすることは**憲法改正手続によつて可能だと考へてゐる**。しかし、それは決して形式上憲法の定める改正手続によりさへすればどのやうな内容の改正も可能だといふ意味ではない。さういふ改正を現行憲法の改正として普通は許されないのであるが、**現在の事態の下においてはまさにそれが許されるといふのである**。」(同前：68；強調—引用者)

「論理的な自殺」だ、「法律的不能」だ、と述べたその舌の根も乾かぬうち

に、このようなことを言うのを、学問は矛盾と定義している。政府は現憲法を改正して、わが国を国民主権主義に転換しようとしているが、そのような改正は正しい意味で改正ではない、と批判するなら、まだ分かる。しかし彼は、そう主張するのではなく、そのような改正は「普通は許されない」が——と言うことは、自分は改正無限界論への改説はしない、と宣言していることになるが——、現在は特別な事態であるから、それは「可能」であり、「許される」と言っているのである。この「可能」とか「許される」は、明らかに法的な観点からの判断である。だから、今回の改正は普通の場合の例外、という意味である。改正限界論をとっていた自分は間違っていたわけではない。ただ、その原則を維持できない想定外の異常な事態、すなわち「八月革命」が生じたために、「統治体制原理」の変更を今回だけ例外的に改正不能項目から外し——ということは、彼の学説にあっては、もはや改正不能項目は一つもなくなるわけで、無限界論に帰するのであるが——、可能項目の方に加えることを認めることにしただけである、というのである。しかし、これは、どこから見ても負け惜しみの理屈である。

　では、その彼が、この想定外の異常な事態、すなわち、「終戦と共に行はれた日本の憲法史上の大変革の本質」をどう描いたかを見てみよう。彼はこの最も大事なところで、許されざるごまかしを行っている。しかし、このような難易度の低いごまかしに当時の法学者は誰も気づかなかったのであろうか。彼の議論を可能なかぎり正確に再現する（強調—引用者）。

　「昨年の八月、日本は刀折れ矢尽きて敵陣に降伏し、ポツダム宣言を受諾した。その宣言の中に『日本の最終的な政治形態は自由に表明せられた人民の意思にもとづいて決せられる』といふ趣旨の言葉がある。……／この言葉は……**人民が主権者だといふ意味**である。そして、その言葉を日本はそのままに衆議し、とつてもつて**日本の政治の根本建前とすることを約したのである**。……日本は**敗戦によつて**それまでの神権主義を棄てて**国民主権主義を採ることに改めたのである**。／かような改革はもとより日本政府が合法的に為し得るかぎりではない。天皇の意思を以てしても合法的には為し得ぬ筈である。従つて、……**憲法の予想することのできぬ改革であ**

るといふ意味で、それは憲法的には、**革命**を以て目すべきものであるとおもふ。／**終戦**によつて、つまり、ひとつの革命が行はれたのである。……新たに**国民主権主義が採用せられた**のである。」(同前：68)

「我々が好むと好まぬとにかかはらず、神権主義はすでに廃棄せられ、日本の政治の根本建前として**国民主権主義がすでに承認せられてゐる**」(同前：70)。

筆者による強調箇所に注目すれば、このごまかしは一目瞭然であろう。彼は、最初は、8月14日の御前会議によるポツダム宣言の受諾決定をもって、神権主義的天皇主権主義から国民主権主義への転換を「**約した**」もの（にすぎない）と正当に認識している。その転換は、それこそ憲法改正によらなければ、あるいは、少なくとも現行憲法を停止して、新憲法の制定をしなければ、なしえないからである。しかし彼は、その直後に、その転換を「約した」ことをもって、まず、「国民主権主義を**採ることに改めた**」とし、さらには、「国民主権主義が**採用せられた**」として、少しずつ表現を変え、とうとう、「**すでに承認せられてゐる**」ことにしてしまった。このような論理は成り立たない。そもそも誰が、どのような権限を持って「採用」し「承認」したと言うのか。「約した」主体と同一なのか。いや、同一ではないだろう。彼は日本政府も天皇もそれを「合法的」にはなしえないとしているからである。では、一体誰なのか。彼は曖昧なままにしている。

また、もし、ポツダム宣言の受諾を決定し、連合国に通達したことをもって、わが国が国民主権主義を採ったことと理解するなら、その3日後に総辞職した鈴木貫太郎内閣の後の東久邇宮内閣はどのような法的根拠にもとづいて組閣されたと説明するのか。そして、その総理大臣が戦艦ミズーリ船上で連合国との間で9月2日に行った降伏文書の調印を法的にどう説明するのか。「八月革命」説に従えば、日本はそのときすでに国民主権主義に転換しているわけだから、東久邇宮は国民の代表でなければならないが、それをどのように理由づけるのか。さらに、帝国議会は、「八月革命」後、少なくとも彼のこの論文執筆までの間に第88回（1945年9月）と第89回（同年11月～12月）の2回開催されている（ちなみに、その後も、第92回まで計5回開催

主章　日本国憲法第96条先行改正反対論批判　199

されている。)。とりわけ第89回においては、男女平等の普通選挙を可能にする衆議院議員選挙法改正がなされ、その次の第90回の憲法改正議会の衆議院はその改正選挙法にもとづいて選ばれた議員によって構成されることになっていた。

　これらの一連の事実を「八月革命」説はどう説明するのか。すべてが、廃棄されたはずの天皇主権制を採っている明治憲法に則って行われている。しかも、もっと言ってしまえば、これらすべてはGHQの間接統治下で行われているわけで、当時の日本は天皇主権だの国民主権だのと言える状況ではなかった。わが国が、GHQの間接統治下であっても、国民主権制になったのは1947年5月3日以降であり、独立国家として真にそうなったのは1952年のサンフランシスコ講和条約発効後である。宮沢の「八月革命」説がいかに現実から乖離していたか、よく分かる。そのような革命は少なくとも「八月」には起こっていなかった、と言う他ない。彼はもちろんそのようなことは分かっていた。しかし、起こっていたことにしないと、彼は、自分の改正限界論を正当なものとして維持しつつ、かつ、いずれ成立するであろう新憲法の下で憲法学者として生き続けることができないと思ったのである。彼はこう結論づける。

　「すでにそこで〔八月革命で〕日本の政治の根本建前として神権主義が否定せられ、**国民主権主義が採用せられてゐる**から、いま憲法改正といふ形式の下に国民主権主義**を成文化することが許される**のである。」(同前：強調—引用者)

　具体的には誰がどのような権限にもとづいて「採用」したか不明の国民主権主義だが、第90帝国議会での審議は、それを「成文化する」作業だったというわけであるが、だからといって、いや逆に、だからこそ、憲法改正という「形式」を用いることが「許される」、という理屈にはならないだろう。そのような「形式」は不要のはずである。何しろ、国民主権主義はすでに明治憲法の根本建前に反して「採用」されているのだから、本来ならば、新たな根本建前を純粋に「成文化」するところの、新憲法の制定という「形式」が採られるべきだ、とするのが筋であろう。たしかにその通りなのだが、諸

般の事情でやむをえず、改正の「形式」を方便として便宜借用することが「許される」、というのがこの引用文の意味なのであろうか。いや、そうではない。一般にはそう理解されているようだが、仮にそうだとすると、便宜借用という点をはっきり言わなければならないにもかかわらず、彼は改正「形式」使用の理由としては、「すでに」「採用されてゐる」こと、「すでに承認せられてゐる」こと（同前）しか挙げず、筆者の言うところの、その借用を強いた諸般の事情を一切挙げていないからである。

　彼はその後、「日本国憲法生誕の法理」という論文において、この「八月革命」説を若干敷衍するとともに、それに対する有力な批判に対する反論を企てているのだが、以上の点に関連して次のような苦し紛れの補足説明を行っているので、それを取り上げたい。

　「民定憲法たる新憲法が、なぜ、国民代表と考えられる衆議院の議決のほかに**国民となんのつながりももたない天皇の裁可と貴族院の議決とを必要としたのであろうか**。私の見るところでは、八月革命によって、明治憲法は廃止されたと見るべきではなく、それは引きつづき効力を有し、ただ、その根拠たる建前が変わった結果として、その新しい建前に抵触する限度においては、明治憲法の規定の意味が、それに照応して、変わった、と見るべきである。したがって、その新しい建前に抵触しない限度においてはどこまでも**明治憲法の規定にしたがって、ことを運ぶのが、当然である**。……表面上は、明治憲法第73条によりながらも、その**民定憲法の原理に反する部分──天皇の裁可と貴族院の議決──**は、たとえ形式的には規定が存しても、**実質的には、憲法としての拘束力を失っていたと見るべきではないか**、と考えている。」（宮沢1955b：389；強調─引用者）

　欽定の明治憲法第73条という改正規定を実際に使って民定憲法が制定されたが、それは、その規定が「新しい建前に抵触しない」からであると、彼は考えたわけである。その規定は、繰り返すも愚かだが、勅命による発議と帝国議会の議決を憲法改正の要件としている。そして、民定憲法であるはずの日本国憲法の上諭には、「朕は、……**枢密顧問の諮詢及び帝国憲法第七十三条による帝国議会の議決を経た帝国憲法の改正を裁可し、ここにこれを公布**

せしめる」と明記している（強調―引用者）。言うまでもなく帝国議会は衆議院と貴族院の両院制であり、貴族院は、日本国憲法の制定に当たっても、帝国憲法に従って審議を行い、いくつかの修正も行って「議決」をしている。天皇も帝国憲法に従って、その改正を「裁可」している。

　彼は、この一連の「改正」過程の法的根拠となっている明治憲法第73条の規定のうち、帝国議会の議決の一部をなす「貴族院の議決」と「天皇の裁可」は「憲法としての拘束力を失っていた」とするわけだから、勅命による発議と帝国議会のもう一方の衆議院の議決は、国民主権という「新しい建前に抵触しない」と考えていることになる。後者は認めよう。しかし、前者がそれに抵触しない理由を聞いてみたかった。これがうまく理由づけられなかったならば、彼の論理はすべて崩れるはずだからである。彼の強弁とごまかしには言葉を失う。そして、「憲法としての拘束力を失っていた」はずの「天皇の裁可と貴族院の議決」は、一連の過程の中で実際に生起していたわけで、それらと例えば衆議院の議決とをどのように関連づけて、全体を憲法の「改正」だと法的に説明するのか。もはや彼に聞くことは叶わないので、現在も「八月革命」説を採用している研究者に聞いてみたい。

　ましてや、彼は、枢密院での審議については一切触れていないが、都合の悪いところは眼を瞑っているだけである。要するに、日本国憲法の実際の制定過程から、国民主権主義の建前と一致する衆議院の議決と、公布と施行だけが重要事実で、後はすべて外見だけだから無視せよ、そうすると、日本国憲法は民定憲法だということが分かる、ということだろう。筆者もそう教えられてきたが、今は、この宮沢の言説こそが、戦後のわが憲法学に学問としての矜持を棄てさせた元凶である、と見ている。

　批判的峻別論者の樋口陽一は、この「八月革命」説を、一方では「1930年代に宮沢憲法学が提示していたイデオロギー批判の手法をあざやかに適用したもの」と高く評価しながら、そうとも言い切れないのではないか、という疑念に対して、その評価と矛盾するような仕方でこの説を弁護している。すなわち、宮沢自身によって「十分に明示的に示されてはおりません」が、「『科学学説』の場面でと同時に『解釈学説』としても役割を果たすという、両面機能性をもっていたのではないでしょうか」、と（樋口1982：4, 6, 7）。

そもそも、十分に明示的に示すことなく、そのような両面機能を果たす言説を述べる、ということ自体が、「イデオロギー批判」として失格であることの動かぬ証拠であることに、彼は気づかなかったようである。

何としてでも宮沢の「八月革命」説を擁護したい彼は、また、その根拠に宮沢の「条約優位説」を見ようとする。すなわち、宮沢が「国民主権という場合」、「意識的に、すでに国際法上の制約をはじめからかぶったものとしての『国民主権』を考えていたと見ることができましょう。そうだとすると、『八月革命』説が、国家主権が失われた状況のもとで国民主権の成立が可能と考えた……からといって、それは、直ちには、実践的必要のために認識それ自体をゆがめたことにはならない、といえるはずでありましょう」、と（同前：5）。はっきり言おう。すでに見てきたように、宮沢は「実践的必要のために認識それ自体をゆがめた」のである。その「実践的必要」とは、自らの憲法学者としての延命である。また、樋口は宮沢の条約優位性がそのベースにあるとするが、このような証拠を提出しても即座に却下される。というのも、「八月革命」説の言説の中のどこにも、その手がかりはないからである。宮沢は、条約優位説のことも国際法のことも一言も触れていない。本人はそのようなことを全く意識していなかったのである。とにかく、改正限界説を維持しつつ、改正限界踰越の新憲法下での憲法学者としての生存を確保することだけが彼の問題だったのである。樋口もその問題を共有していたから「八月革命」説を擁護したのである。

最後に、「八月革命」説における「革命」という語の使用姿勢について批判をしておきたい。本章で批判してきた彼以外の憲法学者の多くもこの概念を十分な定義のないまま、便利に使ってきた。筆者は、それが論者の自己保身を正当化する機能も担っていることを指摘してきたが、宮沢は、その「八月革命」説の提唱によって、その先駆けとなっていることが分かった。

筆者は、ケルゼンの純粋法学に依拠しているが、彼らが革命と呼んでいる事態は、実は革命ではない、と考えている。ケルゼンによると、「革命 [Revolution]」は法の動態理論において問題になるのだが、それは、「法学的見地からは」、「正統 [legitime] でない、即ち憲法の規定によらない憲法変更・憲法代置」（ケルゼン 2014：202）と定義される。そうだとすると、日

本国憲法は明治憲法の第73条に従って、旧憲法の改正として、天皇が発議し、帝国議会の議決によって生まれたのであるから、「正統な」憲法変更なのであり、革命ではないことになる。ところが、仮に、第73条で改正権者とされている帝国議会でもない何らかの主体、例えば枢密院が、明治憲法の廃止を宣言し、新たな憲法を発布したところ、旧憲法下の諸機関がそれを拒絶せず、適用し、多くの学者も国民もそれを受け容れた、というような場合には、革命が成就したと言えるのである。「規定によらない」というのは、規定が当該権限を授権している機関によらない、その権限の「簒奪者[Usurpator]」（同前：265参照）による、という意味であって、その機関が、規定の内容やそれが定める手続を無視して、とか、改正限界を無視して、という意味ではないことに注意すべきである（詳しくは、大塚2014：117以下参照）。

そもそも明治憲法は明文で改正限界を定めているわけではないから、革命を云々する以前の問題である。たとえ多数説であろうが、学者たちが解釈によって作り出した権限内容の限界を無視して権限行使することを革命だと言うならば、内閣には第69条の場合以外に衆議院を解散する権限はない、という素直な解釈をする者にとっては、戦後どれほどの数の革命が起こったことだろう。いや、内閣には、第7条を根拠にして衆議院を解散する権限があるのだから、それらは革命ではない、という反論に対しては、それは、天皇の国事行為を列挙しただけの第7条を解釈改憲した結果ではないか、という再反論を提示しておこう。

評論家宮崎学に『「正義」を叫ぶ者こそ疑え』という痛快な著作（2002年）があるが、筆者は、「革命」を叫ぶ者も疑う必要がある、と今は思っている。

第8項　小括

本節も相当長くなってしまったが、この憲法改正限界論にわが国の戦後憲法学の根本的問題が現れていることを明確にするためには、その論拠を詳細に提示することは不可欠であった。そして、その結果として、最後に取り上げた戦後の憲法改正限界論の大本とも言うべき戦前派憲法学者、清宮四郎と宮沢俊義の議論の中に、本章の俎上に載せた各改正限界論の問題点が全て集

約的に含まれていたことを示せたと思う。

　護憲派論客たちの改正限界論は第96条その他の憲法の条文解釈の結果ではなく、憲法の妥当性に関する根源的な不安から逃れるためにやむをえず唱えている理屈に他ならなかったのである。解釈論でないことを正直に述べたのは樋口（前出57頁参照）と長谷部（前出142-143頁参照）だけであったが、その他の論者の場合も同様であった。

　これは一目瞭然のことであるが、そもそも、わが日本国憲法には改正の限界を定めた明文規定は存在していない。その「第5章 改正」には第96条1箇条しか存在せず、その条文のどこにも改正の限界に関する積極、消極いずれの記述も見出せないからである。このことは誰も否定することはできまい。彼らも、通常の憲法解釈によっては求める限界論が導けないことを知っていた。しかし、だからと言って、改正に限界はない、と述べるわけにはいかなかったのである。それは解釈論としては正直なのだが、その無限界論に立ってしまうと、そもそも憲法が法である、と言えなくなってしまう、というのが多くの護憲派が密かに共有している思いだったからである。

　長谷部を除いて彼らは、大日本帝国憲法は万世一系の天皇が統治権を総覧するという国体によって、日本国憲法は、国民主権主義などの「三大原則」によって正当化されるが故にそれぞれの憲法は憲法たりうると考えていたために、その正当化の根拠が否定されてしまったならば、どちらも憲法たりえなくなってしまうからである。だからこそ憲法解釈論の地平にとどまっていてはならなかったのである。しかし、そのために彼らは、嘘の帰結たる矛盾の泥沼に自らを投じることになったのである。

　長谷部は、その危険性を察知して根本規範等による正当化を断念したのは良かったが、結局は、法哲学上の実効性説の一種である「憲法の自働正当化」論に身を委ねてしまった（前出136-137頁参照）。ということは、やはり憲法の妥当性の問題を根拠薄弱で怪しげな正当化の問題にすり替えたわけで、彼もその他の者たちと同じ穴の狢にすぎなかったのである。

　多数派の護憲派が抱えた主な矛盾のうち第1のものは、根本規範──もちろん、ケルゼンや筆者が主張するものとは名称を除いて全く異なるものであるが──あるいは、「自然権的発想」とか「政治の根本建前」といった、そ

れに類するものや、それに授権された憲法制定権なるものの安易な想定である（前出132-133、159-162、164-166、176-180、184-186、196-198頁参照）。そのような自然法論的想定をしても、その根本規範等が法であることを証明しなければ全く無意味なのだが、彼らはその証明ができないことを知りつつ、そのことに口をつぐんだ。

第2の矛盾は、それと関連しているが、憲法典内段階構造論である。それは、憲法制定権を授権するはずの根本規範を、あろうことか、その授権に基づいて制定された産物であるはずの憲法典に内在化させ、その規範に憲法典内の他の規範に優越する特別の地位を与える、ということを核心とする非合理な発想がそれであった（前出132、178、184-186、189頁参照）。根本規範の法的妥当性根拠に繋がるはずの糸があてもなく中空に漂っているという非合理な事態を放置しておけず、何の解決にもならないことは百も承知で、根本規範をその糸ごと憲法の中に取り込んでしまう、という別の非合理を選んだのである。取り込まれた根本規範は他の規定とは異なる特別な光を放っているらしい。それが見える彼らはまさに超能力に近い神秘的な眼力を持っているとしか言いようがない。科学の時代に生きる我々にはそのような光は憲法典の中に見いだすことはできない。

第3の矛盾は、彼らが主張する改正限界を超えて改正された憲法を、限界論を維持しつつ憲法として認めてしまうことである（前出143-145、155、167、181、196-198頁参照）。中でも清宮と宮沢は、大日本帝国憲法から日本国憲法への、限界を超えた改正に関して自らの行動でそれを示した。しかし、驚くべきことに、彼らは、そのことが自身の改正限界論との間で引き起こしている致命的な矛盾に、少なくとも表面上は、気がついていない。

さらに、そのような改正のことを「革命」と呼ぶ者もいたが（前出26-27、143-145、197-198頁参照）、それは、実は限界論を主張することがそもそも無意味であることが露呈してしまったことから目を逸らし、こうなったのは、「革命」が起こったのだからやむをえないのだ、と言い訳したい気持ちがどこかにあったからであろう。しかし、限界論が学問であるとするならば、存在すると主張する限界を逸脱した改正を結局認めてしまうことと、限界論を主張することとの間の整合性をつけることは主張者の最重要な責任で

あろう。「革命」という表現は、その責任を果たさないことを正当化し、矛盾を糊塗し、憲法学者としての自己保身をするために用いられているとしか考えようがない。芦部が、限界を逸脱して改正された憲法を、「与えられた法として受けとるより**ほかに仕方がない**」と表現した（芦部 1964a：113-114；強調—引用者）のは、まさにその辺の事情を表していて興味深い。彼らがそれについて日々教育し研究している日本国憲法は、彼らによれば、大日本帝国憲法の改正限界を超えて成立した憲法である。だからそれは、改正限界論の墓標のはずである。にもかかわらず、彼らは今も改正限界論を声高に論じている。日本国憲法こそが実は彼らにとってアポリアなのであるが、憲法学者である彼らはそこから目を逸らさざるをえないのである。

　以上で指摘した護憲派のいかがわしさはたしかに彼らの意志に基づいている。しかし、彼らはそのような意志を持つよう強いられているわけである。法律学においてはいかに悪臭を放つものであっても、彼らはその偽りの衣装を羽織らなければならないのである。彼らは、他の誰とも同じように、憲法が妥当していること、つまり法であることを証明できないのだが、法学者である自分が対象にしている憲法は絶対に法でなければならない、というある意味無理もない思いを持っているからである。

　その思いから彼らは、本来証明すべき憲法の妥当性の問題を正当性の問題にすり替え、そして、長谷部を除いた彼らの多くは、現憲法を、誰もが知っているがあらためてその根拠を尋ねるとかなり怪しい「日本国憲法の三大原則」という一種の自然法によって正当化する理屈を編み出したのである。それ故この議論はまさに自然法論であるのに、その、本来超実定法的な「原則」を手品のような手法で憲法典に内在化させ、あたかも自然法論でないかのように、つまり、実定法の解釈学説であるかのように見せかけている。この知的不誠実さには憤りすら感じるが、彼らには、日本国憲法は、その自然法すなわち「三大原則」を体現しているから正当であって、正当であるが故に妥当している、つまり憲法である、とする論法しか思いつかなかったのである。その結果として、必然的に、その憲法典に内在化された「三大原則」を否定するような改正はしてはならない、そこに改正限界がある、と主張せざるをえないことになるのである。

だから、そのような自然法論に立つ彼らは、実は、その表向きの主張とは裏腹に、この「三大原則」には微塵もコミットしていないのである。それは、日本国憲法は間違いなく憲法だと彼らが確信するために、正当化根拠としてピックアップされただけのその特徴にすぎないからである。同様にして、改正限界論にも彼らはコミットしていないのである。というのも、改正限界論とは全く整合しないにもかかわらず、彼らは、自らが設定した限界を超えて改正された憲法も憲法であると、あっさりと認めてしまうからである。つまり、彼らはどのような憲法であっても、それを正当化する何らかの「原則」を体現しているとしてそれを憲法と認めるのである。そしてその正当化論のコロラリーとして、自らその破綻を遂行した改正限界論をやはりやむをえず唱える。本心から唱えているのではない。言ってみれば、正当化論に立つかぎり、つかざるをえない嘘なのである。

　長谷部はその中で唯一、この怪しげな理屈に耐えきれず逃げ出した憲法学者なのだが、それでもやはりその逃亡先で枕を高くして寝ることはできない。要するに憲法、いや法なるものに対する客観的な認識ができていないのである。法は我々にとって所与であり、絶対的他者なのである。我々が正当化してやらないと法たりえないものなどではない。

　彼らは「護憲派」と言われているし、本人たちもそう自認している。しかし、彼らは憲法を護ってなどいない。護るつもりもない。まさに看板に偽りありである。彼らは日本国憲法と殉教するつもりなどさらさら持ち合わせていない偽りの日本国憲法教徒なのである。彼らが必死になって改憲に反対するのは、改憲されてしまうと、自分たちの不信の正体が白日の下に晒されてしまうからにちがいない。

おわりに——国民投票法改正の提案

　2013年の憲法記念日に朝日新聞に掲載された石川健治の寄稿文に対して筆者が感じた学問的義憤をきっかけにして、ここまで、自民党の憲法第96条先行改正論に反対の声を上げた憲法学者と、その系譜に属する幾人かの護憲派学者たちの、政治臭芬々たる議論を批判の俎上に載せてきたが、これだ

けでは、本章の冒頭で断ったように、筆者はかなり粘着質の改憲論者だと誤解される恐れがあるので、来る 2016 年 7 月に行われる参議院議員通常選挙で憲法改正が一つの大きな争点になると予想されている現在〔実際には争点にならなかった。〕、もはや間に合わないかもしれないが、憲法改正に関する一つの提案をして、その誤解を解いておきたい。

筆者が護憲派でないことは確かだが、だからと言って改憲派だと疑うことに根拠はない。筆者はどこでも、抽象的に、憲法を改正すべきだ、などとする粗雑な政治的スローガンを唱えた覚えはない。だいたい、憲法は改正すべきでないとか、改正すべきだとか、は恥ずかしいほど非学問的な主張である。すでに述べたことだが、学問の世界に身を置く者たちがそのような政治的な立場で色分けされていることが、そして、そのことに当の本人たちが疑問を感じるどころか、自分は護憲派だとか、改憲派だとか胸を張っているように見えることが、筆者には不思議でならない。

現行の法律条文を出発点にして議論しなければならないのが法律学だとするならば、改正禁止条項の存在しないわが憲法を、いや、その憲法の特定の条文を、と言っておかないと政治に絡め取られてしまうが、それを変えるとか、変えないとかは、国民が投票を通じ決めることであり、その国民の代表者である国会によって国民に向かって発議された改正案に対して国民自身が賛否の投票をした結果は、それがどのようなものであれ、そのときの主権者が直接民主制的手続で下した判断であるから、主権者自身による憲法のアップデートとして歓迎し尊重する、というのが筋であろう。筆者はその立場である。その国民投票で、個人としての筆者が持つ在るべき憲法像や在るべき日本像に基づいて投じた 1 票が死票になって、どれほど悔しい思いをしたとしても、法学者としてはその結果に文句をつけることは決してない。主権者の上に立って、衆愚の為せるわざだ、などと口走ることはない。要するに、筆者は、他にも同志がいるようだが、あえて言えば、国民投票派なのである。この立場が政治的なものでないことは明らかであろう。

憲法改正の国民投票は、代表民主制を選択した主権者が、その代表者たちを縛る最高法規たる憲法のこれこれの条文を改正してほしいがいかがか、という代表者たちからのお伺いを受け、まさに国政の最重要な問題に関して、

自ら決定する貴重な制度である。もちろん、そう言えるためには、その決定までに十分な判断材料と検討時間が公平に提供されていなければならないが、最終的判断結果は承認、不承認どちらにもなりうるわけで、それは、マス（mass）としての主権者の判断であって、それに明文上の根拠のない制約を課そうとすることは、憲法学者としての自己を否定することであると自覚するべきである。政治的には阻止したいと考えた結果であっても、それをひとまず受け容れ、次なるチャンスを待つ。腰を落として巻き返しを図る。それも同じチャンネルで。これが我々の選択した民主主義のルールではないだろうか。

　ナチズムなどを例にとって、プレビシット（plebiscite）の弊害に警告をならす護憲派がいるが、彼らは要するにわが国が民主主義という公共的決定システムを選択したことに腹を括れていないだけである。自分たちからするとどう考えても浅慮としか思えない連中がなぜだか多数を占めている、という現状にやるかたない憤懣を抱えているだけのことである。危険な集団的熱狂が投票所に列を作ることは民主主義のリスクの一つである。人間が考え出したものに万全はない。学問という、知的関心と言論の世界にいる我々は、そのような熱に浮かされた長蛇の列を前にしたときでも、決して投票所の扉を閉めるという対策を選んではならない。日頃鍛えているはずの言論を通じてその集団の解熱を試みなければならないのである。もちろん、意図的にデマを流すことなど唾棄すべきことである。もしその試みが功を奏さなかったとすれば、論理と説得力における自分の非力をこそ恥じるべきなのである。

　自分の能力への失望ではなく、その説得に頑として応じない大衆への深い失望は容易に啓蒙専制君主の待望と結びついてしまうものである。大小を問わず団体における決定にあって、それが必ずしも常に自分の思ったとおりにはならないのは世の常である。ある程度経験を積めば誰でも分かることであろう。だが、中には、これまで勝ち続けてきたが故に、全勝し続けなければ気が済まなくなっている者がいることも確かである。そのような者たちは挫折に弱い。連敗でもしようものなら安易に転向してしまうものである。

　また、何でも多数決で決めればよいわけではない、などと言う者たちのもっともらしい主張も本章で見てきたが、それは、自分たちの考えが絶対に正

しいのだが、それを理解しようとしない愚民たちに決定させたくない、自分はその決定に従いたくないという、本物でない知的エリートの抱きがちな傲りの現れである。民主主義というシステムに子供のように八つ当たりするなど言語道断である。わが国を日本国憲法教団という宗教法人にするという案以外のオルタナティブを提示できるならいいが。

　わが憲法は施行から一度も改正されることなく70年が経った。しかし、憲法改正にとって不可欠の国民投票の詳細を定める法律が制定されたのは、今から約10年前のことである。ということは、それまでは、いざ改正するという段になっても、泥縄式に国民投票法を作るしかなかったわけである。それでもなんとか改正はできたかもしれないが、その法律は当該改正案の承認を誘導するものになりがちで、公正なものにはなりにくかっただろう。憲法改正問題は戦後日本における最大の政治的争点の一つであったが、これまで護憲派と改憲派がどれほど熱く論戦を交わしてきたとしても、この法律がなかった以上、それは単なる議場の空論にすぎなかったわけである。自主憲法制定を党是とし、口では勇ましく改憲を叫んでいた政党も、実はそれほど本気ではなかったのである。護憲派勢力も、それをどこかで知っていながら、必要以上に危機感を煽って勢力拡大を狙っていたのではないか。だが、2007年に「日本国憲法の改正手続に関する法律」（以下、国民投票法と略称する。）が成立してから、憲法改正は一気に現実味を帯びてきた。つまり、具体的な政治日程に乗るような問題になってきたのである。

　その政治的背景は別にして、このこと自体は、わが国の民主主義の発展にとっては好ましいことだと筆者は考えている。それは、一つには、先程も述べたように、憲法改正の国民投票は、主権者であり改正権者である国民がわが国の最高法規である憲法の改正という国政の最重要な問題を自ら決定する機会、つまり真に主権者である自覚と責任を持ちうるし持たねばならない機会であって、その投票手続の詳細が、細かい問題点はあるものの、一応定まったからである。それ以外の場面での主権者は、その憲法の下の立法機関の担い手になったり、担い手を選んだりする程度の存在にすぎない。この国民投票は、その大本の憲法を動かすのである。部分的にせよ全面的にせよ、憲法を制定し直すのである。この重大な権限も、国民投票法ができるまでの

60年間は絵に画いた餅にすぎなかったわけである。

　もう一つ好ましい理由がある。それは、この法律の制定によって、わが日本国憲法が真に民定憲法になる可能性が具体化した、ということである。日本国憲法は、大日本帝国憲法が欽定憲法であるのに対して、民定憲法である、と筆者は小学生の頃から教えられてきた。しかし、本当にそうであろうか、という疑問を大学生になってから抱くようになった。たしかに、前文の冒頭には、「日本国民は、……この憲法を確定する」とある。しかし、その前には上諭があって、そこには、「朕は、……帝国憲法の改正を裁可し、……公布せしめる」とある。だから、日本国憲法も本当は欽定憲法なのではないか、と。だからといって、日本国憲法が明治憲法と同じ意味での欽定憲法だと言うつもりはない。その上諭においても、「朕は、」の後に、「日本国民の総意に基いて」という句が挿入されているからである。

　ただ、これはすでに指摘したことであるが、現憲法の実際の制定過程を見たとき、一点の曇りもなく、欽定ではなく民定であると言い切れない経緯がある。それも上諭に正直に表現されている。それをこれまでの憲法学はirrelevantだとして、見て見ぬ振りをするよう国民に教えてきたのだ、と言って構わない。明治憲法の改正手続に従ったのは、方便にすぎない、と。そう言っておかないと面倒なことになると思ったからであろうが、これは、多少なりともまっとうな猜疑心を育ててきた中学生を納得させることのできる理屈だろうか。方便を使わない本来のやり方とは具体的にどのようなものか。そのようなやり方があるとするなら、なぜそれを使わなかったのか、あるいは、なぜそれが使えなかったのか。方便を使ってもよいのなら、そして、それでも同じ結果を手に入れることができるのなら、なぜ、本来のやり方と方便を区別しなければならないのか、等々。

　もう、自分も腹の底からは信じていないことを真実であるかのように言うのはやめにしよう。わが憲法は素晴らしい憲法だ、理想的な憲法だ、世界遺産にしてもいい、ノーベル平和賞にふさわしい、などという歯の浮くような賛辞は、わが憲法の誉め殺しになるとともに、学問を貶める。えくぼはえくぼ、あばたはあばたと認めよう。それが学問というものである。日本国憲法は、はっきり言ってしまえば、民定風に作られた欽定憲法なのである。それ

が押し付けられたものかどうかは問わない。筆者の問題にするのは、明治憲法の改正だから当然のことなのだが、国民の代表でもない政府が改正案を作り、勅命によって発議したこと、そして、同じく国民の代表などとは絶対に言えない枢密院や貴族院がその改正審議に形式的にも実質的にも関与したことである。これらの事実は否定できまい。

　もし、これから何らかの憲法改正の国民投票が実施されるなら、そのことで、この民定風の欽定憲法は、実質的に民定憲法になることができる。投票結果が改正承認の場合は、まさしくそのかぎりで国民は新しい憲法を選んだと言えるし、不承認の場合でも、国民は現行の日本国憲法を選び直した、つまり民定し直したことになるのである。もちろん、各国民にはそのことを十分に自覚してもらう必要はある。そのつもりで自分の投票行動を選択してもらわなければならない。そして、投票後は、改正不承認の場合であっても、もはや日本国憲法押し付け憲法論はその根拠を失う。制定後70年以上経って、国民はこの憲法を追認したことになるからである。たとえ制定時に瑕疵があったとしても、この追認で癒える。だから筆者は、自分を指して、投票結果の如何を問わない国民投票派である、と称したのである。

　もちろん、そう言えるためにはそれにふさわしい国民投票でなければならない。しかし、果たして現在の投票法による国民投票はそれにふさわしいだろうか。それが問題なのである。筆者が見るかぎり、問題点、疑問点はいくつかあるが、ここでは一つだけ、最も重要と思うものを挙げるにとどめよう。それは、最低投票率を定めていないことである。この点はこれまでにも指摘されてきたところであって、それをめぐる議論などについては、やや古いが、宮下茂2011はよく整理された参考資料である。その議論を踏まえつつ、筆者は以下の理由から最低投票率を法定することを提案する。

　このような提案には、憲法違反であるとか、改正反対派に投票ボイコットという有力な武器を与えてしまう、民意のパラドックスを惹き起こす、等々の反論があることは承知している。しかし、筆者は、最高法規の変更に関しては、慎重を期するに越したことはない、との判断から、適切に設定された一定の割合以上の有権者が投票所に足を運ばないと、たとえ国会議員の3分の2以上が求めていようと、その改正は実現しないという、現状維持的、保

守的な傾向性を持つ制度を設計する方が妥当であると考えているのである。それはなんといっても国家権力を拘束する最高法規だからである。もちろん、革新を求める国民にとって明らかに不公平であってはならないが。

では、以下3点に分けて、筆者の提案を説明しよう。

まず、なぜ最低投票率を定めるべきか、について。

日本国憲法第96条は、「その〔国民の〕過半数の賛成を必要とする」とのみ規定していて、過半数の分母を明確にしてはいない。したがって、分母を全国民、全有権者、投票総数、有効投票数、いずれと取っても条文の枠を超出することはないが、乳児も含む全国民はあまりにも不当だとして、それ以外は絶対的に不当ということはない。とはいえ、この条文の趣旨や文言に最も適合的なのは全有権者であると思われる。しかし、全有権者を母数にしてしまえば、現実問題として、結果的にはどのような改正案も十中八九不承認という結果になってしまうだろうと予想される。筆者は、いかに現状維持の方向に傾斜した制度設計を目指すと言っても、これは傾斜しすぎであると思う。したがって、これを母数にすることはできない。そうすると、投票総数や有効投票数を母数にするほかないわけであるが、筆者としては、日弁連の指摘（日本弁護士連合会2005：5, 2006：7）通り、白票、無効票も含む投票総数を分母とすることにしたい。理由は後で詳しく述べるが、国民投票にあっては、投票所に行ったか行かなかったか、が重要だと思うからである。しかし、周知のとおり、国政選挙における投票率の低下傾向が深刻で民主主義の危機が叫ばれる昨今、国政選挙と同様、投票率に縛りをかけずに国民投票を実施した場合、その投票総数の過半数の賛成をもって「国民の過半数の賛成」と称するのはいかにも気が引けるという結果になる可能性が決してないわけではないので、そのような事態だけは是非とも避けたいと思う。

そこでやむをえず、筆者は、一定の現実的でかつ適切な最低投票率を設け、それをクリアーした場合は、その投票総数を分母として、その過半数の賛成を得たことを条件に、その改正案は「国民の過半数の賛成」を得て承認されたことにする、という妥協案を提案したい。その最低投票率をクリアーしなかった場合は、当然ながら、それだけで改正案は不承認ということになる。しかし、筆者はそれだけでなく、その場合はその投票は開票しない制度

にするのが妥当だと考えるが、その制度については後で説明する。
　このような提案に対しては、さまざまな反論がこれまでもなされてきた。政権与党からは、憲法第96条に明文の根拠がないから憲法違反の疑いがある、という反論が出されているが、これは論外である。明文の根拠がない、と言うなら、国民投票法を制定することにも明文の根拠はないから、憲法違反ということになってしまうだろう。天に唾するような反論はやめておかないと、恥をかくばかりである。法学的には、その点で第96条には法の欠缺がある、と言われるのが常であるが、純粋法学の立場からすると、そうはならない。わが憲法は単に、どのように国民投票を行うかは自由である、とにかく国民投票を行って「過半数」の承認を得ればよい、としているだけなのである。いわば、国民投票の実施方法については白紙授権しているのである（詳しくは、ケルゼン2014：240-241参照）。しかし、国民投票法のような法律を定めて行うことが、法治主義を建前としているわが国にあっては最も無難であろう。ただ、その法律の中で最低投票率を定めることも定めないことも、同じくいわば自由であるが、筆者はここで述べるような理由により、定めることを提案しているのである。定めない場合より、わが硬性憲法の硬性が実質的に強まることは確かだが、現状維持にやや傾いた制度設計を目指すなら、率をどの程度にするかにもよるが、必然的な提案だと思われる。
　また、国政選挙の場合は最低投票率を定めていないのに、国民投票の場合に定めるのはよいのか、という反論もあるようだが、それは、すでに述べたように、憲法改正と国政選挙とでは、事の重大性が異なること（前出210-211頁参照）を理解していない短見である。さらに、国政選挙にあって、最低投票率を設けていないのは、それを設けると、投票不成立、再投票、さらには再不成立、といった具合で、国政が長い間停滞してしまう危険性があり、それを避けなければならないからである、と説明することが可能である。あまりにも低い投票率の選挙で選ばれた代表者たちによる政治は民主主義の体をなしていない、と非難されようと、背に腹は代えられないのである。しかし、憲法改正の場合は、不成立であっても現状が維持されるだけであるから、基本的には国政の停滞は考えなくてもよい。したがって、民主主義の実を求めてよいのである。

さらに、最低投票率を定めるということは、理由は何であれ投票所に行かないという不作為に、結果的に、この改正を不成立にする反対投票の機能を果たさせる、ということになるとして反対する意見もあろう。しかし筆者は、有権者の沈黙を、民法における黙示の意思表示のように、無言の反対票として機能させることは、許容できる、という以上に、必要なことですらあると思っている。事は国家の最高法規の変更である。憲法の規定の文言にあるように、本来は、国民の「過半数の賛成」があって初めて正統性をもってなされるものである。しかし、すでに述べたように、賛成票が全有権者の過半数に達しなければその改正案は承認されないとしてしまうと、わが国の現状に鑑みるに、憲法改正は事実上不可能となってしまう。したがって、次善の策として、国民投票を成立させるかどうか、ということを有権者の総意に委ねる、という方法をとることが必要だと思われる。つまり、改正案の議決の際にではなく、その議決をする会議（国民投票）の開催自体に総有権者を分母にした一定割合の賛成を要求するのである。憲法改正に関する制度選択にあって、現状維持に有利な制度と改革に有利な制度が選択肢であれば、筆者は現状維持に有利な方を選ぶことにしたいからである。

　では次に、その最低投票率を何％とするのが適切か、について。

　この判断には決め手はない、ということを最初に断っておこう。言うまでもなく、全有権者が100％投票しなければならない、とするのは言葉の正しい意味で「最低」投票率制度とは言わない。ただ、その率が100％に近ければ近いほど良い、ということも言うまでもない。しかし、そうには違いないが、わが国の現実を考えると、あまり高率にすると、やはり、改正を事実上不可能にするのと同じことになってしまう。余計なことを言えば、護憲派は、辻褄の合わない改正限界論を声高に唱えるくらいなら、最低投票率の高率化を最優先の政治課題にしていた方がよかったのではないだろうか。政権与党は断固として反対しただろうが、その論戦を見てみたかった。

　それはともかく、最低投票率を設ける、ということは、それが何％であろうが、その最小過半数は絶対に全有権者の半数には満たないわけで、それでもその最低投票率をクリアーした国民投票で、国民の「過半数の賛成」を得た、とする理屈をなんとか考え出さなければならない。最低投票率を設けて

はならない、設ける必要はない、とする者たちは、そもそもこのような問題に突き当たっていないわけで、投票所に足を運ぶ、無関心層ではない国民の相対的多数が、絶対数としてはいかに小さかろうと、それが国民の「過半数」なのだと思い込むようにしていたのだ。しかし、筆者はここで、この理屈を考える試みをしようと思う。

さて、結論的に言うと、以上のような制度設計のコンセプトにもとづいて、さらにわが国の現実を考慮した結果、最低投票率を50％に設定することを提案したい。これは、総有権者の過半数が国民投票を行うことに賛成した場合つまり、投票所に足を運んだ場合にだけ国民投票を行う、という意味である。筆者としては、憲法改正に関しては、有権者の少なくとも半数以上は投票所に行ってほしいし、現実的にも、国政選挙の現状（平成25年の参議院議員通常選挙が52.61％、同26年の衆議院議員総選挙が52.66％〔平成28年の参議院議員通常選挙は54.70％〕）から判断して、当面、このくらいはクリアーしてもらえるだろうとも思うからである。逆に言えば、半数以上有権者がそっぽを向いて投票所にすら行かないような改正案は、不成立にしてよいのではなく、不成立にすべきだと思うのである。

有権者が投票所に行かない理由には様々あろう。そのすべてが改正案反対で意図的に改正案不成立に追い込もうと考えた有権者ばかりでないことは言うまでもない。そもそも憲法改正なるものになんの関心も持っていない、という有権者も確実にいる。しかし、制度上、両者を識別することはできない。制度としては、投票しない者は、改正すべきでないという黙示の意思表示をしたと見るべきである。このように、彼らに、本人たちが望んだわけでもないのに、投票用紙のない国民投票不成立投票権を与えてしまうことは、否定的な意味を持つのではなく、この機会に国民に主権者としての自覚を促す、という意味でも大事である、と考える。また、現状維持の方向に傾斜させる、という制度設計のポリシーによっても正当化されると思う。

しかし、有権者のうちその過半数が投票所に出かけ、何らかの投票をすれば、投票が成立する。そして、その有効投票数の過半数が賛成であれば、改正が成立する。これは、通常の会議における定足数の考えと同じである（同旨、高見勝利2007：56参照）。そして、その定足数は過半数が一般的であろ

う。たしかに、その場合、改正が成立する最低賛成者割合は全有権者の25％程度とかなり低くなってしまうが、これもやむをえないのではないか。なんと言っても決してそれ以下にはならない、という理由で納得してもらうしかない。最低投票率を定めておかないと、それ以下にもなりうるわけで、そちらの方が問題であろうと思う。

　逆に、最低投票率をもう少し高くして日弁連の提案（日本弁護士連合会2006：7）のように3分の2つまり66％にした場合はどうか。その最小過半数は全有権者の33％以上となる。たしかに少しは理想に近づくが、直近の国政選挙の投票率は遠くそれに及んでいないので、それから推測するに、実際には不成立になってしまう危険性が高いのではないかと心配である。とはいえ、投票権年齢が18歳まで引き下げられた現在、それは杞憂かもしれないが。それは措いておくとして、この最低投票率を高いと見るか、さほどでもないと見るか、意見の分かれるところではあろうが、筆者は、国会の総議員の3分の2以上という高いハードルを越えて改正が発議された以上は、賛否はともかく、非現実的な最低投票率を設定して国民投票が成立しなくなる可能性はなるべく小さくしたいので、結果として全有権者の25％程度の賛成で憲法改正を成立させてしまうことが起こりえたとしてもやむをえないと考えている。憲法第96条の手前、過半数の有権者には投票してもらわないと困るが、現状から見て、それ以上を要求するのは厳しいだろう、という現実的な判断である。もちろん、より多くの賛成投票での成立が制度的には望ましいことは言うまでもないが。実際に実施してみて、高投票率が続くようなら、法改正して、引き上げればよいだろう。

　最後に、最低投票率を設けることの付帯条件について。

　筆者は、先にも若干触れたように（前出213-214頁）、最低投票率をクリアーしなかった国民投票にあっては開票せず、クリアーした場合だけ開票する、という制度を提案したい。これは最低投票率を設けることのコロラリーだと考えるからである。この制度を設けることは、投票所に行かない有権者に、国民投票不成立投票権を与えることを意味する、と前頁で述べたが、最低投票率に達しなかったということは、それがボイコット運動の結果であろうとなかろうと、彼らが勝ったということである。ある会議を招集したとこ

ろ、定足数を満たさなかった場合はその会議は開催されない。だが、国民投票の場合、会議出席者の確認は一定の時間内に議場内でなされる投票用紙の交付によって行われるので、結果的に定足数を満たさなかった場合でも、投票自体は行われてしまっている。だから、筆者の提案のような壮大な無駄が必要となる。開票されてしまうと、最終的に決まらなかったが会議は行われた、というのと同じことになってしまうからである。すると、行われなかったはずの会議での全有権者の半分以下の者たちの投票内容がその後の政治に大きな影を落とすことになってしまう。それは、この国民投票での真の勝者である棄権者の、勝利の原因、つまり発議した国会の敗北の原因を分析する努力から、国会や国民を遠ざけることになり、ひいては真に求められる憲法改正の道を塞ぐことになるのではないかと懸念する。だから、不成立の場合の国民投票箱はブラックボックスにしておくべきなのである。

　最低投票率を設けると、民意のパラドックスが発生するとして、反対する向きもあるが、これは、そもそも異なる最低投票率制度の下で行われたと想定される、それぞれ異なる改正案についての、恣意的に設定された投票結果を比較しているわけで、言葉の正しい意味でパラドックスの指摘になっていない。したがって、反論する必要もないが、筆者の提案のように、国民投票不成立の場合は開票しない、ということにすれば、このような似非パラドックス論も唱えようがなくなるはずである。

　また、最低投票率制度を設けるわけだから、投票率を上げ、国民投票を可能なかぎり成立させるために、投票日も、少なくとももう一日は増やさなければならないだろう。国政選挙などの場合の一日だけではいかにも短い。投票所に足を運ばないエクスキューズを一つでも減らす必要がある。そのために、社会の日常的機能に選挙の場合以上の余分な負担をかけることにもなるが、憲法の改正という国家的に重大な問題について1億人以上の主権者が決定をするのであるから、甘受してもらわなければならないだろう。

＊　＊　＊

　こうして、石川健治の第96条改正反対論から宮沢俊義の「八月革命」説までを俎上に載せ、法実証主義、とりわけケルゼンの純粋法学の立場から、それらに対する批判を展開した上で、あわせて、憲法改正に対する筆者の立

場を明らかにするために、国民投票法の改正提案もしてきた。その議論全体を貫いている筆者の思いは、政治とイデオロギーとデマゴギーに深く汚染された憲法学をそれらから解放し、健全な状態、すなわち学問と呼ぶにふさわしい状態にすることであり、そのために、その汚染イデオロギーを産生しているところの、憲法は本当に憲法であるのか、という根源的不安に苦しむことと、その不安を糊塗する努力が無用であることを示してきた。すなわち、憲法の妥当性の理由などは誰にも発見できはしないということを、発見できなくても憲法は憲法である、ということを、価値へのコミットなしにも憲法学は、そしてすべての実定法律学は可能だ、ということを、そして最後に、そのためにはケルゼンの純粋法学を再度学び直すことが不可欠だということを、示してきた。

この思いがどれほど読者に伝わったか分からないが、わが憲法学に対するこの長大なクレーム論考を、ひとまず閉じることにする。

近い将来、わが日本国憲法はその改正を初体験することになると予想されるが、主権者である国民が冷静なる判断を下せるように、イデオロギー的言説やデマゴギー的言説が論壇や新聞紙上を賑わわせている状況がいつまでも続かないことをひたすら願っている。

【引用文献】

芦部信喜
- 1956 「憲法改正国民投票制」芦部信喜 1983 所収、62-87頁。
- 1961 「憲法制定権力」芦部信喜 1983 所収、3-61頁。
- 1964a 「憲法改正の限界」芦部信喜 1983 所収、88-116頁。
- 1964b 「憲法改正条項の改正」芦部信喜 1983 所収、117-125頁。
- 1983 『憲法制定権力』東京大学出版会。
- 2011 『憲法 第五版』高橋和之補訂、岩波書店。

池田実
- 2014 「憲法九六条改正の正当性」『憲法研究』46号 91-116頁。

石川健治
- 2013a 「96条改正という『革命』」『朝日新聞』2013年5月3日付朝刊「寄稿オピニオン 憲法はいま」欄。
- 2013b 「あえて霞を喰らう」『法律時報』第85巻第8号 1-3頁。
- 2013c 「憲法96条は『立憲』民主制の根幹」『Voters』No. 15, 10-11頁。
- 2014 「憲法を読む」『法学教室』No. 405, 4-7頁。

井上武史

2014 「日本国憲法と立憲主義――何を考えるべきか」『法律時報』第 86 巻 5 号 12-20 頁。

井上達夫
2007a 「はじめに」長谷部恭男他（編）2007　所収、v―vi 頁。
2007b 「憲法の公共性はいかにして可能か」長谷部恭男他（編）2007　所収、301-332 頁。

浦部法穂
2013 「内閣の都合で主導、本末転倒」『朝日新聞』2013 年 5 月 2 日付朝刊。

大石義雄
1953 「憲法改正とその限界」『公法研究』第 8 号 1-15 頁。
1956 『日本国憲法の法理』有信堂。

大塚滋
1993 「ホログラムとしての法秩序――あるいは二つの法秩序（2 完）」『東海法学』第 9 号 271-313 頁。
2003 「森喜朗内閣と純粋法学」『日本法学』第 68 巻第 4 号 301-346 頁。
2014 『説き語り法実証主義』成文堂。

大屋雄裕
2015 「憲法改正限界論の限界をめぐって」竹下賢他編集『法の理論 33』成文堂　所収、51-69 頁。

菅野喜八郎
1978 『国権の限界問題』木鐸社。
1988 『続・国権の限界問題』木鐸社。

96 条の会
2013 「呼びかけ文」http://www.96jo.com/

清宮四郎
1938 「憲法改正作用」清宮四郎 1968　所収、145-167 頁。
1949 「憲法改正の限界」清宮四郎 1968　所収、169-183 頁。
1961 「憲法の法的特質」『日本国憲法体系第 1 巻総論 I　宮沢俊義先生還暦記念』有斐閣　所収、1-47 頁。
1964 「改正の手続」清宮四郎・佐藤功 1964　所収、219-238 頁。
1966 『憲法 I』法律学全集 3　有斐閣。
1968 『国家作用の理論』有斐閣。

清宮四郎・佐藤功（編集）
1964 『憲法講座 4』有斐閣。

ケルゼン、ハンス（Kelsen, Hans）
1971 『一般国家学』清宮四郎訳　岩波書店（*Allgemeine Staatslehre*, 1925）。
1973 「自然法論と法実証主義の哲学的基礎」黒田覚訳、『ケルゼン選集 1　自然法論と法実証主義』木鐸社　所収、1-108 頁（*Die philosophische Grundlegung der Naturrechtslehre und Rechtspositivismus*, 1928）。
1991 『法と国家の一般理論』尾吹善人訳　木鐸社（*General theory of law and state*, 1945）。
2014 『純粋法学　第二版』長尾龍一訳　岩波書店（*Reine Rechtslehre*, 2. Aufl.）

Kelsen, Hans
 1979 *Allgemaine Theorie der Normen*, hrsg. von Kurt Ringhofer & Robert Walter, Wien：Manzsche Verlags- und Universitätsbuchhandlung.
佐藤功
 1964 「日本国憲法改正問題——結びにかえて——」清宮四郎・佐藤功1964所収、265-277頁。
 1970 『日本国憲法概説　全訂第2版』学陽書房。
 1993 「私と憲法と憲法学」『東海法学』第9号2-24頁。
佐藤幸治
 1988 「第九章　改正」樋口陽一・佐藤幸治・中村睦男・浦部法穂共著『註釈　日本国憲法　下巻』青林書院　所収、1437-1470頁。
 1995 『現代法律学講座　憲法　第3版』青林書院。
 2011 『日本国憲法論』成文堂。
 2015 『立憲主義について——成立過程と現代』（放送大学叢書028）左右社。
自由民主党
 2012 「日本国憲法改正草案」https：//www.jimin.jp/policy/policy_topics/pdf/seisaku-109.pdf
 2013 「日本国憲法改正草案Q&A増補版」http://www.jimin.jp/policy/pamphlet/pdf/kenpou_qa.pdf
高見勝利
 2007 「国民投票法——先送りされた重要問題」『世界』No. 769、49-59。
 2013 「憲法改正規定（憲法96条）の『改正』について」奥平康弘・愛敬浩二・青井未帆編『改憲の何が問題か』岩波書店　所収、79-95頁。
鶴見俊輔
 1946 「言葉のお守り的使用について」『思想の科学』創刊号、15-25頁。
西修
 2013a 『憲法改正の論点』（文春新書929）文藝春秋。
 2013b 「発議要件を『各議院の総議員の過半数』に」『Voters』No. 15, 8-9頁。
日本弁護士連合会
 2005 「憲法改正国民投票法案に関する意見書」http://www.nichibenren.or.jp/library/ja/opinion/report/data/2005_14.pdf, 1-7.
 2006 「憲法改正手続に関する与党案・民主党案に関する意見書」http://www.nichibenren.or.jp/library/ja/opinion/report/data/060822.pdf, 1-9.
Hart, H. L. A.
 1961 *The concept of law*, Oxford：Clarendon Press.
長谷川史明
 2014 「立憲主義と憲法改正」『憲法研究』第46号、137-153頁。
長谷部恭男
 1993 「いま『国家』とは？」樋口陽一編『ホーンブック　憲法』北樹出版　所収、79-101頁。
 2009 『憲法の境界』羽鳥書店。
 2011 『新法学ライブラリー2　憲法　第5版』新世社。

    2013　「改憲要件の緩和——立憲主義が崩れる恐れ」北海道新聞　2013年4月6日付。
    2014　「憲法96条の『改正』」『論究ジュリスト』第9号41-46頁。
長谷部恭男、柿崎明二（対談）
    2013　「憲法96条『改正』をめぐって」ジュリスト　1457号（2013年8月号）ⅱ—ⅴ，68-73頁。
長谷部恭男・杉田敦（対談）
    2015a　「考論　安保法成立　民主主義の行方は」『朝日新聞』2015年9月27日付。
    2015b　「考論　平和主義守るための改憲ありえるか」『朝日新聞』2015年11月29日付。
長谷部恭男・土井真一・井上達夫・杉田敦・西原博史・阪口正二郎（編）
    2007　『岩波講座　憲法1　立憲主義の哲学的問題地平』岩波書店。
樋口陽一
    1982　「日本憲法学における『科学』と『思想』」『法哲学年報1981　法・法学とイデオロギー』有斐閣　所収、1-16頁。
    1986　「『批判的峻別論』批判・考」広中俊雄・望月礼二郎・樋口陽一・安藤次男編『法と法過程——社会科学からのアプローチ——広中俊雄教授還暦記念論文集——』創文社　所収、365-389頁。
    1998　『現代法律学全集2　憲法Ⅰ』青林書院。
    2007　『憲法　第3版』創文社。
    2013　『いま、「憲法改正」をどう考えるか——「戦後日本」を「保守」することの意味』岩波書店。
毎日新聞
    2013　「特集ワイド：憲法96条改正に異議あり　9条を変えるための前段、改憲派からも『正道じゃない』」（吉井理記）2013年4月9日夕刊。
宮沢俊義
    1932　「立法・行政両機関の間の権限分配の原理」宮沢俊義1967　所収、113-183頁。
    1936　「立法の委任について」宮沢俊義1967　所収、227-243頁。
    1937　『立憲主義と三民主義・五権憲法の原理』宮沢俊義1967　所収、1-66頁。
    1938　「ドイツ型予算理論の一側面」宮沢俊義1967　所収、245-279頁。
    1942　『憲法略説』岩波書店。
    1945a　「憲法改正問題に一石　憲法精神に反す内大臣府の審議　政府は一元事に当れ」『毎日新聞』昭和20年10月16日付。
    1945b　「憲法改正について　本来の民主性回復 "弾力性" の悪用に釘」『毎日新聞』昭和20年10月19日付。
    1946　「八月革命と国民主権主義」『世界文化』第1巻4号、64-71頁。
    1955a　『日本国憲法』日本評論社。
    1955b　『日本国憲法　別冊附録』日本評論社。
    1962　『憲法（改定版）』有斐閣。
    1967　『憲法の原理』岩波書店。
宮下茂（参議院憲法審査会事務局）
    2011　「憲法改正国民投票における最低投票率——検討するに当たっての視点」『立法と調査』322号98-106頁。
百地章

2013 「憲法を国民の手に――96条改正はその第一歩」『正論』2013年8月号215-224頁。

山田孝男
2013 「最近『96条』攻防録」『毎日新聞』2013年5月13日付朝刊「風知草」欄。

山下威士
1987 「『批判的峻別論』の構造――再び憲法学における知的廉直のこと――」『法政研究』第19巻4号62-90。

立憲デモクラシーの会
2014 「設立趣旨」http://constitutionaldemocracyjapan.tumblr.com/setsuritsushyushi

人名索引

【ア行】

芦部信喜　51, 65-71, 74, 75, 100, 117-119, 125, 133, 135-137, 142, 143, 160, 168-183, 206
池田実　27
石川健治　26-31, 39-47, 54, 70, 73, 80-98, 102, 106, 110, 111, 114, 118, 123, 125, 129, 131-133, 145, 157, 207, 218
井上武史　128
井上達夫　88, 94, 110
浦部法穂　36
大石義雄　23, 63, 164
オースチン、J. L.　138
大屋雄裕　42

【カ行】

菅野喜八郎　76, 145, 150, 153
96条の会　31-37, 47-50, 58, 62, 63, 77, 80, 96-98, 103, 109, 117
清宮四郎　51, 71-77, 80, 85, 100, 119-121, 133, 135-137, 142, 143, 148, 150, 160, 183-193, 203, 205
キルヒマン、ユリウス・ヘルマン・フォン　7
来栖三郎　13
ケルゼン、ハンス　iv, 1-3, 7-19, 23, 24, 59, 132, 134, 137, 139-141, 153, 154, 163, 169, 171, 172, 174, 175, 181, 184-189, 202, 204, 218, 219
小林節　31, 58

【サ行】

佐藤功　23, 71
佐藤幸治　62-65, 80, 114-117, 125, 164-168, 173
シュミット、カール　135, 140, 141, 143
杉田敦　129, 130

【タ行】

高見勝利　31, 41, 145

土屋恵一郎　8, 17, 18
鶴見俊輔　129, 130

【ナ行】

長尾龍一　1
中村雄二郎　17
西修　27

【ハ行】

ハート、H. L. A.　53, 56, 140-142
長谷川史明　113
長谷川史明　113
長谷部恭男　37-39, 50-58, 67, 70, 73, 98-106, 110, 111, 118, 123, 125, 129, 130, 133-145, 158, 159, 173, 204, 206, 207
樋口陽一　31, 57-62, 67, 70, 73, 80, 106, 109-114, 118-120, 123-125, 127, 136, 143-164, 167, 173, 201, 202, 204
平野龍一　5
星野英一　92

【マ行】

宮崎学　203
宮沢俊義　66, 67, 71, 75, 77-80, 121-127, 146, 147, 150, 184, 193-203, 205, 218
百地章　27

【ヤ行】

山下威士　145
横田喜三郎　18

【ラ行】

ラートブルフ、グスターフ　127, 171
ラズ、ジョセフ　137, 142
立憲デモクラシーの会　106-109, 117

【ワ行】

ロス、アルフ　56

事項索引

【ア行】

違憲（法令、立法）審査制（一権）　89, 105, 116, 143, 154, 157, 172
イデオロギー　iii, vii, 1-12, 14, 15, 61, 67, 69, 70, 74, 118, 146, 154, 219
イデオロギー批判　v, vi, viii, 1, 2, 6-10, 13, 15, 16, 19, 146, 152, 202
　実践的-　9, 15, 16, 19
　理論的-　9, 15
お守り言葉　129, 130

【カ行】

革命　27, 42, 44-46, 81-86, 92, 114, 132, 133, 138, 143-145, 173, 194, 195, 198, 202, 203, 205, 206
憲法制定権（力）＝制憲権　51-53, 58-62, 65-74, 77, 85, 102, 110, 112, 132, 133, 135-137, 139, 140, 155, 159-166, 170, 171, 176-181, 183, 184, 191, 205
憲法典内段階構造　83, 85, 132, 183, 184, 189, 191, 205
憲法の規範性　59, 134, 159-161, 163, 164
憲法の自働正当化　137, 144, 204
憲法の妥当性の根拠　iv, 137, 166, 176
国民投票派　208, 212
国民投票不成立投票権　216, 217
根本規範　59, 60, 65, 76-78, 80, 85, 99, 100, 132-135, 137, 139, 142, 143, 160, 176, 178-181, 183-192, 204, 205

【サ行】

最低投票率　212-218
自然法（論：学）　4, 65, 96, 111, 118, 134, 137, 138, 142, 161, 167, 169-171, 178, 180, 181, 187, 205-207
実効性説　139, 140, 204
衆愚（政治）　94, 102
殉教するつもりのない日本国憲法教徒　145, 156, 194, 207
純粋法学　iv-viii, 1-3, 6-8, 10-12, 18, 19, 23, 174, 175, 184, 186-188, 202, 214, 218, 219

【タ行】

多数決万能主義　87, 89 93, 95, 96, 98
デマゴーグ（デマゴギー）　22, 33, 39, 219

【ナ行】

にせ解釈　148, 150, 152
日本国憲法の三（大）原則　133, 157-161, 164, 189, 204, 206, 207

【ハ行】

八月革命（説）　77, 79, 80, 121, 146, 149, 150, 166, 183, 194-202, 218
批判的峻別論　145-154, 156, 159, 162, 201
法実証主義　v-vii, 23, 24, 88, 96, 127, 134, 137, 168-173, 176, 177, 186, 187, 218
法秩序の段階構造　171, 189, 190
法的世界の客観的な構造　v
（法の）静態理論　v-viii, 10, 23, 24, 154, 172, 174-176, 186
（法の）動態理論　v, vi, 10, 24, 172, 175, 181, 186-187, 202
法への同化幻想　6-8, 11, 13
方法二元論　152, 153

【マ行】

民定（憲法）　47, 49, 88, 97, 183, 200, 201, 211, 212

【ラ行】

立憲主義　32, 37, 40, 48, 51, 53, 57-59, 81-131, 143, 166, 194, 196
立憲民主制（立憲民主主義：立憲デモクラシー）　86-90, 93-96, 107-109, 116-118
両面機能性　149, 150, 152, 201

【ワ行】

枠理論　v, vii, viii, 10

著者紹介

大　塚　　　滋（おおつか　しげる）

1948年	東京都生まれ
1970年	中央大学法学部法律学科卒業
1986年	東海大学法学部法律学科助教授
1990年	東海大学法学部教授を経て
2016年	東海大学名誉教授

著書

『法人類学の地平――千葉正士教授古稀記念』（共編著、成文堂、1992年）
『説き語り法実証主義』（成文堂、2014年）
『イェーリングの「転向」』（成文堂、2016年）

主要論文

「H. L. A. ハートにおける二つの視点」（東京都立大学法学会雑誌第24巻第1号、1983年）
「法の権威性」（『法哲学年報1986　東西法文化』、1987年）
「一解釈方法としての『擬制』」（東海法学第13号、1995年）
「森喜朗内閣と純粋法学」（日本法学第68巻第4号、2003年）
「法哲学の価値」（法律時報第77巻第10号、2005年）

主要翻訳

R.V. イェーリング著「我々の任務」（東海法学第5号、第6号、1990年）
L.L. フラー著『法的擬制』（東海法学第7、8、9、10、12号、1991-1994年）

憲法改正限界論のイデオロギー性
新基礎法学叢書 12

2017年9月10日　初　版第1刷発行

著　者	大　塚　　　滋
発行者	阿　部　成　一

〒162-0041　東京都新宿区早稲田鶴巻町514番地
発行所　株式会社　成文堂
電話 03(3203)9201　FAX 03(3203)9206
http://www.seibundoh.co.jp

製版・印刷　シナノ印刷　　　製本　佐抜製本
©2017 S. Otsuka　　　Printed in Japan
☆乱丁本・落丁本はおとりかえいたします☆
ISBN978-4-7923-0619-9 C3032　　検印省略

定価（本体4500円＋税）

新基礎法学叢書 刊行のことば

　このたび、以下に引用する阿南成一先生の基礎法学叢書（1970年〜1998年）刊行のことばの精神を引き継ぎ、新基礎法学叢書の刊行を開始することにした。そのめざすところは、旧叢書と異ならない。ただし、「各部門の中堅ならびに新進の研究者」という執筆者についての限定は外すことにした。基礎法学各部門の「金字塔をめざして」執筆する者であればだれでも書くことができる。基礎法学の研究者層は大変薄いこともあり、それ以外の法学部門の研究者だけでなく、哲学、歴史学、社会学等の専門家、さらには、教養あるすべての人々にも、読んでいただけるような内容になることを期待している。

　2012年1月　　　　　　　　　　　　　京都大学教授　　亀 本　　洋

基礎法学叢書 刊行のことば

　現代は《変革の時代》であり、法律学も新たに生まれ変わろうとしている。かかる時代にあって、法哲学・法史学・比較法学・法社会学等のいわゆる基礎法学への関心も高まり、これらの学問の研究は、ますます重要性を加えつつある。

　しかし、いずれの学問分野においても、基礎的研究の重要性が説かれながら、その研究条件は、応用的ないし、実用的研究に比して、必ずしも恵まれていない。このことは基礎法学についても同様かと思われる。

　それにもかかわらず、基礎法学の研究は、こんにちことのほか重要であり、幸い全国各地には基礎法学の研究にたずさわる研究者が熱心に研究活動をつづけている。そこで、ここに《基礎法学叢書》を企画し、これを、基礎法学の各部門の中堅ならびに新進の研究者の研究成果の発表の機会とし、以って基礎法学の発展を期することとした。

　この基礎法学叢書として今後二〜三のモノグラフィーを逐年刊行の予定であるが、それらはいずれも基礎法学部門の専門、学術的な研究成果であり、各部門の発展途上における金字塔をめざして執筆されるものである。

　本叢書が基礎法学の発展に寄与できれば幸いである。

　昭和43年2月　　　　　　　　　　　大阪市立大学教授　　阿 南 成 一